영적 전투에서 승리하라

찰스 H. 크래프트 외 지음
장미숙 옮김

영적 전투에서 승리하라
Behind Enemy Lines:
An Advanced Guide to Spirit Warfare

초판 발행: 2020년 9월 12일
제2판발행: 2021년 3월 25일
ⓒ 2006, 2021년 은성출판사
저자: C.H. 크래프트, 톰 화이트 외
옮긴이: 장미숙
발행처: 은성출판사
등록: 1974년 12월 9일 제9-66호
주소: 서울 강동구 성내로3길 16(은성빌딩 3층)
전화: (031) 774-2102
팩스: (02) 6007-1154
http://eunsungpub.co.kr
e-mail: esp4404@hotmail.com

출판 및 판매에 관한 모든 권한은 본 출판사가 소유하고 있습니다. 출판사의 사전 서면 허락 없이 번역, 재제작, 인용, 촬영 등을 할 수 없음을 알려드립니다.

ISBN: 979-11-89929-02-2 93230
printed in Korea

AN ADVANCED GUIDE TO SPIRIT WARFARE

BEHIND ENEMY LINES

Strategic Advice from Charles H. Kraft, Tom White,
Ed Murphy & Others

차례

머리말 / 7

제1부 / 관점

    1. 대적하는 두 나라(찰스 크래프트) / 19

    2. 영적 능력: 원리와 관찰(찰스 크래프트) / 35

제2부 / 영적 전쟁: 지상 차원

    3. 영적 전쟁의 함정들(에드 머피) / 79

    4. 귀신 다루기(찰스 H. 크래프트) / 95

제3부 / 영적 전쟁: 우주 차원

    5. 21개의 질문(C. 피터 와그너) / 155

    6. 성경적 관점(톰 화이트) / 191

    7. 우주적 차원에서 사탄은 어떻게 역사하는가?(존 랍) / 213

    8. 하나님 나라의 확장(톰 화이트) / 261

제4부 / 전략 실행

    9. 죽음의 수용소에서 자유로(마크 H. 화이트) / 301

    10. 뉴 에이지에서 뉴 라이프로(로라 엘리자베스) / 317

    11. 영적 전쟁과 아르헨티나 복음화(에드가르도 실보소) / 347

참고 문헌 / 375

색인 / 383

머리말

그리스도인들은 이 세상에서 주님을 섬기기 때문에 적진의 배후에서 살고 사역한다. 신약 성경은 예수님의 위대한 승리에도 불구하고, 온 세상은 사탄에게 넘겨준 것이므로(눅 4:6), 세상은 "악한 자 안에" 처해 있다고 한다(요일 5:19). 따라서 예수님을 따르는 우리는 하나님과 그의 아들 예수의 원수인 이 악한 자와 끊임없이 충돌하게 된다.

그러나 대부분의 경우, 우리는 보이지 않는 세력과 대적하기보다는 이 세상 사람들과 대적하는 것으로 보인다. 이것은 그리 놀라운 일이 아니다. 왜냐하면 우리의 원수가 주변의 사람들을 혼미하게 하여 "이 세상의 신"의 목적을 위해 살도록 유도하기 때문이다(고후 4:4). 이 사람들은 사탄의 영향 아래 그들이 우리 왕에게 행한 것과 똑같이 우리를 미워하고 박해한다(요 15:18-21). 그렇다면 보이는 세력과 보이지 않는 세력과 동시에 맞서 있는 우리는, 하나님 자신과 다른 신자들로부터 가능한 모든 도움을 받아야 할 필요가 있다. 이는 우리가 예수의 이름으로 일생 그 싸움을 싸우며, 또 인간 수준에서만이 아니라 "정사와 권세와 이 어두움의 세상 주관자들과 하늘에 있는 악의 영들"과도 싸우기 때문이다(엡 6:12).

이 책은 적진의 배후에서 살고 싸우는 것이 무엇을 의미하는가를 다룬다. 이런 생각이 처음 나온 것은 1989년 마닐라에서 열린 제2차 로잔 대회에서였다. 그 대회에서 가장 큰 주목을 받았던 세 "궤도"(일련의 수련회)는 모두 영적 전쟁과 관련되었다. 이 사실은 그 대회가 비 은사주의적(non-charismatic) 복음주의 기관에 의해 주관되었기 때문에 특히 중요하다. 제1차 로잔 대회에서는(1974) 영적 전쟁에 대한 수련회가 전혀 없었으나, 그동안 이 주제는 비 은사주의적 복음주의자들에게 지대한 관심사 중의 하나가 되어 2차 로잔 대회에서는 주요한 주제로 부상하게 되었다.

이 책의 네 장은 마닐라에서 발표되었다. 톰 화이트가 쓴 제6장과 제8장은 그때 발표된 매우 길고 정교한 논문의 일부이다. 서론 격인 나의 글 제1장과 실보소의 사례 연구(제11장, 훨씬 요약한 형태로) 역시 거기서 제출되었다. 이것들에 나는 여덟 편의 다른 글을 추가하였다. 그 중의 셋은 그 대회에 참가한 자들이 쓴 것으로 완전히 새로운 글들이다(3~5장). 그 외 나머지 다른 장들 역시 이 책을 위해 특별히 쓰였다.

이 책에 기고한 필자들로서 우리는 모두 보수적인 복음주의(비은사주의) 배경을 가진다. 우리는 전적으로 성경을 신뢰하며 또 그것에 깊이 뿌리를 두고 있다. 따라서 우리는 이 주제를 매우 조심스럽게 다룬다. 비록 우리가 새로운 성경 진리를 발견하였다고 느낄지라도, 우리는 이것이 그동안 우리가 의지해 온 근본적인 이해를 능가하는 것으로 주장하고 싶지는 않다. 그러나 한편으로 우리가 여기서 논의하는 방식대로 하나님의 능력이 역사하시는 것을 보았기 때문에, 이전 시대의 무능력한 복음주의로 돌아가기를 원하지도 않는다.

그런데도 우리가 모든 점에서 완전히 일치하는 것은 아니다. 우리는 전반적인 영적 전쟁 "운동"과 더불어 우리의 이해와 실천에 있어 더욱 탐구하고 실험하고 자라고 성숙하기를 원한다. 우리 각각은 그 나름의 배경과 경험이 있다. 성경의 권위에 대한 전적인 순종을 통해서 우리는 성경이 분명히 말하는 문제에 관해서는 일치된 견해를 가진다. 그러나 불행하게도 성경이 그다지 지침을 주지 않는 주제들이 있다. 이런 부분들에서 독자는 우리 필자들 사이에서, 특히 우주 차원의 전쟁을 다룬 필자들 사이에서 의견의 차이를 볼 것이다.

모든 의사 전달에 있어 곤란을 야기하는 한 문제는 사람들이 보통 보편적으로 그럴 것으로 추정하는 바는 대개 언급하지 않는다는 것이다. 성경은 우리 자신의 것과는 현격히 다른 문화 속에서 산 사람들이 오래전에 기록한 것이기 때문에, 우리가 성경을 다룰 때, 그 저자들이 생각한 바를 항상 분명하게 이해하기는 어렵다. 예를 들어, 바울의 서신에는 귀신을 내쫓는 것과 같은 기적적인 사건은 좀처럼 언급되지 않는다. 이것은 그런 일이 일어나지 않았기 때문인가? 또는 단순히 그런 사건이 너무 흔한 일이고 어떤 이유로 주목할 만한 가치가 없었기 때문인가? 지방영들과 관련하여, 구약성경과 성경 외의 자료들은 모든 사람들이 그것의 존재를 믿었다는 것을 보여준다. 그러나 우리가 그것을 어떻게 다루어야 할 것인가에 대해서는 성경이 거의 말하지 않는다. 그래서 우리 중 몇몇 이들은 성경적인 근거는 거의 없으나 합리적으로 보이는 몇몇 접근을 시도해 보려 한다.

그러나 다른 이들은 감히 그렇게 하지 않는다.

우리는 점점 더 많은 경험과 통찰을 얻고 있다. 그러나 이 책의 여러 장은 여전히 주요 문제가 남아 있다는 것을 분명히 보여준다. 예를 들어, 우리가 사탄의 왕국의 조직과 그것을 대항하는 하나님의 선한 천사들의 조직에 관해 얼마나 알 수 있는가? 우리가 악령과의 대결을 찾아 나서야 하는가? 그러지 말아야 하는가? 성경은 우리가 고위급의 지방영들을(territorial spirits) 대적하는 것을 허용하는가? 그렇지 않은가? 만약 허용한다면, 누가 어떻게 그것을 해야 하는가? 우리가 어떤 도시의 사탄의 요새(포르노, 탐욕, 매춘, 사교)를 자신 있게 밝힐 수 있는가? 또는 우리의 시도들이 단순히 추측놀음에 불과한가? 그리고 성경이 이 많은 문제에 대해 전적으로 침묵할 때 우리는 어떻게 해야 하는가?

여러분이 용기를 가지고 이런 문제에 관해 읽고 깊이 생각하기를 바란다. 그러나 쉬운 대답을 기대하지는 말라. 우리는 성경적이며 합리적이고 창조적이기를 원한다. 비록 나름대로 자신하는 경우에 조차도, 우리 중에 그 모든 해답을 가지고 있다고 주장하는 사람은 아무도 없다. 그러나 우리는 이런 문제를 논의하고 기도하고, 지금 우리가 가진 답과 방법보다 더 나은 것을 찾고자 하는 노력에 여러분을 초청하기를 원한다.

필자들

이 책은 여덟 명의 필자들에 의해 쓰였다.

에드 머피(Ed Murphy, 3장)는 멕시코에서 선교사로 봉사한 후 풀러 신학교에서 선교학 박사 학위를 취득하였다. 그는 "OC 인터내셔날"(이전 해외 선교)의 부대표이며, 여러 나라를 여행하며 축귀와 영적 전쟁에 관해 목회자들을 훈련하고 상담해 왔다. 그는 이전에 비올라 대학교에서 가르쳤으며, 현재 산 호세 기독교 대학에 교수로 있다. 최근에『영적 전쟁에 관한 핸드북』(The Handbook for Spiritual Warfare, Nelson, 1992)이란 방대한 저서를 출판했다.

피터 와그너(C. Peter Wagner, 5장)는 1971년부터 지금까지 풀러 신학교의 세계 선교 학교에서 교회 성장학 교수로 가르치고 있다. 그 전에 그는 볼리비아에서 16년 간 선교사로 사역하였었다. 1982년 그와 내가 함께 믿는 것과 병 고침으로 "패러다임 변화"를 시도한 이래, 그는 기도와 영적 전쟁에 관해 많은 유용한 책을 저술하였다(참고문헌 참조). 교수와 저술 활동뿐 아니라, 그는 기도와 영적 전쟁을 통해 하나님의 나라를 확장하는 일을 목적하는 기관 "세계 추수"(Global Harvest)를 운영한다. 이 기관은 "주후 2000년 연합 기도 트랙"(A.D. 2000 United Track)과 동역한다.

톰 화이트(Tom White, 6장과 8장)는 사교에 가담하였다가 개종하였으며 현재 오리건 주 코르발리스에서 "최전선 사역"(Frontline Ministries)을 지도한다. 그것과 더불어 그는 영적 전쟁과 축귀에 관한 세미나와 수련회를 위해 널리 여행한다. 톰은 서번트 출판사에서 출판된 두 권의 매우 유용한 책을 저술하였다(참고문헌 참조).

존 랍(John Robb, 7장)은 "월드 비전 인터내셔날"의 미전도 종족 프로그램을 지도한다. 존은 세계를 널리 여행하면서 영적 전쟁과 아직 그리스도의 복음을 듣지 못하였거나 그것을 받아들이지 않은 종족들에 대한 전도의 관계를 연구하며 관련 세미나들을 인도한다.

마크 화이트(Mark White, 9장)는 풀러 신학교의 학생으로, 최근에 자신이 영적으로 압제 받는 자들에 대한 사역과 책 편집의 은사를 받았다는 것을 발견하였다. 그는 이 책을 출판하는 데 있어 나의 오른팔이 되었으며, 이 책과 나의 이전의 책의 표지에 그의 이름을 싣기에 조금도 부족함이 없다.

로라 엘리자벳(Lora Elizabeth, 10장)은 뉴 에이지 과거를 가진 어머니이자 주부이다. 여기에 기고한 그녀의 이야기는 기도에 대한 응답으로 하나님께서 어떻게 그녀에게 간섭하셔서 그녀를 그에게로 이끄셨는지에 대한 놀라운 이야기이다.

에드가르도 실보소(Edgardo Silvoso, 11장)는 아르헨티나에서 출생하고 그곳에서 자라났다. 풀러 신학교 선교학과에서 학위를 받고, 하나님께 만성적인 질병을 고침 받은 후, 아르헨티나와 세계 여러 지역에서 그가 속한 '추수 복음 전도회'(Harvest Evangelism)—본부는 캘리포니아 산 호세에 있다—를 통해 소위 "전쟁 복음화"를 전략화하는 데서 탁월한 명성을 얻었다. 그의 처녀작 『아무도 멸망치 않고』(That None Should Perish, Regal, 1994)는 복음화에 대한 그의 입장을 상세히 소개하는 것으로, 이 책과 거의 동시에 출판될 예정이다.

찰스 크래프트(Charles H. Kraft, 1장, 2장, 4장): 나는 나이지리아에서 선교사로 봉사하였고, 세속 대학교들에서 십 년간 가르쳤으며, 풀러 신학교 세계 선교 학교에서 25년간 인류학과 커뮤니케이션과 후에는 영적 전쟁에 관해 가르쳐 왔다. 이것은 영적 전쟁 분야에 관한 나의 네 번째 책이다.

이 책의 구성

이 책은 네 부분으로 구성되어 있다. 제1부는 기초적인 시각 형성을 위한 자료들이다. 1장은, 성경과 같이, 하나는 하나님의 합법적인 나라이자 다른 하나는 찬탈자 사탄의 나라인 두 왕국이 있다는 인식과 더불어 시작된다. 2장에서는 우리가 관찰하고 경험하는 몇몇 양식들이 지적된다.

제2부는 소위 "지상 차원"의 영적 전쟁에 관한 두 장으로 이루어져 있다. 그 중 첫 장에서 에드 머피는 이 차원에서 영적 전쟁을 수행할 때 우리가 경계해야 할 몇몇 함정이 있다고 한다. 그다음 장은 나의 동료들과 내가 발전시킨 것으로 축귀에 대한 접근을 서술했다.

제3부는 소위 "우주 차원"의 영적 전쟁을 다룬다(이 술어에 대한 논의로는 하단을 참고하라). 피터 와그너는 이 차원의 영적 전쟁과 관련하여 가장 빈번하게 질문되는 문제에 대해 그가 발견한 것을 답한다. 그리고 그다음 장인 6장에서 톰 화이트는 고위급의 영적 존재들과 직접적으로 대결하는 것이 타당한지에 관한 성경적 문제를 제기하고 다룬다. 7장에서 존 랍은 일부 같은 문제를 제기하나, 좀 더 나아가 그의 세계적인 경험을 통해 효율적인 어떤 접근을 예시한다. 8장에서 톰 화이드는 우주 차원의 사탄적인 영을 물리치기 위한 공격을 위해 3년 계획의 모델을 제시하고 있다.

마지막으로 제4부에서 우리는 3개의 사례 연구를 제시한다. 그 각각은 이 책의 앞 여덟 장에서 논의된 영적 전쟁의 여러 국면들을 구체적으로 보여준다. 9장에서 마크 화이트는 축귀와, 그 결과 그 귀신 들린 사람이 회심하게 되는 이야기를 한다. 이것은 복음 전도의 열매를 낳은 지상 수준의 영적 전쟁이다. 10장에서 로라 엘리자베스는 자신의 이야기를 통해 사탄에 대한 그녀의 충성과 영적 무지를 깨뜨리는 데 있어 기도의 효율성을 강조한다. 그다음 11장에서 에드 실보소는 범 도시적인 차원에서 영적 전쟁 복음화를 수행하는 방법에 관해 그가 아르헨티나에서 얻은 경험과 몇몇 통찰들을 설명한다.

용어 설명

여기서 "지상 차원의 영적 전쟁"이란 용어는 사람들 사이에 혹은 그들 속에 있는 귀신의 활동을 대항하는 데 사용될 전략과 활동을 지칭한다. 귀신들은 사탄의 보병으로서 안팎으로 사람들을 공격하는 모든 면에 능숙하다. 그와 같은 활동으로는 죄로의 유혹과 괴롭힘, 영적 압제, 귀신 들림(귀신이 개인 속에 거함) 등이 있다.

지상 차원을 넘는 영적 전쟁의 수준들은 여러 방법으로 지칭되고 있다. 때로 그것은 "고차원" 또는 "우주 차원"이라 한다. 그러나 우리 필자들의 대부분이 속한 '영적 전쟁 망'(the Spiritual Warfare Network)의 한 모임에서 "우주"란 말이 너무 뉴 에이지 냄새를 풍긴다는 것이 지적되었다. 그래서 우리는 다른 용어를 찾았고, 어떤 이들이 이보다 높은 수준의 싸움을 명명하기 위해 "전략 차원"이란 용어를 제시하였다.

비록 이 영역에서 가장 저작 활동이 왕성한 피터 와그너가 계속하여 "전략 차원"이란 용어를 사용할지라도, 나는 그것을 만족스럽게 생각하지 않는다. 그것은 "전략"이란 말이 어떤 행동 과정을 생각하고 계획하는 매우 광범위한 용어로 쓰여질 수 있기 때문이다. 다시 말해서 우리는 전략적 고위급 활동뿐 아니라 전략적 지상 수준 활동과 두 수준 모두를 포함하는 전략에 대해서도 말할 수 있기 때문이다.

그러나 용어란 대개 취향의 문제이기 때문에, 여기서 중요한 것은 다만 우주 차원과 전략 차원이 언급될 때 그것들이 정확히 같은 것을 의미한다는 점을 독자가 이해하는 것이다.

감사

사실상 이 책을 나와 함께 공동 편집하다시피 한 마크 화이트에게 깊은 감사를 표한다. 그는 전체적인 기획뿐만이 아니라 각 장을 서로 조화시키는 현실적인 수고에도 성의를 아끼지 않았다. 또 몇몇 장들을 다듬은 베찌 룽클 이든스(Betsy Runkle-Edens)에게도 감사를 표한다. 특히 이 책을 위해 글을 기고한 각 필자들과 개인적인 일정까지 변경하면서 마감 일자를 지킨 그들의 협력에 깊이 감사드린다. 또 이 일을 위해 그들의 시간과 열정을 쏟은 베트 페이아, 앤 스팽글러, 데이브 케임과 서번트 출판사의 직원 여러분께도 감사드린다. 마지막으로 하나님의 나라를 위한 또 다른 수고로서, UPS(미국 소포 우송국—역주)와 컴퓨터와 전화로 나를 도운 아내 멕에게도 감사한다.

번역

우리는 필자들에게 어떤 한 번역본을 강요하기보다 그들이 선호하는 것을 자유롭게 사용할 수 있게 하였다. 따라서 인용된 성경의 출전이 서로 다를 수 있다(한글 성경은 일괄적으로 개역 성경을 사용하였음을 밝힌다―역주).

하나님께서 이 책을 축복하셔서 여러분이 적진의 배후에서 보다 통찰력을 가지고 효율적으로 싸울 수 있게 하시기를 기원한다.

사우스 파사데나, 캘리포니아
1994년 7월

제1부

관점

제1장

대적하는 두 나라

찰스 크래프트(Charles H. Kraft)

"「마귀가 예수께」 가로되 '이 모든 권세와 그 영광을 내가 네게 주리라 이것은 내게 넘겨준 것이므로 나의 원하는 자에게 주노라 그러므로 네가 만일 내게 절하면 다 네 것이 되리라'"(눅 4:6-7) 예수님은 그가 "적진의 배후에서" 사역하시는 것을 알기 때문에, 그의 대적 사탄이 제시한 이 제안의 정당성을 반박하지 않으셨다. 우리의 적이 항상 거짓을 말하는 것은 아니다. 이 경우에 그는 예수님이 그의 진영 안에서 활동하셔야 하는 약점을 이용하여 우리 주님을 그에게 복종시키고자 유혹하려 하였다.

예수님은 실제로 하나님이 이전에 사람들에게 주셨던 우주에 대한 권위를 회복하러 오셨다. 그러나 사탄의 제안은 그가 그 일을 하려는 방법이 아니었다. 예수님은 "둘째 사람(아담)"(고선 15:47)으로 오셨다. 그리고 그는 첫째 아담이 이 같은 유혹자와 만났을 때 하나님 대신 사탄에게 순종함으로써 창조된 우주를 다스리는 그의 권리를 넘겨주었던 그 날의 비극을 분명하게 기억하셨다(창 3장).

예수님은 우주에 대한 인류의 권리를 회복하는 일을 위해 손쉬운 길을 택하고 싶은 유혹을 거부하셨다. 오히려 그는 그것을 하나님의 방법으로—아버지께 순종함으로써—하려 하셨다. 그는 적진에 들어가서, 그들 자신의 진영에서 어둠의 세력들을 물리치고 인간의 불순종을 대속하며, 정사와 권세들을 그의 발 아래 굴복시킴으로 그 권리를 되찾으려 하셨다.

속임에 의한 통치

하나님은 땅을 창조하셨는데 그것은 보기에 좋았다. 그는 그것을 모든 종류의 생물들로 가득 차게 하셨다. 그 모든 창조의 마지막에 그는 그분의 걸작으로 인간을 만드셨다. 하나님이 원하신 바는 그의 피조물들과 교제하며 사는 것뿐 아니라, 그들이 그분 아래서 땅을 다스리고 통치하는 것이었다. 그는 그들에게 말씀하셨다. "생육하고 번성하여 땅에 충만하라 땅을 정복하라 바다의 고기와 공중의 새와 땅에 움직이는 모든 생물을 다스리라"(창 1:28).

그들의 권위에 대한 조건으로 하나님께서 그들에게 요구하신 것은 단 하나 순종이었다. 이 요구를 만족시킨다면, 모든 것이 형통할 것이었다. 그러나 불순종한다면, 그 결과는 사망이 될 것이었다(창 2:17). 그리고 이 사망은 우리가 후에 발견한 대로, 우리가 만들어진 목적인 하나님과의 완전한 교제를 파괴하는 동시에 창조 세계에 대한 권위를 상실하는 것을 포함하였다.

그러나 한 유혹자가 등장하였다. 그는 강력하고 기만적인 타락한 천사장이었다. 매우 교묘하게 그는 그들이 그와 같은 구체적인 순종을 요구하는 하나님의 동기를 의심하게 하였다. 그들이 그의 충고를 따라 그것을 먹는 날에는 "그들의 눈이 밝아 하나님과 같이 되어 선악을 알게 되리라"고 말하였다(창 3:5).

그래서 하나님의 가장 멋지고 동시에 가장 소중한 피조물들, 한 때는 날이 서늘할 때 동산에서 하나님과 함께 거닐었던 그들이 하나님이 그들을 위해 만드신 한 법을 깨뜨렸다. 그들은 유혹을 받았고 하나님께 불순종하였다. 그래서 그들은 특권과 권위의 자리에서 떨어졌으며 모든 창조물이 그들과 함께 떨어졌다.

일찍이 보기에 매우 좋았던 피조물이 이제 하나님께 저주를 받게 되었고 원수의 지배를 받게 되었다. 그들은 이제 적의 진영에서 살게 되었다. 그들이 순종하였을 때, 그들은 지배권을 가지고 있었고 모든 나무와 식물이 그들에게 유익을 주었다. 그러나 저주를 받고 타락한 세상에서 이제 손쉽게 얻을 수 있는 것은 아무것도 없었다.

그들은 오직 수고하고 땀 흘리는 노동을 통해서만 살아 남을 수 있었다. 그리고 그때조차도 땅은 가시덤불과 엉겅퀴를 낼 것이었다. 세상과 우주와 창조 질서가 모두 저주 아래 놓였다. 사탄은 자유롭게 땅을 돌아다니면서 하나님의 창조물을 타락시켰다. 이는 인간이 그에게 우주에 대한 권리를 넘겨주었기 때문이었다.

바로 이 한 번의 불순종으로 사탄이 예수님에게 "이것은 내게 넘겨준 것이다"(눅 4:6)라고 말할 수 있는 권리를 가지게 하였다. 사탄은 합법적으로 예수님에게 그가 에덴동산에서 얻었던 권세와 권리를 예수님의 순종과 바꿀 교환물로 제시할 수 있었다.

그 후 계속되는 갈등

그 타락 이래 우리는 성경에서 사탄의 왕국과 하나님의 왕국이 계속하여 서로 싸우는 것을 본다. 이 싸움은 지상과 천상에서 일어난다. 지상에서 그 싸움들은 종종 매우 명백하다. 그러나 아주 가끔 무대 뒤에서 일어나고 있는 일을 볼 수 있도록 그 휘장이 젖혀지기도 한다.

욥기의 처음 2장에서 우리는 하나님과 사탄 사이의 대화를 들을 수 있다. 거기서 하나님은 그의 종 욥을 자랑하시고 사탄은 그를 시험하도록 허락할 것을 요구한다. 그에 답하여 하나님은 사탄에게 욥으로부터 그의 생명을 제외한 모든 소유물을 빼앗도록 허락하신다(욥 1:12; 2:6). 욥은 불평이 없지는 않았으나 끝까지 신실함을 지킨다. 결국 승리는 하나님께로 돌아가고 욥은 그의 억울함을 푸는 동시에 하나님으로부터 그가 잃었던 모든 것을 열 배로 받는다.

다니엘 10장에서 우리는 두 영적 왕국 사이의 갈등을 또 다시 보게 된다. 다니엘은 분명히 기도하였고 하나님의 도움을 요청하였다. 그러나 하나님이 보내신 천사를 "바사국 군(君)"이 막았기 때문에 그 도움이 그에게 이르는 데는 삼 주가 걸렸다(단 10:13). 군장 미가엘이 도우러 와서야 비로소 그 첫째 천사는 다니엘에게 올 수 있었.

천상의 갈등을 다시 한 번 볼 수 있는 곳은 예수님이 그의 제자들의 권세 있는 사역에 답하여 "사단이 하늘로서 번개같이 떨어지는 것을 내가 보았노라"고 말씀하시는 부분이다. 후에 우리는 사탄이 제자들을 "밀 까부르듯 하려고" 청구한 것도 본다(눅 22:31). 그러나 예수님은 베드로의 믿음이 떨어지지 않을 것과, 그가 돌이킨 후에 나머지 형제들을 굳게 하도록 기도하셨다.

　우주에서 일어나는 영적인 싸움에 대한 이런 지적들과 성경의 또 다른 암시를 고려할 때 우리는 그것이 우리 시대에도 계속되고 있다는 것을 추측할 수 있다. 그렇다면 하나님 나라의 백성으로서 우리는 적진의 배후에 살고 있으며, 우리가 좋아하든지 싫어하든지 간에 그 전쟁에 개입되지 않을 수 없다. 우리는 두 가지 방식으로 그 전쟁에 개입한다. 즉 사탄의 공격을 받는 자들로서 우리 자신이 전쟁터이지만 사탄으로부터 영토 회복을 위해 예수님과 결합하도록 부름 받은 자들로서 우리는 예수님 군대의 병사들이다.

사탄의 왕국

　만약 사탄이 "이 세상의 악한 신"이자(고후 4:4) "이 세상 임금"이며(요 14:30) 또 만약 "온 세상은 악한 자 안에 처한 것"이면(요일 5:19) 우리는 모두 적의 진영에서 살고 있다. 그러므로 사탄이 "이 모든 권세와 그 영광을 내가 네게 주리라 이것은 내게 넘겨준 것이므로 나의 원하는 자에게 주노라"고 주장한 것은 단순한 허풍이 아니다(눅 4:6).

　우리는 사탄의 왕국의 군대 가운데 외국인들로 살고 있다. 아무도, 특히 그리스도인들은 접촉과 충돌을 피할 수 없다. 그러나 사탄의 권세는 위임된 것인 동시에 제한되어 있다. 사탄은 그가 다스리고 있는 것에 대해서조차 궁극적인 통치권을 행사하지 못한다.

만약 대부분의 성경학자가 믿는 대로 이사야 14장의 구절이 사탄에게 적용된다면, 우리는 그가 바란 것이 "하늘에 올라 하나님의 뭇별 위에 나의 보좌를 높이리라 내가 북극 집회의 산 위에 좌정하리라 가장 높은 구름에 올라 지극히 높은 자와 비기리라"는 것이었음을 안다(사 14:13, 14).

하나님을 대적함으로 인해 하늘에서 쫓겨난 사탄은 땅과 모든 인류의 주(主)가 되고자 하였다. 비록 그가 속임수로 그 지위를 얻었을지라도, 그는 언젠가 메시야가 와서 그의 머리를 상하게 하리란 그 약속을 알고 있었다(창 3:15). 수 세기 동안 그는 자기의 대적이 오는 통로가 될 의(義)의 자손의 계보를 파괴하려고 애썼다. 그는 예수님이 탄생한 즉시 헤롯을 충동하여 베들레헴에 사는 두 살 아래 모든 남아를 죽이게 함으로써 예수님을 죽이려고 획책하였다(마 2:13-18).

예수께서 성령을 받으심으로 능력을 입게 된 후, 그는 사탄의 나라에 훨씬 더 큰 위협이 되었고 그 싸움은 치열해져 갔다. 광야의 유혹에서, 사탄은 예수님을 유인하여 그에게 절하게 함으로써 그를 파멸시키고자 하였다(눅 4:1-13). 겟세마네에서 그 원수는 예수님 자신의 고뇌와 그의 제자들의 불성실을 통해 그를 죽이려고 시도하였을 것이다(눅 22:39-46). 마침내 사탄의 빅게임은 십자가에서 이루어졌고, 그는 마침내 그가 이겼다고 생각하였다. 그러나 제3일에 성부 하나님은 그의 아들을 다시 살리셨고, 그를 "정사와 권세들"의 세력으로부터 자유 하게 하셨다(골 2:15).

따라서 그의 궁극적인 목표가 물거품이 된 사탄은 이제 가능한 한 많이 하나님의 창조물을 파괴하며 특히 인류를 파괴하는 것을 목적으로 한 듯이 보인다. 만약 사탄이 하나님 자신을 공격하거나 그의 보좌에 오를 수 없다면, 그는 억누를 수 없는 질투심과 증오로 하나님이 아끼고 사랑하시는 대상을 공격하고 파괴할 것이다.

사탄은 하나님을 부러워하고, 선한 것을 생산할 수 있는 창의력을 지닌 인간을 부러워한다. 이는 사탄은 창조할 수 없기 때문이다. 그는 누군가 다른 이가 만든 것을 왜곡하고 파괴할 수 있을 뿐이다. 그러므로 그는 좌절과 교만에서 생겨난 질투와 부러움과 증오 가운데 돌아다니면서 하나님과 그의 형상으로 지음을 받은 자들이 만들어 낸 것을 위조하고 파괴한다.

그의 나라는 잘 조직되어 있고, 그 백성은 많은 수의 타락한 천사로 이루어진 것으로 보인다. 에베소서 6장 12절에서 우리는 하늘에 있는 악의 영들의 여러 부류를 본다. "정사와 권세와 이 어두움의 세상 주관자들이" 바로 그들 중에 속한다(엡 6:12).

비록 우리가 사탄이 얼마나 많은 권세와 능력을 갖추고 있는지 정확하게 알지 못할지라도 그것이 크다는 것에 대한 증거는 많다. 그의 고삐는 상당히 긴 것으로 보인다. 외견상 그는 이전에 그가 천사장으로서 가졌던 권세와 능력을 여전히 보유하는 것으로 보인다. 그러나 그는 하나님이 그를 위해 설정한 한계 내에서만 활동해야 한다. 이는 하나님의 나라와 사탄의 나라가 동등한 것이 아니기 때문이다. 사실상 사탄이 하나님을 대항하여 싸울 수 있는 유일한 능력도 하나님이 그에게 위임하신 것이다. 심지어 반역하고 속이는 능력도 하나님의 허락으로서만 행할 수 있다.

하나님의 나라가 가까웠다

악한 자가 다스리는 이 세상 안에 하나님은 그 자신의 나라를 심으셨다. 이 하나님의 나라는 예수님의 사역의 일관된 주제였다. 그는 그것에 대해 말씀하셨고, 그것을 입증하셨으며, 예시하셨고, 제자들에게 그것을 삶의 우선순위에 두도록 명령하셨다(마 6:33). 그러고 나서 그의 부활 이후, 그는 성령의 인도와 능력으로 땅 끝까지 그것을 확장하도록 그를 따르는 자들에게 그 나라를 넘겨주셨다. 이 일을 위해 그는 그들을(그리고 우리를) 세상에, 다시 말하면 적진의 배후에 남겨 두셨다. 그리고 우리를 그의 권세로 무장시키시고, 우리에게 그가 돌아오기 전에 그의 나라를 위해 가능한 한 많은 영토를 회복하도록 명령하셨다.

이것은 하나님이 아담에게 주신 명령 즉 그에게 순종하고 그를 의지하라는 명령을 기꺼이 수행하고자 하는 구속 받은 자들의 나라이다. 그것의 토대는 하나님에 대한 자의적인 충성과 신실과 순종이다. 그것은 인간이 창조된 목적이기도 하다. 그것의 특징은 의와 진리와 빛과 평화(복지)와 희락 등이다.

하나님 나라의 특징은 사탄의 왕국의 특징과 완전히 반대된다. 하나님은 원수가 부과한 속박 대신에 자유를 주신다(눅 4:18-19). 그 자유는 사랑하는 하나님에 대한 순종에서 온다. 그것이 영적인 문제로부터든지 정서적인 문제로부터든지 혹은 신체적인 문제로부터든지 간에, 하나님은 사탄의 굴레에서 자유를 주시기 원하신다. 그리고 사람이 그리스도께 나와 신체적 혹은 정서적 치유를 받거나 귀신의 영향에서 해방될 때 진영은 사탄의 왕국에서 회복되어 하나님의 것이 된다.

하나님의 나라는 사탄의 나라가 악한 정도보다 훨씬 더 선하다. 또 사탄의 나라가 기만적인 정도보다 훨씬 더 진실하다. 그것은 원수의 어둠의 나라 대신에 빛의 나라이며 화평과 의미와 기쁨의 나라이며 인간이 창조된 목적을 성취하는 나라이다.

하나님의 전략

원수의 계략과 맞서기 위한 하나님의 전략의 으뜸 된 세 국면은 다음과 같다: 하나님이 제한하시고, 하나님이 보호하시고, 하나님이 공격하신다.

1. 하나님은 원수의 활동과 영향력에 한계를 두심으로써 그를 제한하신다. 비록 사탄이 큰 능력을 가지고 있을지라도, "우리는 「우리」 안에 계신 이가 세상에 있는 이보다 크신" 것을 안다(요일 4:4). 욥에 관한 대화에서, 사탄은 하나님이 그의 활동을 제한하시는 것을 지적한다.

> "주께서 그와 그의 집과 그의 모든 소유물을 울타리로 두르심 때문이 아니니이까 주께서 그의 손으로 하는 바를 복되게 하사 그의 소유물이 땅에 넘치게 하셨음이니이다 이제 주의 손을 펴서 그의 모든 소유물을 치소서 그리하시면 틀림없이 주를 향하여 욕하지 않겠나이까"(욥 1:10-11). 사탄의 불평에 답하여, 하나

님은 욥이 가진 모든 것이—재물과 가족과 결국은 그의 건강까지—사탄의 권세 아래 들어가도록 그 제한을 완화하셨다. 하나님이 말씀하셨다 "내가 그를 네 손에 붙이노라 오직 그의 생명은 해하지 말지니라"(욥 2:6).

신약성경에서 우리는 예수께서 원수가 제자들을 "밀 까부르듯" 하려고 청구하였을 때 그를 제한하시는 것을 본다(눅 22:31). 우리는 또 계시록 전체에서 여러 가지 목적을 위해 하나님께서 사탄을 제한하시기도 하고 풀어 주시기도 하는 것을 본다. 그 원수가 사도 바울을 "육체에 가시"로 괴롭힐 수 있었던 것도 오직 하나님의 허락에 의해서였다(고후 12:7-10).

만약 사탄이 마음대로 활동하도록 허용된다면, 인류는 완전히 멸망하고 말 것이다(요 10:10). 그러나 우리의 자비하신 하나님은 이것을 허락지 않으신다(애 3:22). 오히려 우리가 원수에게 공격을 받을 때마다, 하나님은 그를 억제하시고 제한하신다. 사탄은 오직 하나님이 허락하시는 것만을 할 수 있을 뿐이다.

2. 하나님이 사탄의 능력을 제한하시는 것은 우리를 보호하는 결과를 낳는다. 하나님은 우리가 연약하다는 것과(시 103:4) 우리가 그 존재를 결코 알지 못하는 수많은 해로운 것들로부터 보호를 받아야 할 필요가 있다는 것을 아신다. 수많은 병균에도 불구하고 우리가 병들지 않는 것이나, 또는 많은 사고가 일어나지만, 그것이 날마다 우리 모두에게 일어나지는 않는 것을 생각해 보라. 심지어 우리가 많은 실수를 하고 그릇된 판단을 하는 경우에도 그 모든 결과를

우리가 감당하지는 않는다. 이는 바로 하나님의 보호 활동이 우리를 괴롭히고 파괴하는 요소들을 막아 주시기 때문이다.

왜 하나님이 지금 진행되고 있는 좀 더 많은 끔찍한 일들에서 사람들을 보호하지 않으시는지는 우리가 알 수 없다. 다만 어느 정도의 보호는 자동적일지라도 하나님은 사탄적인 존재들과 인간 양쪽 모두에게 그들이 서로를 해할 수 있기에 충분한 자율을 허락하신 것으로 보인다. 그러나 우리는 "사람이 감당할 시험밖에는 '우리에게' 당한 것이 없나니 오직 하나님은 미쁘사 '우리가' 감당치 못할 시험 당함을 허락지 아니하시고 시험 당할 즈음에 또한 피할 길을 내사 '우리로' 능히 감당하게 하시는" 줄을 믿는다(고전 10:13). 우리에게는 목자가 그의 양을 보호하고 돌보는 것과 같이 우리를 보호하시고 돌보시는 사랑의 하나님이 계신다(요 10:11-15). 그러나 예수님은 우리가 하나님께 간구할 때 더 많이 보호 받을 것을 말씀하시면서 "악(악한 자)에서 구하여 주시도록" 하나님께 기도할 것도 가르치셨다(마 6:13).

3. 경우에 따라 하나님의 전략은 공격하는 것이다. 하나님이 모세를 불러 이집트의 바로 앞에 가게 하셨을 때, 하나님은 공격하는 편에 서셨다. 또 엘리야에게 바알 선지자들과 대결하도록 명령을 하신 때도 마찬가지였다. 예수님이 이 땅에 오신 것은 물론 사탄과 그의 나라에 대한 하나님의 가장 명백하고 성공적인 공격이었다. 우리는 요한일서 3장 8절에서 "하나님의 아들이 나타나신 것은 마귀의 일을 멸하려 하심이니라"는 말씀을 읽는다. 그러나 예수님은 즉시로 공격하지 않으셨다. 그의 생애 초기에는 아무런 기적도 행하지 않

으셨고, 심지어 그의 고향 사람들에게 어떤 감동적인 인상조차 거의 주지 않은 것으로 보인다. 그들은 그가 권위 있게 가르치고 능력을 행하기 시작하셨을 때 놀라움을 금치 못하였다(마 13:53-58).

원수는 예수께서 언제 활동을 시작하실지 의아해하며, 이 기간에 분명히 당황하였을 것이다. 그러나 마침내 예수께서 세례를 받고 성령의 능력을 덧입게 되었을 때(눅 3:21-22) 그 일은 일어났다. 그때부터 예수님은 어둠의 나라와 적극적으로 맞서서 성령의 능력으로 사탄에 대한 전쟁을 선포하셨다(눅 4:4). 그는 병을 고치고, 귀신들을 내어쫓으며, 하나님의 나라에 대해 가르치고 그 나라의 대의를 위해 싸울 전사들을 모집하셨다.

예수께서 사람들을 고치고 귀신 들린 자들을 풀어 주셨을 때마다 예수께서는 그 악한 자를 공격하고 그 진영을 빼앗았다. 그의 가르치는 사역 역시 공역의 하나에 속하였다. 사탄이 예수에 대한 승리를 확신하면서 그를 죽이려고 꾀하였을 때는 성부 하나님께서 공격을 주도하셔서 예수를 일으키심으로 원수가 던질 수 있었던 최악을 단번에 영원히 승리하게 하셨다.

하나님의 전략에서 인간의 역할

하나님의 전략은 사람들이 사탄과 그의 졸개들을 패배시키는 데 주요 역할을 하는 것이다. 하나님은 사람이신 그리스도 예수 안에서 그를 통하여 원수를 물리치시기를 원하셨다. 예수께서 사탄과 싸우신 것은 신으로서가 아니라 둘째 아담인 사람으로서였다.

예수님은 성령으로부터 받은 능력까지도 제한하시고 인류의 나머지 사람들이 지닌 같은 한계를 수용하셨다. 예수께서 절대적인 충성과 순종과 의존으로 아버지의 권위 아래서 사셨던 것은 바로 사람으로서였다(요 5:30). 예수께서는 무슨 일이든지 자기 마음대로 하기를 거절하시고(요 5:19), 아버지로부터 온 것만을 가르치고자 하셨다(요 7:16, 46; 8:26-28, 38). 그는 아버지의 일을 하셨고(요 5:17), 아버지가 하시는 것을 본 그 일만을 하셨다(요 5:19-20). 그의 행위를 통해 아버지를 보여주셨고(요 10:37-38; 14:11), 모든 일에서 아버지를 기쁘게 하셨다(요 8:29). 이른바 "나사렛 선언"에서, 사람들을 사탄으로부터 풀어주고자 한 그의 의도를 밝히신 것도 사람으로서였다.

주의 성령이 내게 임하셨으니 이는 가난한 자에게 복음을 전하게 하시려고 내게 기름을 부으시고 나를 보내사 포로된 자에게 자유를 눈 먼 자에게 다시 보게 함을 전파하며 눌린 자를 자유케 하고 주의 은혜의 해를 전파하게 하려 하심이라(눅 4:18-19).

지상에 있는 동안 예수님은 그를 따르는 자들이 전쟁을 계속하도록 그들을 훈련하고 무장시키는 데 전념하셨다. 예수님은 그의 제자들이 따를 수 있는 보기를 보여주시기 위해 이렇게 말씀하셨다. "아버지께서 나를 보내신 것 같이 나도 너희를 보내노라"(요 20:21). "나를 믿는 자는 나의 하는 일을 저도 할 것이요 또한 이보다 큰 것도 하리니"(요 14:12). 그리고 그는 그들에게 "모든 귀신을 제어하며 병을 고치는 능력과 권세를 주시고"(눅 9:1) 후에 그들을 따르는 자들에게 "내가 너희에게 분부 한 모든 것을 가르쳐 지키게" 하도록 명령하셨다(마 28:20). 예수님 사역의 마지막 순간에 예수님은 제자들에게 그를 사역의 터로 내보낸 성령의 같은 능력을 받을 때까지 예루살렘에서 기다리라고 명령하셨다(행 1:4과 눅 3:21-22를 비교해 보라). 성령이 임하실 때 그들은 권능을 받아 "땅끝까지 이르러 증인이 될" 것이었다(행 1:8). 바로 여기에 우리가 있다.

이 전쟁에서 우리의 역할은 먼저 성령의 권능을 받는 것이다. 그 다음은 예수님의 순종과 아버지와의 친밀한 관계를 닮아가야 한다. 그것은 사탄의 나라와의 싸움에서 예수님의 모범을 따를 수 있게 한다. 하나님께서 우리에게 이용하게 한 전신갑주를 입고(엡 6:10-18), 성령의 능력으로 "하늘에 있는 악의 영들에" 대항하여 싸워야 한다(엡 6:12).

우리는 달리거나 숨거나 마치 전혀 전쟁이 없는 것처럼 행동해서는 안 된다. 우리의 책임을 수행하든 그렇지 않든 우리의 원수 마귀는 계속하여 활동하며 삼킬 자를 찾아 "우는 사자와 같이" 돌아다닌다(벧전 5:8). 그는 활동을 중단하지 않는다. 그러므로 우리는 하나님이 우리에게 주신 일을 멈추거나 회피해서는 안 된다.

우리의 활동 일부는 방어 활동이다. 우리는 하나님이 적의 세력으로부터 우리를 보호하시기 위해 주신 모든 것을 사용해야 한다. 전신갑주는 우리가 입지 않을 때 아무 소용이 없다(엡 6:11-17). 방어를 위해 우리는 자신과 가족들과 우리의 소유물을 지켜 주시도록 간구할 수 있다. 우리는 사람들과 장소와 일들이 하나님의 나라에 속하는 것을 예수의 이름으로 선포함으로써 그것을 원수의 공격으로부터 방어할 수 있다. 그것은 하나님이 우리에게 주신 권세이다. 그와 같은 권세를 구체적으로 어떻게 행사하는가 하는 것은 앞으로 여러

장에 걸쳐 논의될 것이다.

우리 활동의 또 다른 부분은 공격 활동이다. 우리는 잃어버린 자들에게 증거함으로써 그들을 악한 자로부터 구출하여 "하나님 자녀들의 영광의 자유"로 인도해야 한다(롬 8:21). 효과적인 복음 전도자가 되기 위해 우리는 우리 자신의 능력이 아닌 하나님의 능력으로 증언해야 한다(행 1:8). 우리는 증언하는 장소와 환경을 지배하는 권세를 가져야 한다. 복음을 전하기 전에 미리 예수 그리스도의 이름으로 악한 영들에게 그곳을 떠나도록 명령함으로써 그 장소가 깨끗하게 되었을 때 복음은 놀라울 정도로 자유롭게 증언되어질 수 있다.

그러나 사람들이 구원을 얻게 하는 것은 공격적인 활동 일부에 불과하다. 심지어 구원 후에도 많은 사람이 그들의 삶의 다른 영역에서 여전히 악한 자에게 상당 부분 구속되어 있다. 예수님의 승리의 목적은 그들에게 영적인 자유뿐 아니라 정서적이며 신체적인 자유까지 주는 것이다.

우리가 정서적이며 신체적인 영역의 완전함을 위해 싸우든지, 혹은 영적인 영역의 자유를 위해 싸우든지 우리가 싸우는 싸움은 예수님이 우리를 모집하여 싸우게 한 바로 그 싸움이다. 그것은 악한 자에게서 진영을 되찾는 것이다. 이 싸움은 개인적, 관계적, 사회적, 조직적, 지리적인 여러 수준의 영역에서 행해진다.

개인적인 수준에서 지상전을 통해 사탄을 물리치는 것은 나머지 모든 것을 위해 기본적이다. 관계적인 영역에서 적을 패배시키는 데는 하나님의 주권 아래 고백과 용서와 상호 사랑과 관심의 발전해야 한다. 이것은 보통 하나님과 그리고 개개인 서로의 바른 관계 확립을 목표로 한 기도 모임을 통해 이루어진다. 질투와 경쟁과 같은 관계를 파괴하는 요인들을 하나님과 개개인 서로 간에 대한 상호 헌신의 정신으로 다루는 것 역시 중요하다. 그와 같은 활동들의 궁극적 목표는 사탄의 손아귀에 들어 있는 집단을 그에게서 빼앗아 자유케 함으로써 그 지체들이 서로 서로에 대해 그리스도와 같은 태도들을 개발하고, 참된 그리스도의 몸으로서 유기적으로 기능하게 하는 것이다.

함께 동역함으로써 원수의 공격에 맞설 준비가 되어 있는 집단들은 하나님의 인도를 받아 방이나 건물보다 더 큰 지리적 실재에 대한 악한 자의 통치에 도전할 수 있다. 8장에서 톰 화이트는 우리에게 이런 유의 우주 전의 가능성과 그 위험들을 보여준다.

결론

이제 두 왕국에 대한 나의 개관을 마무리 짓고자 한다. 물론 이 주제에 대해서 더 많은 것을 말할 수 있다. 그중 일부는 이 책의 뒷장들에서 언급될 것이다. 또 다른 많은 부분들은 다른 책이나 글에서 다루어지고 있다(참고문헌을 보라). 그리고 우리가 아직 배워야 할 것들도 많이 있다. 그러나 나는 하나님께서 이 책을 통해 여러분을 축복하시고 도우셔서 그가 어떤 길로 여러분을 인도하시든지 그의 나라를 위해 싸울 수 있도록 그의 군대에서 각자의 올바른 자리를 찾기를 기도한다.

제2장

영적 능력: 원리와 관찰들

찰스 크래프트(Charles H. Kraft)

    서구 사람들은 영적인 존재와 세력들에 관해 사회가 가정하는 바를 대개 그대로 수용하는 경향이 있다. 그런데 우리의 세계관적 가정은 대다수 사람이 하나님의 존재를 간신히 믿게 한다. 어떤 다른 "영적 존재와 세력들"은 과도한 상상 활동의 파편으로서 동화나 혹은 공상 과학 범주에나 속하는 것으로 간주한다. 만약 마녀들이 초자연적인 능력을 행사하여 사람들에게 해를 입히려고 하는데 주인공이 도망갈 수 있도록 착한 요정들이 나타나 그들을 물리친다면 그것은 매우 훌륭한 이야기가 된다. 그러나 우리는 모두 그와 같은 이야기들을 실제 세계에서 일어날 수 있는 것으로는 절대로 생각하지 않는다.

    이런 자연주의적인 세계관의 영향으로 심지어 우리 그리스도인들조차 의식적으로든 무의식적으로든 성경과 우리 시대의 기적들을 같은 식으로 취급하는 경향이 있다. 대부분 우리는 성경에서 읽은 그런 부류의 초자연적인 존재들을 본 적이 없으므로, 우리는 그와 같은 사건들을 예수께서 하나님이시기 때문에 할 수 있었으나 우리같이 단순한 인간들은 할 수 없는 일들로 여긴다. 만약 우리가 극적인 일들을 한 성경의 인물들이 우리와 똑같은 사람이었으며 예수님이 우리에게 그들과 똑같은 일들을 하도록 능력을 주셨다는 것을 믿는다면(눅 9:1; 요 14:12) 어떤 일이 일어날 것인가? 우리는 우리의 한계를 벗어나게 될 것이다.

그러나 그와 같은 경향은 이미 뿌리가 너무 깊어 우리의 시각을 바꾸기는 절대 쉽지 않다. 우리는 여전히 질문한다 "어떤 치유가 단순히 정신과 신체의 상관에 의한 것이 아니었다고 누가 말할 수 있는가?" 혹은, "합리적이며 자연스러운 설명이 있는데 왜 굳이 초자연적인 설명을 찾는가?"

그런 와중에 우리 중의 일부 사람들은 세계의 다른 지역에서 일하면서 심지어 비그리스도인들조차 우리보다 더 잘 성경의 사람들처럼 영의 세계를 이해하는 것을 보았다. 내가 선교사로 사역하기 위해 나이지리아에 도착하였을 때, 나는 곧 "당신은 영들의 존재를 믿습니까?"라는 질문을 받았다. 나는 신학교를 졸업하였고 그전에도 기독교 대학을 다녔다. 나는 열두 살 때부터 열심히 성경을 연구하였으며 견실한 복음주의 교회에 출석했다. 나는 예수께서 그 시대에 악한 영들을 다루셨다는 것을 알고 있었으나 나 자신이 직접 부딪친 적은 한 번도 없었으므로 그 질문에 어떻게 대답해야 할지 몰랐다.

나는 내가 배운 인류학을 통해 이 사람들이 비서구 세계의 대부분의 다른 민족들처럼 영적인 능력에 지대한 관심을 가진다는 것을 알고 있었다. 나는 그들의 것이나 나의 것이나 둘 다 문화적 인식들이 오해될 수 있다는 것도 알고 있었다. 그러나 그들이 이 영역에서 나보다 더 많은 것을 알고 있을까?

나는 또 성경의 설명을 다 믿을 수 있다는 것도 알고 있었다. 그러나 성경의 경험은 이 영역에서 나의 경험과 너무나 달라서 과연 내가 그것을 정확히 해석할 수 있을지 의심하였다. 나의 것이나 다른 서구 주석가들의 해석을 신뢰하지 않을 만큼 충분히 회의적이었으며 자연주의적인 세계관에 근거한 서구 해석들의 한계에 대해서도 알고 있었다. 그러나 내가 이제 함께 일하게 될 나이지리아 교회 지도자들의 영적인 인식을 수용하며 그들과 조화 할 수 있을까?

나는 1950년대 후반 나이지리아에서 머문 기간 동안 이 문제를 결코 해결할 수 없었다. 그러나 1980년대 초에 하나님은 많은 경험으로 나를 인도하셨는데, 그 경험을 통해 나는 하나님의 능력과 원수의 능력 사이의 상호작용에 대한 성경의 설명을 더욱 잘 이해하게 되었다. 그리고 성경과 많은 다른 책들에 비추어 나의 경험을 숙고하면서 영적 영역에 관한 나의 이해와 행동은 크게 변화되었다. 이 변화의 일부 결실이 앞의 1장에서 보인다. 다른 결실은 이하에 나온다.

영적인 원리와 관찰들

성경은 영계, 인간계, 물질계를 가정하고 있다. 그러나 성경에서 이 모두는 서로 밀접하게 관련되어 있다(도표의 화살을 주목하라). 실재를 구분하려는 서구의 경향은 성경과 조화 하지 않는다. 그러므로 나는 감히 서로 뚜렷이 독립된 세 영역이나 서로 전혀 관련이 없는 세 존재들을 가정하지 않는다.

물론 우리 서구인들은 물질계에 가장 많이 초점을 두고 그보다 약간 적은 정도에서 인간계에 초점을 둔다. 그렇지만 우리는 물질세계 안에 사는 인간의 삶에 영적인 존재들이 미치는 영향과 능력에 대해서는 거의 무지하다. 그러나 영적 실재에 대한 우리 서구인의 무지와 상관없이 우리만이 우주에 존재하는 유일한 존재는 아니다. 거기엔 하나님의 뜻을 실행하는 천사적 존재들도 있고(히 1:14), 하나님과 그의 목적을 대항하여 싸우며 사탄을 섬기는 악의 영들도 있다. 성경은 우리 그리스도인들이 "우리의 씨름은 혈과 육에 대한 것이 아니요 하늘에 있는 악의 영들에게 대함이라"고 지적한 데서 이것을 분명하게 보여준다(엡 6:12).

성경의 원래 청중과 독자들은 영적 세계와 그곳에 거하는 존재들을 매우 잘 알고 있었다. 그들은 영적 존재와 사람 사이의 상호작용을 너무도 잘 알고 있었기 때문에 사도 바울은 그들의 활동을 상세히 설명할 필요가 없었다. 그의 독자들은 이미 "「사탄의 궤계」를 알지 못하는 바가" 아니었다(고후 2:11). 그러나 불행하게도 우리 이십 세기의 서구인들은 대체로 원수의 궤계는 물론 인간과 영적 세계 사이의 상호작용을 지배하는 원리들에 대해서도 거의 무지하다. 거기엔 인간과 물질세계 사이의 상호작용에 있는 것과 같은 어떤 규칙성이 존재한다. 그러나 우리는 물질세계와 및 그것과 인간의 상호작용을 지배하는 원리를 찾아내려는 연구와 조사에 수 세기를 바쳤을지라도, 영적인 세계와 인간이 어떻게 상호 작용하는지를 이해하려는 시도에는 사실상 수 세기 뒤떨어져 있다.

이 장은 영적 세계와 인간 세계의 상호작용의 일부 원리를 찾아내려는 매우 예비적인 시도이다. 비록 그 모든 원리를 다루는 것이 불가능할지라도—우리가 그것을 안다 해도—나는 여기서 우리가 알게 되었다고 생각하는 것 중 몇 가지를 나열해 볼 것이다.

다음 원리들의 출발점이 되는 전체적인 가정은 하나님이 영계와 인간계의 상호작용 방식에 어떤 규칙성을 부여하셨다는 것이다. 과학은 규칙성에 관한 연구이기 때문에 나는 이 영역에 관하여 어떤 과학이 형성될 수 있다고 생각한다. 그와 같은 과학에서, 이론들이 제시되고 검증되고 그것들이 다시 영적 전쟁에 대한 숙련된 사고와 경험을 지닌 자들에 의해 수정될 수 있다. 나는 다음의 원리와 관찰에 대한 그와 같은 상호작용을 환영한다.

다음은 앞으로 논의될 원리와 관찰의 목록이다.

원리 1. 초자연적인 능력을 베푸는 두 시여자(施與者)가 있다. 그들은 하나님과 사탄이다.

관찰

    1.1 시여자 하나님과 사탄은 동등하지 않다.

    1.2 사탄은 그의 한계를 넘기 위해 하나님의 허락을 받을 수 있다.

    1.3 사탄은 하나님의 일을 방해할 수 있다.

    1.4 사탄을 포함하여 천사들은 창조 질서에서 인간보다 아래에 있다.

    1.5 사탄은 아담으로부터 창조 세계에 대한 권리를 얻었다.

    1.6 하나님과 사탄을 섬기는 영적 존재들이 있다.

    1.7 영적 존재는 인간 세계의 무대에서 매우 적극적으로 활동하며 영향력을 행사한다.

원리 2. 영적 영역은 인간적 영역과 매우 밀접하게 관련된다.

관찰

    2.1 우리는 두 차원 모두에서 원인을 분석해야 한다.

    2.2 인간-영 세계의 관계를 지배하는 원리들은 두 왕국 모두에게 있어 본질로 같아 보인다.

    2.3 한 세대에서 시작된 헌신은 후손에게로 물려질 수있다.

    2.4 영적인 세력들에게 주어지는 권리들은 재산과 진영에까지 미친다.

원리 3. 하나님과 사탄이 역사하는 방법은 크게 다르다.

관찰

    3.1 하나님은 공개적으로, 사탄은 속임수로 역사한다.

    3.2 하나님은 그를 따르는 자들에게 자유를, 사탄은 속박을 준다.

    3.3 하나님은 성령으로 그를 따르는 자들과 동거한다. 사탄은 오직 천사(귀신)로만 동거할 수 있다.

3.4 하나님께 헌신된 사람은 하나님의 성품을, 사탄에게 헌신된 사람은 사탄의 성품을 닮는다.

3.5 하나님은 신뢰할 수 있으나, 사탄은 신뢰할 수 없다.

3.6 하나님은 참된 것을 주시나, 사탄은 모조품만 준다.

원리 4. 인간이 영적인 능력과 권세를 획득하고 행사하는 것은 하나님과 사탄 둘 중 어느 한 편에 대한 그의 관계와 충성과 순종에서 비롯된다.

관찰ㅍㅍㅍ

4.1 하나님과 사탄은 사람, 장소, 사물에 대한 능력을 부여할 수 있다.

4.2 하나님과 사탄이 인간의 영역에 행할 수 있는 일에는 그들이 사람들로부터 받는 협동에 따라 어떤 한계가 있다.

4.3 인간의 일에 역사하는 데 하나님과 사탄은 무엇보다 인간의 충성과 순종을 통해 가장 큰 권리를 얻는다.

4.4 제사, 예배, 기도와 같은 의식들은 특히 하나님이나 사탄의 능력을 강화하는 것으로 보인다.

4.5 영적 세계는 인간 세계 내의 권위 관계에 따라 작용한다.

4.6 하나님의 영이나 귀신들이 사람들 속에 살 수 있다.

4.7 하나님이나 사탄 둘 다 그들을 따르는 자들을 보호할 수 있다.

4.8 하나님과 사탄이 받는 인간 지지의 양과 반대편 왕국을 공격하여 이기는 그의 능력은 종종 서로 연관된다.

4.9 하나님과 사탄과 관련된 자들은 다양한 방법을 통해 영적 능력을 전달할 수 있다.

4.10 사람들은 이편에서 저편으로 그들이 충성하는 대상을 바꿀 수 있다.

원리 5. 문화적 형식이 권능을 지닐 수 있다.

관찰

5.1 물건들이 영적 존재들에 봉헌될 수 있다.

5.2 하나님, 또는 사탄의 권위로 사용되는 말은 권능을 지닌다.

5.3 다른 비물질적 문화 형식들 역시 권능을 지닐 수 있다.

5.4 건물들이 영적인 능력을 지닐 수 있다.

원리 6. 진영과 조직들이 영적인 세력의 영향을 받을 수 있다.

관찰

6.1 우주적 차원의 영들은 영토, 건물, 조직-민족을 포함하여- 에 소위 세력권으로 불릴 수 있는 영향력을 행사하는 것으로 보인다.

6.2 영적 존재들이 빈영과 조직에 권리를 행사하기 위해 그들은 반드시 합법적인 권리를 가져야 한다.

6.3 진영에 대해 봉헌이 지닌 능력을 파괴하는 규칙은 개인에 대해 그런 능력을 파괴하는 규칙과 유사하다.

6.4 우주적 차원의 영들은 인간에 의해 규정된 대로 영토에 대한 그들의 권세를 행사하는 것으로 보인다.

6.5 조직, 제도, 활동을 맡은 우주적 차원의 영들이 있는 것으로 보인다.

6.6 영토와 조직을 맡은 악의 영들을 공격할 때 따를 수 있는 규칙들이 있다.

원리 1: 초인간적인 영적 능력을 베푸는 두 시여자가 있다 그들은 하나님과 사탄이다.

비록 하늘과 땅의 모든 권세가 궁극적으로 하나님으로부터 나올지라도 사탄은 그 자신의 왕국을 가지며 그 안에서 능력을 행할 수 있다. 사탄은 그가 반역하기 전에 아마 가장 높은 천사장 중 하나였던 것으로 보인다(사 14:12-15). 그렇다면, 하나님은 그에게 상당한 양의 권세와 능력을 위임하셨을 것이다. 우리는 그가 여전히 큰 능력을 소유하고 있는 것을 보며, 그것이 그가 반역하기 전에 받았던 양과 동일하다는 이론을 세울 수 있다.

관찰 1. 1: 영적인 능력의 두 '시여자' 하나님과 사탄은 서로 동등하지 않다. 기독교는 어떤 다른 철학과 종교들이 하는 것처럼 동등한 세력의 이원론을 허용하지 않는다. 비록 우리가 두 왕이 다스리는 두 왕국에 관해 이야기할지라도, 또 몇몇 싸움에서는 사탄이 이길지라도, 그의 왕국이 전반적으로 승리하는 것은 불가능하다. 하나님의 능력은 사탄의 능력보다 무한히 더 크다. 더구나 사탄은 십자가와 무덤에서 비참하게 패배하였다. 이 패배는 바울에 의하면, 사탄과 그의 추종자들이 "'예수'의 개선 행진에서 포로들로" 끌려 나와 "공개적인 구경거리가" 된 사실에서 지적된다(골 2:15, GNB).

사탄의 능력은 하나님이 허락하시는 동안만 계속되며, 하나님께서 우주에 부여한 규칙과 관련하여 오직 하나님이 허락하시는 정도만큼만 클 뿐이다. 사탄은 하나님의 허락과 별도로 존재하거나 기능하는 능력을 전혀 갖지 못한다.

관찰 1. 2: 사탄은 그의 규정된 한계를 넘기 위해 하나님의 허락을 받을 수 있다. 우리는 욥기에서 사탄이 더 많은 권세와 능력을 요구할 수 있으며, 적어도 그 경우에 하나님께서 그의 요구에 답하여 그에게 욥을 괴롭힐 수 있는 권리를 주셨다는 것을 안다(욥 1:9-12). 이 허락을 받기 전에는 사탄이 가진 능력이 무엇이었든 지 간에, 그것은 욥을 해할 수 있는 것은 아니었다. 하나님의 허락을 받은 후에야, 그는 욥의 소유물을 파괴하고 가족을 죽이고, 결국 그의 몸을 상하

게 하는—생명을 빼앗는 것 외에 무엇이든지 하는—능력을 가졌다 (욥 1:13-2:7).

관찰 1. 3: 사탄은 하나님의 일을 방해할 수 있다. 다니엘 10장에는 하나님께서 다니엘의 기도에 답하셔서 즉시로 그 답을 전할 천사를 보내시는 놀라운 이야기가 나온다. 그러나 "바사국의 군"으로 불리는 고위급의 악한 영이 그 천사를 가로막았다. 천사장 미가엘의 도움을 받고서야 비로소 그는 자기의 메시지를 다니엘에게 전할 수 있었다. 그러나 비록 시간상으로 삼 주나 걸리긴 하였을지라도 결국 그 천사가 승리하였다(단 10:12-13). 우리는 그와 같은 방해가 언제 일어나는지 알지 못한다. 그러나 나는 그것이 매우 자주 일어난다고 생각한다. 일부 신학자들이 주장하는 대로 만약 하나님께서 항상 아무런 방해를 받지 않고 마음대로 하신다면, 모든 사람이 구원될 것이며(벧후 3:9) 예수님은 우리에게 "나라가 임하옵시며 뜻이 하늘에서 이룬 것 같이 땅에서도 이루어지이다"라고 기도하도록 가르치지 않으셨을 것이다(마 6:10).

관찰 1. 4: 사탄을 포함하여 천사들은 창조 질서에서 인간보다 아래에 있다. 시편 8장 5절은(GNB 번역으로) "당신께서 '인간을' 오직 당신 자신(엘로힘)보다 못하게 하셨나이다"라고 말한다. 이 구절과 인간의 특징들은 우주에서 인간보다 뛰어난 존재는 오직 하나님뿐이라는 것을 분명히 보여준다. 우주의 모든 존재 중 오직 인간만이 하나님의 형상을 입고 있다. 오직 인간만이 하나님의 형상을 입은 자들을 낳을 수 있다. 오직 인간만이 예수 안에서 하나님과 하나

되기에 적합하다. 그러나 아담이 타락하였을 때, 인간은 사탄과 그의 천사들보다 더 낮은 자리로 떨어졌다. 따라서 예수님에 대해 그가 "잠깐 천사보다 못하게" 오셨다고 말해진다(히 2:7). 둘째 아담으로서 예수님은 우리의 권리를 회복시키셔서 이 위치에서부터 다시 두 번째 지위로 돌아갈 수 있게 하셨다.

관찰 1. 5: 사탄은 아담으로부터 창조 세계에 대한 권리를 얻었다. 누가복음 4장 6절에서 사탄은 "이것은 내게 넘겨준 것이므로 나의 원하는 자에게 주노라"고 말하면서 예수님에게 세상의 모든 권세와 부를 줄 것을 제시하였다. 태초에 하나님은 아담에게 땅과 그 안에 있는 모든 것을 지배할 수 있는 권한을 주셨다. 그러나 아담이 타락하자 그 지배권은 사탄에게로 넘어갔다. 비록 둘째 아담이 그것을 되찾았을지라도 아직 그 승리가 완성된 것은 아니다.

관찰 1. 6: 하나님과 사탄을 섬기는 영적 존재들이 있으며, 그들은 계급을 지닌다. 따라서 이 존재는 서로의 지위와 능력과 기능이 다르다. 그들은 천사장, 임금(단 10:13), 정사, 능력(권세), 주관자(엡 6:12), 귀신과 같이 그들의 지위와 관련된 이름을 가진다.

천사의(하나님의 천사든 사탄의 천사든) 특징 중 하나는 언제나 그들이 그들의 주인으로부터 명령을 받는다는 것이다. 그들은 하나님과 인간처럼 창의적일 수 없으며, 후손을 낳을 수도 없다(마 22:30). 비록 그들이 과거를 알지라도, 미래와 하나님의 계획에 대한 그들의 지식은 제한되어 있다(벧전 1:12). 그러나 그들은 인간이 하는 일에 매우 흥미를 느낀다(마 24:36; 눅 15:10; 딤전 5:21).

관찰 1. 7: 성경에서 볼 때 영적 존재는 인간 세계의 무대에서 매우 적극적으로 활동하며 영향력을 행사하는 것이 분명하다. 그들의 활동의 으뜸가는 규칙은 하나님의 천사든 사탄의 천사든 그들이 섬기는

위하여 일한다는 것이다. 그렇게 하려고 그들은 하나님의 허락과 종종 사람들로부터 의식적이거나 혹은 무의식적인 초청을 받아야 한다. 예를 들어, 귀신이 사람 속에서 살려면 그것은 그 사람이나 그 사람에 대해 권위를 가지는 어떤 사람이 부여하는 정당한 권리를 얻어야 한다.

사탄의 천사들은 유혹하고 훼방하고 괴롭히고 파괴하고 죽이는 일을 한다(요 10:10). 반면 하나님의 천사들은 보호하고(마 18:10) 다스리고 (계 1~3), 메시지를 전달하는(창 22:11-12; 민 22:31-35; 단 10:13) 일을 한다.

원리 2: 영적 영역은 인간적 영역과 매우 밀접하게 관련된다.

성경 전체에서 이 사실이 분명하게 지적된다. 아담이 죄를 지었을 때 그의 행동은 그와 영적인 세계와 또 그와 땅, 둘 다와의 관계에 영향을 미쳤다. 가인이 그의 동생을 죽였을 때 아벨의 피가 복수를 요구하는 목소리처럼 "땅에서부터 '하나님께' '부르짖었다'"(창 4:10, GNB). 이스라엘의 전쟁들은 인간적인 차원에서와 동시에 여호와와 이스라엘의 적의 신들 사이에 치러졌다. 그리고 이스라엘은 그들이 여호와를 순종하였을 때 언제나 전쟁에서 이겼으나 불순종할 때는 언제나 졌다.

개인적인 수준에서 이 관계의 밀접성을 보여주는 한 보기는 사울

왕이 인간적인 질투에 사로잡히게 되었을 때 귀신이 들리게 된 사실이다(왕상 18:6-10). 어둠의 천사들은 언제나 준비되어 있으며 그들에게 권리를 준 사람들을 침략할 기회가 오면 서슴없이 이용한다. 국가적인 수준에서는 열왕기하 3장에 기록된 이스라엘과 모압 사이의 전쟁 이야기를 예로 들 수 있다. 이스라엘은 극적으로 모압을 물리쳐 모압 군대를 그들의 도성 속으로 밀어 넣었다. 모압 왕은 칠백 명의 군사와 탈출을 시도하였으나 성공하지 못하자, "자기 뒤를 이어 왕이 될 맏아들을 취하여 성 위에서 번제를 드렸다"(왕하 3:27, GNB). 이 행동은 이스라엘에 대항하는 너무도 큰 영적인 능력을 유도하여 이스라엘은 패배하였고 그들은 하나님께 묻지도 않고 그와의 선한 관계가 그들에게 부여할 더 우월한 영적 능력을 행사하지도 않은 채 "각기 고국으로 돌아갔다."

이런 밀접한 관계에 대한 다른 보기는 다니엘 10장에 언급된 사탄적인 천사들의 이름에서 볼 수 있다. 그들은 인간의 지리적 실재들인 페르시아와 그리스 위에 그들의 권세를 행사하였다. 하나님 편이든 또는 사탄 편이든 인간의 행동은 영적인 세계에서 일어나는 일에 영향을 미치는 것으로 보인다. 또한 그 역도 동일하다.

관찰 2. 1: 인간 세계에서 일어난 사건의 원인을 분석할 때 언제나 인간적 차원과 영적 차원 둘 다를 고려할 필요가 있다. 논쟁, 사고, 전쟁과 같은 부정적인 일들이 인간적 수준에서만 분석된다면 그 분석은 불완전하다. 그것은 부흥, 치료, 건강한 관계와 같은 선한 일들에서도 마찬가지이다. 비록 인간적인 동기와 결정과 행동을 이해

하는 것이 그 사건을 분석하는 데 결정적일지라도, 그것과 관련된 영적 존재들의 활동을 이해하는 것 역시 동일하게 중요하다. 그 두 차원의 요소들을 함께 다루지 않는 분석은 어떤 것이라도 불완전하다.

관찰 2. 2: 인간 세계와 영 세계의 관계를 지배하는 원리들은 두 왕국 모두에게 있어 본질로 같아 보인다. 하나님은 영적인 영역과 인간적 영역이 서로 상호 작용하는 규칙들을 정하셨고 그와 사탄 둘 다 그것을 따른다. 규칙들은 주로 충성과 순종에 근거한다. 그중 일부가 어떻게 작용하는지를 상세히 알기 위해서는 원리 4를 보라. 그러나 하나님과 사탄이 인간과 그들의 상호작용을 수행하는 방법에는 중대한 차이가 있다. 이것들 중 일부를 보다 상세히 알기 위하여는 원리 3을 보라.

관찰 2. 3: 한 세대의 어떤 사람에 의해 시작된 계약이나 헌신, 저주 또는 축복은 세대를 거쳐 그 사람의 후손에게로 물려질 수 있다. 사탄의 편에서, 비기독교적인 종교를 가지거나 사교적인 조직에 가담해 있는 많은 사람은 의식적으로 자신들을 거짓 신이나 영에게 바친다. 프리메이슨(Freemasonry)이나 종합과학(Scientology)과 같은 단체에 속한 많은 사람 역시 무의식적으로 그 원수에게 헌신한다. 그와 같은 열심이나 저주를 통해 들어온 사탄의 세력은 곧 가계(家系) 안으로 침투하고 만약 단절되지 않는다면 그다음 세대로 이어진다. 이런 식으로 많은 어린이가 이미 귀신에 사로잡힌 채 세상에 나오게 된다.

나는 자주 귀신들이 그와 같은 열심이나 저주에서부터 시작하여 어떤 가족 속에서 수세대 동안 살았다고 주장하는 것을 보았다. 그 집의 가족들 사이의 어떤 신비적인 관계를 통해 그 자녀들은 부모가 갖는 열심에 참여한다.

하나님의 편에서, 우리는 하나님이 심지어 이스라엘이 더는 그에게 순종하지 않은 때조차 아브라함에 대한 그의 열심을 오랜 세대 동안 지속하시는 것을 본다. 구체적인 예로 우리는 다윗에 대한 하나님의 축복이, 먼저는 솔로몬과 이후에는 그의 많은 자손이 불순종하였던 사실에도 불구하고, 솔로몬과 이후 그의 자손에게까지 확장되는 것을 본다(왕상 11:34-36). 열왕기하 8장 19절에서 우리는 "여호와께서 그 종 다윗을 위하여 유다 멸하기를 즐겨하지 아니하셨으니 이는 저와 그 자손에게 항상 등불을 주겠다고 허하셨음이더라"라는 말씀을 읽는다. 이것은 예루살렘이 멸망할 때까지 계속되었다(왕하 25). 그러나 에덴동산에서와 같이 하나님이 저주하실 때 그 영향 역시 대대로 계속된다.

관찰 2. 4: 사람들이 영적인 세력에게 주는 권리는 재산과 영토에까지 미친다. 아담이 범죄하였을 때 그는 땅과 그것의 생산성에 대한 권리를 잃었다(창 3:17-19). 그때 사탄은 온 세상에 대한 소유권을 주장할 수 있었다(눅 4:6). 이교도 신전이나 거짓 종교와 이단들의 집회 장소, 사당, 사교적인 책을 취급하는 서점, 심지어 사탄에게 헌신 된 사람들의 집 등은 원수의 재산권을 현실적으로 입증한다. 영적인 일에 민감한 사람은 종종 그와 같은 장소에서 원수의 임재를 느낀다.

가끔 나는 사탄에게 바쳐졌거나 사람들의 죄와 하나님에 대한 반역 때문에 사탄의 세력 아래 있다가 영적으로 "소제된" 집이나 방에 들어가게 된다. 언젠가 내가 한 여인에게서 쫓아냈던 귀신은 지금 그녀가 사는 집이 이전에 살던 사람이 간음을 범했던 집이기 때문에 귀신이 그녀 속에 살 수 있는 권리가 있다고 주장하였다. 이전 주인이 그 귀신에게 주었던 그 권리를 파기하기 위해 우리가 그 집의 새 주인으로서 그녀의 권리를 주장하였을 때 비로소 우리는 그를 쫓아낼 수 있었다. 나는 사교적인 활동이나 어떤 집에서 일어난 죽음을 통해 그 집에 대한 권리를 주장하며 어떤 경우에는 교회에서 범해진 간음을 통해 그 교회에 대해 권리를 주장하는 귀신들을 다룬 적도 있다.

긍정적인 면에서 사람들이 하나님을 섬길 때 그들의 소유물은 축복받으며 그들이 사는 집과 땅이 축복에 참여한다. 역대하 7장 14절에서 하나님의 백성이 회개할 때 주어지는 구체적인 축복 중 하나는 그들의 땅이 다시 번영하는 것이다. 물론 그에게 봉헌되고 그의 뜻을 따라 정기적으로 사용되는 교회들에 대해서는 하나님이 권리를 가지신다.

원리3: 하나님과 사탄이 역사하는 방법은 크게 다르다.

하나님과 사탄이 역사하는 방법의 유사성과 관련된 몇몇 영적인 원리를 논의하였으므로 이제 우리는 그 차이점들을 살펴볼 필요가 있다. 그러나 이것들이 그 같은 틀 내에서 이루어지는 활동의 차이

점이라는 사실을 주목하라. 같은 원리들이 둘 다에게 적용되나 사용되는 방법이 서로 다르다.

관찰 3. 1: 하나님은 공개적으로, 사탄은 속임수로 역사한다. 하나님은 진리의 하나님이다. 그러므로 그는 자기의 주장을 사랑과 관심과 함께 단도직입적으로 사람들에게 제시한다. 하나님은 지킬 생각이 없는 약속들로 사람들을 유인하지 않는다. 그는 구원과(요 5:24) 그의 가족됨과(요 1:12) 평화와 안식(마 11:28) 같은 것을 제시하고 만약 우리가 그 조건에 부합하면 그의 약속을 수행하신다. 그러나 그는 자기의 길을 따르는 것이 비신자들로부터 냉대와 핍박을 초래할 것이라는 사실도 정직하게 말씀하신다(요 15:18-21).

한편으로 사탄은 주로 속임수를 통해서 충성을 얻는다. 그는 이브에게서와같이 약속이나(창 3:5) 사교적인 놀이, 봉사 단체나(프리메이슨) 종교의(몰몬교, 이슬람교, 불교) 탈을 쓴 사교적 집단과 같은 장치를 통해 사람들을 옭아맨다. 비록 그가 광명의 천사로 위장할 수 있을지라도(고후 11:14), 그의 참 의도는 훔치고 죽이고 파괴하는 것이다(요 10:10).

귀신들은 자주 사람들이 더욱 큰 능력이나 위로나 다른 축복을 받고자 소원하는 점을 이용한다. 그들은 대개 잠시 이런 것을 제공하다가 그 사람을 파괴하기 시작한다. 그뿐만 아니라 귀신들이 사람들에게 그들의 영향을 행사하는 주된 방법의 하나는 그들이 "나는 악하다." "나는 추하다." "아무도 나를 좋아하지 않는다." "나는 너무 죄인이어서 심지어 하나님도 나를 영접하지 못한다" 등과 같은 것을 믿게 하는 것이다. 그와 같은 거짓말을 통해서 원수가 사람들에게 행사하는 능력은 믿을 수 없을 만큼 크다.

관찰 3. 2: 하나님은 당신을 따르는 사람들에게 자유를 주시고, 사탄은 사로잡힌 바 된 것 같은 속박을 준다. 바울이 로마서 6장 16-18절, 22절에서 지적한 대로 사탄에 대한 순종은 죄의 노예가 되게 하며 반면에 하나님에 대한 순종은 죄로부터 자유와 더불어 영생을 가져온다(22절). 각각의 영적 세력은 그가 가진 것만을 줄 수 있다. 따라서 사탄은 반역, 속임, 분노, 정욕과 같은 죄의 열매들만을 줄 수 있다. 그런 것들은 원래 하나님이 인간에게 주신 잠재적으로 선한 특질들을 왜곡한 것이다. 그러나 하나님은 우리가 그의 창조 목적을 이루는 것을 방해하는 그와 같은 장애들로부터 우리를 자유롭게 하실 수 있다.

관찰 3. 3: 하나님은 성령으로 그를 따르는 자들과 동거하신다. 그러나 사탄이 할 수 있는 최선은 그의 사람들에게 천사(귀신)를 주는 것이다. 이것은 엄청나게 큰 차이이다. 사탄은 단지 하인 수준의 존재를 그의 백성 속에 거하게 할 수 있을 뿐이다. 때로 사탄 자신이 사람 속에 거할 때도 이것은 마찬가지이다. 그러나 하나님은 우리에게 바로 그 자신을 주신다. 하나님은 성령의 모든 사랑과 능력과 은사와 열매들로 우리에게 오신다. 그는 삼위이신 성령 하나님 안에서 당신의 나라를 바로 우리 속에 두신다(눅 17:21). 이것은 우리에게 사탄의 종들에 비해 엄청나게 큰 이점을 준다.

관찰 3. 4: 하나님께 헌신 된 사람은 하나님의 성품을, 사탄에게 헌신 된 사람은 사탄의 성품을 닮는다. 그 왕의 특성은 그 나라와 조화 한다. 하나님께 자신을 바치는 사람들은 하나님 나라의 자유 안에서 의와 화평과 사랑으로 나아간다. 의도적으로나 태만에 의해서나 자신을 사탄의 나라에 바치는 사람들은 그들의 지도자의 특징을 이루는 교만과 질투와 사기와 악으로 나아간다.

관찰 3. 5: 하나님은 신뢰할 수 있으나 사탄은 신뢰할 수 없다. 하나님의 의롭고 참되고 정직한 성품은 그를 믿을 수 있게 한다. 사탄의 부정하고 속이는 성품은 그가 말하거나 행하는 것이 무엇이든지 간에 믿을 수 없게 한다.

관찰 3. 6: 하나님은 참된 것을 주시나, 사탄은 모조한 것만을 줄 수 있다. 사탄은 하나님의 천사 중 하나로 가장함으로써(고후 11:14) 하나님만이 주실 수 있는 것을 위조할 수 있다. 그는 행복과 위로와 능력과 같은 것을 제공할 수 있으나 그것은 항상 일시적일 뿐이며 그 목적은 유혹하고 속이고 노예로 삼기 위함이다. 사탄은 심지어 어떤 기적과 기사를 행할 수 있는 충분한 능력도 부여받았다(바로의 마술사들을 기억하라). 이것들은 거짓 기적과 표적으로 불린다(살후 2:9-10). 오직 하나님만이 진정한 평화와 기쁨과 힘과 표적과 기사를 행하는 능력을 줄 수 있다.

사탄의 나라는 그 전체가 위조 왕국이다. 그 나라를 떠받치는 버팀목들은 진리 대신 속임수와 참된 근원 되시는 하나님, 자신에게서 나오는 능력 대신 반역적인 천사장의 위임을 받은 능력과 지킬 수 없는 약속, 축복 대신 저주, 빛 대신 어둠, 생명 대신 죽음이다.

원리4: 인간이 영적인 능력과 권세를 획득하고 행사하는 것은 하나님과 사탄 둘 중 어느 한 편에 대한 그의 관계와 충성과 순종에서 비롯된다.

인간 세계에서 영적인 권능은 하나님이나 혹은 사탄에 의해 부여될 수 있다. 예수님은 지상에 계시는 동안 그의 제자들에게 모든 귀신과 질병을 제어하는 권세와 능력을 주셨다(눅 9:1). 승천하신 후에는 그를 따르는 자들에게 성령을 보내어(행 1:4-8) 그가 한 일과 또 그보다 더 큰 일도 할 수 있는 능력을 주셨다(요 14:12). 사탄도 역시 이적을 행하도록 사람들에게 능력을 줄 수 있다.

인간이 합법적으로 그들의 지도자의 권세와 능력을 행사하기 위해 기본적으로 필요한 것은 충성과 순종에 근거한 그 지도자와의 관계이다. 사도들이 예수의 이름으로 귀신들을 쫓아냈지만 스게와의 아들들은 예수님과 올바른 관계도 없이 같은 권세를 행사하려고 시도하였을 때 그 값을 치러야 했다(행 19:13-16).

관찰 4. 1: 하나님과 사탄은 사람, 장소, 사물들에 능력을 부과할 수 있다. 하나님이나 사탄에게 헌신하고 순종하는 사람들은 그들이 섬기는 그 영적 세력이 지닌 권세를 위임받는다. 그 속에 성령을 지닌 우리 그리스도인들은 하나님의 권세와 능력을 행한다. 사탄의 편에 있는 사람들이 이용할 수 있는 권세와 능력의 양은 그들 속에 거하는 귀신의 계급에 달려 있다. 높은 계급의 귀신들일수록 엘루마와 (행 13:8-10) 사도행전 16장 16절의 귀신 들린 소녀에게서와 같이 이적

과 기사를 행하고, 심지어 영체와 같이 몸 밖으로 나갈 수 있는 능력을 사람에게 주기도 한다.

장소와 물건들도 하나님이나 사탄에게 바쳐지는 것을 통해서나 자주 그 세력을 섬기는 데 사용되는 것을 통해서 영적으로 권능을 지닐 수 있다. 또는 하나님의 능력으로 축복을 받거나 사탄의 능력으로 저주를 받는 것을 통해서도 권능을 지닐 수 있다.

하나님이 권능을 부여한 성경의 예들로는 언약궤(삼상 4-7), 성전, 예수님의 옷(마 9:20), 바울의 손수건과 앞치마(행 19:11-12) 등이 있다. 사탄의 능력은 우상과 귀신들의 잔과 상과(고전 10:21), 심지어 교리들에도 부과된다(딤전 4:1).

관찰 4. 2: 하나님과 사탄이 인간의 영역에 행할 수 있는 일에는 그들이 사람들로부터 받는 협동과 관련하여 어떤 한계가 있다. 하나님도 사탄도 언제나 마음대로 무엇이든 하지는 않는다. 사탄의 역사는 자주 하나님의 역사로 좌절된다. 그러나 심지어 하나님도 항상 임의로 하시지 않는다. 예를 들면, 하나님은 아무도 멸망하는 것을 원치 않으신다(벧후 3:9). 그러나 분명히 많은 사람이 멸망할 것이다. 하나님은 복음 전도와 치유와 구원과 교회 설립의 영역에서 더 큰 일이 행해지기를 원하신다. 그러나 그 중 대부분은 하나님의 백성이 적절하게 협조하지 않아서 이루어지지 않는다.

하나님의 계획을 훼방하려는 사탄의 으뜸 된 계략 중 하나는 하나님의 사람들이 그에게 불순종하거나 그와의 관계를 소홀히 하게 만드는 것이다. 원수가 이것을 행하는 가장 효과적인 방법의 하나는 사람들이 하나님이 원하시는 바를 모르게 하거나(고후 4:4) 또는 그들을 속여서 불순종하게 하는 것이다(창 3:1-7).

물론 하나님은 그리스도께로 개종하여 신실하게 그를 섬기는 자들의 순종을 통해 빈번히 원수의 계획을 좌절시킨다. 나는 사람들 속에 거하는 귀신들이 그 사람이 하나님께 순종하기 때문에 그들의 뜻을 이루지 못하여 좌절하는 경우를 많이 보았다. 비록 하나님께의 순종이 귀신들을 제거하지는 못하였을지라도, 그들을 심각하게 약화시키고 그들의 계획을 수행하는 것을 크게 방해한다.

관찰 4. 3: 인간의 일에 역사함에 있어, 하나님과 사탄은 무엇보다 인간의 충성과 순종을 통해 가장 큰 권리를 얻는다. 인간이 취한 선택은 하나님과 사탄에게 그들이 갖지 못한 권리들을 가지게 한다. 사람들이 이편 혹은 저편에 순종할 때, 그들이 순종하는 그편은 그렇지 않을 때보다 인간과 관련하여 그가 원하는 바를 할 수 있는 더 많은 능력을 얻는 것으로 보인다. 하나님의 편에서, 우리 자신을 그리스도께 드리고, 기도하고, 예배하며, 의를 행하고, 다른 사람을 사랑하고, 죄를 고백하는 등 그의 법에 순종하는 것은 하나님이 우리 안에서 우리를 통하여 그의 일을 하실 수 있게 한다. 반면 원수의 편에서, 범죄하고, 용서하지 않고, 미워하고, 자신을 사탄에게 바치고, 그로부터 도움을 구하고, 그를 예배하고, 불의를 행함으로써 하나님께 불순종하는 것은 사탄이 우리 안에서 우리를 통하여 그의 일을 할 수 있게 한다.

아담이 순종하였던 동안에는 하나님이 아무런 장애 없이 아담의 삶 속에서 그의 뜻을 시행하실 수 있었다. 그러나 아담이 사탄에게 복종함으로 하나님께 불순종하자 사탄은 아담과 그의 자손을 죄로 물들일 수 있는 권리를 얻었다. 그는 또 아담에게 주어졌던 세상을 다스리는 권리도 차지할 수 있었다.

노아의 순종은 하나님이 인간 세상으로 내려와 홍수 시에 남은 자를 구원하실 수 있게 하였다. 아브라함의 순종은 여호와로 하여금 그에게 충성하는 한 민족을 일으키실 수 있게 하였다. 아브라함은 그의 아버지의 신들을 따르는 것과 참 하나님께 순종하는 것 사이에서 선택해야 했다. 여호와께 순종하려는 그의 선택과 계속적인 순종의 선택에(기꺼이 이삭을 바치고자 한 것 등) 근거하여 하나님은 그를 통해 큰일들을 하실 수 있었다. 아브라함의 자손이 순종하였을 때 하나님은 그들을 통해 기사를 행하실 수 있었다. 그러나 그들이 불순종하였을 때, 적어도 그 당시에는 하나님의 계획이 무산되었다.

이 원리는 하나님과 사탄의 전략에 영향을 미친다. 그의 백성을 약속의 땅에 들어가게 하려는 하나님의 계획은 그들이 가데스에서 그에게 순종하기를 거부하였을 때 수정되어야만 했다(민 13~15). 원수의 편에서 사탄이 그에게 순종하여 이스라엘을 괴롭힐 이집트의 바로를 얻는 데는 상당한 시간이 걸렸다. 그러나 요셉과의 협정을 중시하지 않은 바로가 즉위하자(출 1:8), 사탄은 그 왕을 통해 그의 계획을 수행할 수 있었다. 그러나 하나님은 그에게 신실한 한 가정과, 바로와 이집트의 신들을 불순종하고 무의식적으로 하나님께 순종한 한 공주를 통하여, 그의 백성을 구하도록 모세를 양육하고 훈련시킬 수 있었다. 예수님의 탄생 직후에도 비슷한 일이 일어났다. 사탄은 헤

롯으로 하여금 그와 동역 하여 예수를 죽이려는 바램에서 사내 아이들을 죽이게 할 수 있었다(마 2:16). 그러나 하나님을 경청하고 그에게 순종함으로 인하여 요셉과 마리아는 아기 예수를 구할 수 있었다(마 2:13-15).

사람이 유혹을 받았으나 사탄에게 순종하기를 거부할 때 그가 이루고자 하는 일은 일어나지 않는다. 만약 어떤 사람이 귀신에게 자살하도록 유혹을 받으나 그것을 실행하지 않는다면, 그것은 일어날 수 없다. 영은 사람의 동의 없이 자살을 일어나게 할 수 없다. 마찬가지로 하나님이 어떤 사람의 삶 속에 들어오시고자 할 때 그 사람이 그를 초청하여 들어오시게 하지 않는다면 그 일은 일어나지 않을 것이다. 사람들이 하나님께 순종하여 기도하고 전도하지 않는다면 아무도 잃어버리지 않는 것이 하나님의 뜻일지라도(벧후 3:9) 사람들을 잃어버린다. 그러나 하나님의 사람들이 기도하고 회개하고 악에서 돌이킴으로써 그에게 순종하면, 하나님은 죄 사함과 부흥을 약속하신다(대하 7:14).

어떤 사람이 하나님이나 사탄에게 불순종하면 그 권리는 반드시 파기되지는 않을지라도 상당히 약화된다. 만약 그리스도인이 범죄하였으나 순종함으로 재빨리 회개한다면 하나님과의 관계는 유지된다. 뉴 에이지(New Age)와 프리메이슨 단과 같은 사교적 조직에서 사탄에게 헌신하였던 사람들이 그리스도께로 개종하면 사탄과의 그들의 관계는 손상되나 깨어지지는 않는다. 그와 같은 조직들에서 적극적으로 활동하는 동안 그들이 그들 속에 들어오도록 허락한 그 귀신들은 여전히 그들 속에 살며 상당한 영향력을 행사한다. 그리스도 안에서의 완전한 자유는 그 귀신들을 쫓아낸 다음에야 비로소 가능하다.

긍정적인 면에서, 하나님이나 사탄을 따르는 자들이 더 많이 순종하면 할수록 그 주인에 대한 그들의 관계는 더욱더 깊어진다. 예수님이 말씀하신다. "너희가 나를 사랑하면 나의 계명을 지키리라"(요 14:15), "너희도 내 계명을 지키면 내 사랑 안에 거하리라"(요 15:10). 순종은 친밀성을 가져오고 유지한다.

관찰 4. 4: 제사, 예배, 기도와 같은 의식들은 특히 하나님이나 사탄의 능력을 강화하는 것으로 보인다. 하나님이 그와 같은 의식들로 존귀를 얻으실 때 적의 세력은 뒤로 물러서며 그들의 계획을 수행할 수 없다. 같은 식으로 사탄이 존귀를 얻으면, 하나님의 군대가 뒤로 물러나게 될 것이다. 다시금 순종이 핵심 요소로 보인다. 우리가 기도하며 예배하며 금식하며 그의 계명을 신실하게 지킴으로써 하나님께 순종할 때, 우리 안에서 우리를 통하여 하시기 원하는 일을 하나님이 하실 수 있게 된다. 사탄 편에 있어서도 그것은 동일하다.

피의 제사가 가장 강력한 것으로서 의식(儀式)들에도 계급이 있는 것으로 보인다. 구약 시대에서는 이것을 위해 희생 제사 제도가 있었다. 물론 모든 제사 중 가장 강력한 제사로서 예수님의 희생은 우주적인 결과를 가져왔다. 이 원리를 원수가 사용한 가장 분명한 성경의 보기는 열왕기하 3장 21-27절에 기록된 것으로 모압 왕이 자기의 맏아들을 성벽 위에서 그의 신에게 번제로 드린 때이다(원리 3

에 인용됨).

기도의 중요성과 능력이 강조될 필요가 있다. 기도는 가장 쉽게 이용될 수 있는 의식이며 성경 전체를 통해 가장 빈번히 시행되는 의식이다. 예수님은 정기적으로 기도하셨고, 그의 제자들에게 똑같이 하도록 명하셨다. 예수님의 사역에서 가장 주목할 만한 유형의 기도들은 일명 "친밀성 기도"와 "능력 기도"이다. 예수님은 정기적으로 홀로 아버지와 시간을 보내면서 친밀감을 다지셨다. 그다음 이 조용한 순간들에서 얻은 권세와 능력에 근거하여, 권위 있게 가르치시고 병을 고치시고 귀신들을 쫓아내셨다. 예수께서 그의 사도들을 택하신 것은 먼저 친밀성을 위하고 그다음 권세 있는 사역을 위해서였다(막 3:14).

관찰 4. 5: 영적인 세계는 인간 세계 내의 권위 관계에 따라 작용한다. 예를 들면 부모가 자녀를 하나님이나 사탄에게 바칠 때, 그 부모는 그들의 주인에게 그 아이의 삶 속에 역사할 수 있는 권리를 준다. 마찬가지로 성인들도 자신을 귀신이나 사교의 지도자나 그릇된 종교의 권세 아래에 둘 때, 사탄의 활동에 대한 하나님의 보호의 많은 부분이 제거된다.

성경은 아내에 대한 남편의 권위(엡 5:23, 딤전 2:11-14), 자녀에 대한 부모의 권위(엡 6:1-3; 골 3:20), 교회에서 평신도들에 대한 목사나 다른 지도자들의 권위(엡 4:11-12; 딤전 3), 백성에 대한 통치자들의 권위(딤전 2:2; 롬 13:1-2), 그리고 내가 믿기로는 젊은이들에 대한 노인들의 권위를 인정한다. 추가로 고린도전서 7장 14절에서 믿는 부모가 믿지 않는 배우자와 그들의 자녀가 하나님을 영접하게 할 수 있는 권위도 암시된다. 귀신들을 다루면서 우리는 그들이 이 권위 관계를 매우 심각하게 취급하는 것을 보았다.

다른 이들에 대해 권위를 가지는 자들은 그들의 권위를 가볍게 여기지 않도록 주의할 필요가 있다. 우리는 성경에서 다른 사람들에 대해 영적 또는 민사적 권위를 가진 자들이 불순종하였을 때 그것이 그들이 권위를 가지는 그 집단 전체에 영향을 미치는 것을 본다 (예를 들어, 이스라엘의 왕들). 아간의 경우에는(수 7) 지도자가 아니었던 한 사람의 죄가 전체 민족과 여호와의 관계에 영향을 미치기도 했다. 우리 시대의 많은 복음주의 교회들이 그들의 일부 지도자들이 부도덕이나 점성술, 점, 동방의 신비주의, 뉴 에이지, 프리메이슨 단과 같은 사교적 행습에 연루된 사실로 인해 영적으로 훼방을 받고 있다.

관찰 4. 6: 하나님의 영이나 귀신들이 사람들 속에 살 수 있다. 하나님과 사탄은 그들을 따르는 자들 속에 내주할 수 있다. 비록 앞의 3. 3에서 지적된 대로 하나님과 사탄이 내주하는 방식에는 큰 차이가 있을지라도, 이 원리가 존재한다는 사실 자체가 중시될 필요가 있다. 사람들이나 그들에 대해 권위를 지니는 자들이 하나님이나 혹은 사탄을 그들 속에 들어오도록 초청하면, 그것은 그대로 이루어진다.

사탄을 초청하는 것뿐만 아니라 죄악된 태도와 행동에 젖는 것도 사탄적인 존재들이 사람들 속에 들어올 수 있게 한다. 그러나 하나님에 대한 순종과 회개와 의는 하나님께 헌신 된 사람들을 깨끗하게 하여 예수님과 같이 우리에게도 원수가 관계할 것이 없게 한다(요 14:30).

관찰 4. 7: 하나님과 사탄 둘 다 그들을 따르는 자들을 보호할 수 있다. 비록 하나님과 사탄이 제공하는 보호의 양이 같지 않으며 그들의 동기 또한 같지 않을지라도 각각은 자신의 이익을 보호하고자 하는 관심을 보여준다. 사탄은 사람들이 변절하는 것을 막기 위해 그들의 마음의 눈을 어둡게 한다(고후 4:4). 그는 또 그의 백성을 보호할 수단으로 "하나님 아는 것을 대적하여 높아진" 요새와 이론과 장애물들을 만들어 내기도 한다(고후 10:4-5).

하나님은 모든 사람이 자동으로 어느 정도 보호를 받게 하신다. 만약 그가 보호하지 않으신다면 사탄은 모든 생명을 파괴할 것이다. 그러나 이 보호가 자동적일지라도 그것을 요구하거나 주장하는 자들이 그것을 더 잘 이용할 수 있는 것으로 보인다. 하나님의 보호 동기는 그의 피조물들의 선을 위한 것이나, 사탄의 동기는 이기적이다. 그는 보호하는 것이 그의 목적에 이로울 때만 보호하며 이후에는 그에게 충성했던 자들마저 파멸시킨다.

그러나 보호에 대한 모든 주장을 대신하는 것은 섬김을 받는 자의 뜻으로 보인다. 예를 들어 욥과 바울은(고후 12:7-9) 하나님의 뜻에 의해 어느 정도의 보호를 상실하였다. 그러나 기드온의 경우에 하나님은 비록 기드온 자신이 변절하였을지라도, 그가 죽을 때까지 이스라엘 온 민족을 보호하셨다(삿 8:28).

관찰 4. 8: 하나님과 사탄이 받는 인간의 지지의 양과 반대편 왕국을 공격하여 이기는 그들의 능력은 종종 서로 연관된다. 그에게 순종하는 사람들이 많을 때 하나님은 승리의 가능성과 함께 공격을 명하는 자리에 서신다. 여호수아의 지도 아래 이스라엘 백성들과 그 지도자들은 대개 하나님의 명령을 경청하고 따랐으며, 공격하였고, 이겼다. 이스라엘 역사의 초기에 모세는 그의 순종을 통해 하나님과 더불어 큰 권능을 행하였다. 처음에 백성이 그와 함께 하지 않았던 사실에도 불구하고 그는 하나님께 사용되어 공격하였고 이겼다. 하나님께서 이스라엘의 선지자로 권위 있는 지위에서 엘리야를 사용하셨을 때 바알 선지자들은 패배하였다(왕상 18).

사탄 편에서 바로가 이스라엘 백성에게 호의적이었을 때 그는 그들을 어떻게 할 수 없었다. 그러나 이스라엘에게 무자비한 바로가 등장하였을 때(출 1:8) 사탄은 그와 함께 하나님의 백성을 공격할 수 있었다. 마찬가지로 사탄이 헤롯의 협력을 얻었을 때 그는 아기 예수를 죽이고자 시도할 수 있었으며(마 2:16) 후에 유대와 로마 지도자들의 협력을 얻었을 때 그는 성인 예수를 죽이는 데 성공하였다(마 26-27).

모세와 기드온에게 있어 이전의 순종은 무대를 마련하고 계속적인 순종은 효과적인 공격을 가능케 하였다. 다른 한편으로, 아이성을 공격한 여호수아의 군대 경우에는 무슨 일이 일어났는가?(수 7). 아간이 불순종을 통해 하나님의 능력이 손상되었으며, 아이성을 취하려는 전쟁은 패배하였다. 그러나 다시 이스라엘이 순종하였을 때 그들은 그 성을 취할 수 있었다(수 8:1-29).

관찰 4. 9: 하나님이나 사탄과 관련된 자들은 다양한 방법을 통해 영적 능력을 전달할 수 있다. 영적 능력은 다양한 방법으로 전달될 수 있다. 가장 빈번히 사용되는 일부 매체는 말과(기도, 축복, 저주, 봉헌 등) 접촉(안수, 딤후 1:6), 거룩한 장소에 있는 것(신전, 교회, 사당 등), 능력을 지닌 물체를 소유하는 것(봉헌되었거나, 축복되거나, 저주 된 사물 등)이다. 하나님은 대개 말을 사용하여 그의 능력을 사람들에게 전해 주고 또 우리에게 그와 똑같이 할 수 있게 하신다.

하나님이나 사탄의 권세 아래에서 일하는 사람들은 그들의 지도자의 능력으로 축복하고 저주할 수 있다. 따라서 인간의 말을 통해 영적인 능력이 전달된다. 그뿐만 아니라 봉헌된 사람이나 건물 또는 사물이 그들이 바쳐진 영적 존재의 능력을 전달할 수 있다. 그러나 사도행전 19장 13-16절에 나오는 스게와의 아들들의 경험은 그렇게 할 수 있는 권세가 없이 하나님의 능력을 전달하고자 시도하는 자들은 위험에 처한다는 것을 보여준다. 다른 한편으로 예수의 권세를 가졌던 바울의 소유물은 효과적으로 하나님의 능력을 전달하였다(행 19:12).

관찰 4. 10: 사람들은 이 편에서 저 편으로 그들이 충성하는 대상을 바꿀 수 있다. 하나님이나 혹은 사탄에게 충성을 맹세했던 자들이 그것을 철회하고 다른 쪽에게 충성할 수 있다. 그들에 대해 권위를 가지는 자들에 의해 하나님께 바쳐진 사람들은(세례에서와 같이) 그 헌신을 무시하고 사탄의 나라의 백성으로 생활함으로써 그들의 충성을 바꿀 수 있다. 하나님은 그들이 자유롭게 떠나도록 허용

한다. 권위 있는 인물에 의해 사탄에게 바쳐진 자들도 그들의 서약을 바꿀 수 있다. 그러나 대개 그들 속에 거주해 왔던 귀신들을 제거하는 데는 다른 이들의 도움이 필요하다. 의식적으로 자신을 사탄에게 바친 자들은 후에 대개 특별하고 때로 장기적인 도움을 받아야 한다.

비록 그리스도께 충성함으로써 우리가 구속되고 우리 인간의 영이 하나님의 영과 재결합될지라도 사탄은 여전히 어떤 환경 아래에서 그리스도인의 삶을 간섭할 수 있다. 우리가 범죄할 때, 그에게 하나님과 우리의 교제를 방해할 수 있는 권리를 주게 되는 것이며 그것은 우리가 회개할 때까지 지속된다. 만약 우리가 죄에 물들게 되면, 우리는 귀신에게 문을 열어 주게 되는 것이며 대개 다시 자유롭게 되기 위해서는 도움을 받아야 한다. 이 책의 나머지 대부분은 사탄의 능력을 깨뜨리는 세세한 점들을 상술한다.

원리5: 문화적 형식들이 권능을 지닐 수 있다.

우리는 인간이 권능을 지니게 되는 것 그뿐만 아니라 말이나, 물건, 장소, 건물과 같은 문화적 형식들이 권능을 지니게 되는 것도 다루어야 한다. 축복과 저주, 부적과 사당, 의식과 음악 모두가 이 원리에 부합한다. 말이 지니는 권능은 이 원리에 기본적이다. 말은 대개 다른 항목들이 권능을 부여받는 통로로 역할을 한다.

관찰 5. 1: 물건들이 영적 존재들에 봉헌될 수 있다. 많은 사회에서 대개 관습적으로 제의와 사역과 장식과 및 다른 기능들에 사용되는 도구들을 만드는 사람들은 그것을 그들의 신이나 영들에게 바친

다. 그리스도인들은 대개 성소의 기물, 성유, 성수, 성찬 시의 떡과 포도주 등 예배에 사용되는 물품을 봉헌한다. 구약 시대에서 법궤와 다른 성물들이 그랬던 것처럼, 그와 같은 물건은 일단 봉헌되면 하나님의 능력을 지니게 된다.

법궤나(삼상 5) 여호수아 시대에 이스라엘 사람들이 취했던 저주받은 물건들과 같이(수 7) 권능을 부여받는 사물이 다른 편의 손에 들어갔을 때 그것은 큰 훼방을 일으킬 수 있다. 종종 선교사들이나 그리스도인 여행자들이 다른 사회의 물건들을 집에 가져와 그것을 간직할 때 그 물건들이 영적으로 깨끗해지거나 제거될 때까지 훼방이 있는 것을 보게 된다. 나의 동료 피터 와그너는 그의 집에서 수년 동안 그와 같은 훼방을 경험하였는데, 그와 그의 아내가 볼리비아에서 가져왔던 몇몇 물건들을 제거하였을 때 비로소 그 훼방이 없어졌다. 그들은 모르고 있었으나 이전에 그 물건은 악령들에게 바쳐진 것들이었다.

신약에서 바울의 손수건과 앞치마 같은 물건은 병 고침과 구원을 위한 하나님의 능력을 전달하였다(행 19:12). 사역을 하는 중에 우리는 중종(항상은 아님) 성유가 병을 고치거나(약 5:14) 귀신의 힘을 약화시키는 데 효과적인 것을 본다. 몇몇 사람들은 물, 소금, 십자가, 성경 또는 성찬식의 떡과 포도주와 같은 것을 축복하고 그것을 비슷한 목적을 위해 사용하는 것이 유용하다는 것을 경험하였다. 그러나 우리가 그와 같은 물건들을 마술적으로 신봉하는 태도를 취하지 않기 위해 우리는 그 능력이 그 사물 자체에 있지 않다는 사실을 인식할 필요가 있다. 그 능력은 하나님으로부터 오며 단지 그 축복된 물건은 매개체 역할을 할 뿐이다.

관찰 5. 2: 하나님이나 사탄의 권위로 사용되는 말은 권능을 지닌다. 아래에 지적된 예외를 제외하면 흔히 그 말을 하는 사람이 섬기는 그 주인에 의해 권능을 지닌다. 봉헌이나 다른 목적(설교나 전도 등)을 위해 사용된 말 역시 화자가 어느 편에 속했는가에 따라 하나님이나 사탄에 의해 권능을 지닐 수 있다. 그리스도인은 평화와 기쁨과 같은 말로써 구체적으로 사람들을 축복할 수 있다. 우리는 또 차, 집, 사무실 등이 원수의 방해를 받지 않도록 축복할 수도 있다.

그 예외는 하나님의 종이 하나님의 목적을 위해서가 아니라 사탄의 목적을 위해 말할 때이다. 하나님의 백성에 대한 부정적인 말이나 심지어 그리스도인들에 의한 부정적인 행위들 역시 사탄에 의해 권능을 지닐 수 있다. 왜냐하면 그것들이 그의 유혹에 따르기 때문이다. 이것은 우리가 말을 할 때 매우 주의해야 함을 의미한다. 예를 들어 많은 사람이 본의 아니게 부정적인 말을 통해 자기 자신과 그들에게 가까운 이들을 저주하게 된다.

축복과 저주는 그것을 말하는 사람의 "소유"이다. 누가복음 9장과 10장에서 예수님은 전도를 위해 제자들을 파송하시면서 그들에게 말씀하시기를 먼저 어떤 집을 축복하고 만약 그 집에서 환영을 받지 못하면 그 축복을 철회하도록 명하셨다. 제자들이 축복을 주었다는 사실은 그들이 그것을 철회할 수도 있다는 것을 의미하였다. 즉 그들 자신의 말의 능력은 그들 자신의 권세 아래에 있었다. 그렇다면,

만약 우리가 우리 자신을 저주하였다면 우리는 그와 같은 저주를 부인하고 그것으로부터 자유 할 수 있다. 이런 것들과 사탄에 의해 권능을 지니는 다른 저주들은 일단 그것들이 발견되면 예수의 능력으로 쉽게 파기될 수 있다.

관찰 5. 3: 다른 비물질적 문화 형식들 역시 권능을 지닐 수 있다. 음악은 자주 하나님이나 사탄에게 바쳐짐으로써 권능을 지닌다. 의식이나 춤과 다른 예배 활동들도 마찬가지이다. 우리가 그리스도인의 예배에서 느끼는 축복은 대개 인간적 수준에서 느껴지는 즐거움과 영적 수준에서 흘러나오는 하나님 축복의 결합이다.

아메리카와 유럽에서 공공연히 그들의 음악을 사탄에게 바치는 음악가 집단들이 있다. 아마 일부는 무의식적으로 그렇게 할 것이다. 그와 같은 음악은 그것을 신봉하는 자들에게 사탄의 능력을 전달한다. 기독교 예배 음악 역시 의식적으로나 무의식적으로 축복되며, 내가 믿기로는 그것을 듣는 자들에게 하나님의 능력을 전달하는 데 효과적이다. 축복된 음악이 우리의 가정이나 차에서 연주되는 것 역시 그런 장소에서 원수의 활동을 억누르고 사탄의 공격을 방어하는 데 효과적이다.

관찰 5. 4: 건물도 마찬가지로 영적인 능력을 지닐 수 있다. 그리스도인들과 비그리스도인들 둘 다 건물을 그들이 섬기는 신적 존재에게 봉헌한다. 교회 건물, 집, 사당, 다른 장소가 하나님께 바쳐짐으로써 영적으로 "깨끗"해질 수 있다. 다른 한편으로 건물은 사탄에게도 바쳐질 수 있다. 그것들 역시 매춘이나 노름, 포르노, 동성애,

사기, 낙태, 사교적 집회와 같은 악한 목적을 위해 정기적으로 사용될 때 사탄의 능력을 지닐 수 있다. 내가 경험한 바로는 프리메이슨 숙소나 이교도 사당과 신전, 사교적 책을 취급하는 서점, 건강식품과 환경 문제와 무술 등을 다루는 일부 시설, 낙태 병원, 사교의 사무실, 죄를 부추기는 조직과 사탄의 목적을 위해 사용되는 다른 건물들에 그리스도인이 하나님의 보호를 요청하지 않고 들어가는 것은 위험할 수 있다.

일전에 어떤 선교 지도자가 선교 회의에서 소란을 일으켰던 한 동료로 인해 나에게 상담을 요청하였다. 나는 그에게 매번 모임을 시작하기 전에 그 모임 장소를 영적으로 깨끗하게 하는지 물어보았다. 그는 그렇게 해 오지 않았었다. 그러나 우리의 대화 이후로 그는 그것을 시도하였다. 그러자 다시 그 모임 장소에 모였을 때 소란을 일으켰던 그 사람의 행동이 극적으로 변화되었다. 여러 학교 교사들은 그들이 그들의 교실을 축복하기 시작한 후에 그들의 학생들의 행동이 변화되었다고 말하였다.

원리6: 영토와 조직들이 영적인 세력의 영향을 받을 수 있다.

"바사 군주"와 "헬라 군주"로 불린 고위급의 사탄적인 영에 대한 언급과(단 10:13, 20) 하나님의 천사장들인 미가엘과 가브리엘에 대한 언급에서 우리는 하나님과 사탄의 일부 영적 존재는 무엇보다 우주적 차원에서 활동한다고 추리할 수 있다. 이들은 다른 일반 천사들이나 귀신보다 더 강력해 보이며, 개인들보다 집단을 지배하는 것으로 보인다. 비록 그들의 주된 관심의 대상이 어떤 영토가 아니라 사람들일지라도 우리는 그들을 "영토 영"으로 칭한다.

관찰 6. 1: 우주적 차원의 영들은 영토, 건물, 조직—민족을 포함하여—에 소위 세력권으로 불릴 수 있는 영향력을 행사하는 것으로 보인다. 다니엘 10장은 바사와 헬라 국을 다스린 높은 계급의 사탄적인 영을 언급한다. 하나님의 편에서, 계시록 3장의 각 교회에는 그 교회를 맡은 천사가 있는 것으로 보인다.

매춘, 노름, 낙태, 포르노, 동성애, 사교적 서점과 같은 죄악 된 활동과 사업들은 종종 도시의 어떤 지역에 밀집되어 있으며 그것은 그 지역을 다스리는 영적 존재가 있다는 것을 암시한다. 그런 지역을 지도에 표시함으로 원수의 활동을 탐지하는 일을 하는 사람들은 그 관계에 식별 가능한 어떤 양식이 있음을 보여준다(참고, Wagner, *Breaking Stronghold*; Dawson, *Taking Our Cities for God*). 교회와 다른 기독교적 조직과 그들의 소유지는 아마 같은 방식으로 하나님의 천사들에 의해 감독될 것이다.

그와 같은 세력권의 영향은 개인들에게도 영향을 미친다. 고린도후서 4장 4절에 지적된 대로 우리의 원수는 불신자들의 마음을 어둠 속에 혼미하게 하여 그들이 진리를 볼 수 없게 할 수 있다. 사실상 그 구절은 계속하여 사탄이 하나님의 세력권 활동과 맞설 수 있다는 것을 말한다: "'사탄이' 그리스도의 영광의 복음의 광채가 '불신자들에게' 비취지 못하게 함이니 그리스도는 하나님의 형상이니라(GNB)."

에드 실보소(11장 참고)와 다른 이들이 감동적인 회심과 교회 성장을 목적하며 우주적 차원의 영적 전쟁을 수행하고자 하는 것은 바로 이 사탄의 혼미케 하는 활동을 무효화시키기 위함이다.

관찰 6. 2: 영적 존재들이 영토와 조직들에 권세를 행사하기 위해 그들은 반드시 합법적인 권리를 가져야 한다. 그와 같은 권리들은 현재 그 영토와 조직을 사용하고 또 과거에 사용했던 사람들의 충성과 헌신의 행동을 통해 그들에게 주어진다. 영토와 조직들은 의도적으로 하나님의 나라나 사탄의 나라에 봉헌될 수 있다. 그것들은 또 사용되는 목적에 의해 하나님이나 사탄에게 바쳐질 수도 있다. 그와 같은 봉헌은 권위 있는 인물들이 일어나 그것을 파기하기까지 세대에서 세대로 계속되는 것 같다. 어떤 장소나 기관이 봉헌되었을 때 이후에 반대 적인 목적을 위해 사용된다면 때로 그 봉헌은 약화될 수 있다.

파푸아뉴기니에서 이전에 부족 전쟁이 있었던 지역에 한 선교 지구가 건설되었다. 미국에서 고대 인디언 묘지가 있던 자리에 교회와 고등학교가 설립되었다. 그러나 어느 경우에서도 단순히 반대되는 사용으로 그 영적 세력이 붕괴된 것으로 보이지는 않는다. 이전의 악한 활동으로 원수가 그 지역에 대해 가진 권세가 하나님의 능력으로 깨어지기까지 사탄은 계속하여 그 장소에서 하나님의 활동을 방해하는 데 큰 능력을 행사할 것이다.

관찰 6. 3: 영토에 대한 봉헌의 능력을 파괴하는 규칙들은 개인에 대해 그런 능력을 파괴하는 규칙들과 유사하다. 어떤 진영이 하나님이나 사탄에게 봉헌되었을 때 그것은 때로 반대되는 봉헌이나 반대 목적을 위해 사용되는 것을 통해 약화될 수 있다. 이것은 개인들의 봉헌이나 헌신이 파기되는 방법과 유사하다.

사탄에게 헌신 된 개인들에 대해, 우리는 사탄적인 영에 그 개인에 대한 권리를 주는 "쓰레기"를 찾아서 청소해야 한다. 영토에도 그 땅에 대해 권위를 가졌던 자들이 의식적으로나 무의식적으로 원수에게 합법적인 권리를 갖게 한 동의나 헌신과 봉헌, 저주 및 그 땅에서 범해진 죄의 세력을 찾아서 깨뜨리는 것이 결정적으로 중요하다.

그와 같은 진영의 보기들로는 프리메이슨에 의해 바쳐진 것으로 알려진 도시와(예를 들어, 워싱턴 D.C.와 아르헨티나의 여러 도시), 불의하게 피가 흘려진 장소(예를 들어, 운디드 니, 사우스 다코다), 폭력과 매춘과 동성애가 난무한 도시의 지역을 들 수 있다. 개인들과 마찬가지로 그와 같은 장소에서도 원수의 권세를 깨뜨리고 지속적인 자유를 확보하는 데 있어 먼저 죄를 씻는 것이 결정적으로 중요하다.

죄악 된 사용으로 오염된 지역에 대한 원수의 권세는 그것에 관해 현재 권위를 가진 자들 편의 회개를 통해 약화되거나 깨뜨려질 수 있다. 우리는 이것을 "동일시 회개"(identificational repentance)로 부른다. 그것은 다른 집단에 대해 범죄한 집단의 현재 대표자가 그들의 조상의 죄에 대한 책임을 지고 피해를 입은 집단의 현재 대표자에게 (공적으로) 회개하는 것이다. 그와 같은 지상 차원의 인간적 활동은 악의 세력에 맞서는 보다 적극적인 공격을 위한 길을 마련해 준다.

관찰 6. 4: 우주적 차원의 영들은 인간에 의해 규정된 대로 영토

에 대한 그들의 권세를 행사하는 것으로 보인다. 바사와 헬라의 수호천사(단 10:13, 20)가 인간의 영토의 이름을 따라 불려진 사실이 이 점을 뒷받침한다. 영토 영들을 취급하고 연구하는 사람들이 민족 영과, 지방 영, 도시 영과, 도시의 일부 지역을 관할하는 영들이 있다는 생각을 가지는 것도 역시 그러하다.

브라질과 우루과이를 구분하는 길을 따라 난 작은 국경 도시에서 소책자를 배부하던 한 선교사는 브라질 편의 사람들은 그 소책자를 받지만, 우루과이 편의 사람들은 그것을 거절하는 것을 보았다. 더 나아가 우루과이 편에서 받기를 거부하던 몇몇 사람들이 브라질 편으로 건너왔을 때는 기꺼이 그것을 받았다. 그 선교사의 해석은 브라질 편의 그리스도인들의 기도가 그 차이를 가져왔다는 것이다. 그것은 이 두 나라 사이의 인간적인 정치적 국경의 양편에 사는 사람들의 반응을 지배할 수 있는 원수의 능력에 차이가 있었던 것을 보여준다.[1]

관찰 6. 5: 조직, 제도, 활동들을 맡은 우주적 차원의 영들이 있는 것으로 보인다. 아마 포르노, 낙태, 동성연애, 매춘, 사교적 조직을 조장하는 일이 주업인 우주적 차원의 영들이 있을 것이다.

하나님의 나라에서 우리는 아이들과(마 18:10) 교회들을(계 1~3) 맡도록 임명된 천사들을 알고 있다. 선교나 파라처치(parachurch) 조직과

---

1) C. Peter Wagner, ed., *Engaging the Enemy* (Ventura, Calif.: Regal, 1991), 47-48.

같은 그리스도인의 활동들을 맡은 천사들도 역시 있다. 교회, 신학교, 성경 학교와 같은 기관들은 아마 모두 그것을 지키는 높은 계급의 천사들을 가지고 있을 것이다. 결혼, 정부, 교육기관 등과 같은 사회적 제도들도 그럴 수 있다.

관찰 6. 6: 영토와 조직을 맡은 악의 영들을 공격하기 시작할 때 따를 수 있는 규칙들이 있다. 악한 영들을 공격하는 하나님의 종들을 위해서나 하나님의 나라를 공격하는 사탄의 종들을 위해서 가장 중요한 무기는 기도(특히 중보기도)이다. 하나님의 종들과 사탄의 종들 모두 개인으로나 집단으로나 기도와 예배와 금식을 통해 정기적으로 공격한다. 특히 하나님의 종들은 하나님과 서로 서로에 대해, 또한 그와 같은 무기들을 사용하여 원수와 싸움하는 일에 헌신된 사람들 편의 회개를 강조할 필요가 있다. 기도하는 사람들은 자신들에게서 가능한 한 내적인 "쓰레기를" 제거하여 원수에게 매력이 될 만한 어떤 것도 남겨 두지 말아야 한다(요 14:30).

기도할 때 그들은 그 영토나 조직을 사탄의 손아귀에 있게 하는 모든 역사적, 현재적 헌신이나 저주나 봉헌을 깨뜨리는 데 주의를 기울여야 한다. 그들은 그 땅에서 행해진 모든 죄에 대해 회개할 필요가 있다(앞의 6. 3을 보라). 그다음, 능력의 기도를 통해 그들은 "공중의 권세 잡은 자"에게 맞서(엡 2:2) 예수의 이름으로 그 영역이나 조직에 대한 권리를 주장할 수 있다.

일리노이 주 에반스톤의 포도원 교회(Vineyard Christian Fellowship)의 이전 목사였던 스티브 니콜슨(Steve Nicholson)은 이런 방법으로 그의 교회를 위해 어떤 땅에 대한 권리를 주장하였다. 얼마간의 기간에 걸쳐 그는 기도하면서 사탄적인 영에게 그가 하나님을 위해 어떤 땅을 취하고 있다고 선포하였다. 얼마 후에 한 강력한 영이 등장하여 그가 주장하는 만큼의 땅을 그에게 줄 수 없다고 말하였다. 그때 그는 다시 그의 주장을 단언하고 그 영(마술의 영)의 권세를 깨뜨리는 데 성공하였다. 이후에 그의 교회는 곧 두 배로 부흥하였다.[2] 그와 같은 접근에 관해 보다 상세한 것을 알기 위해서는 이 책에서 존 랍(John Robb, 7장)과 톰 화이트(6장 및 8장)의 글을 보라.

결론

앞에서 논의된 영역에서 아직 우리가 알지 못하는 것들이 많이 있다. 영적인 영역을 지배하는 원리를 발견하려는 시도에 있어 아마 우리는 천 년 전의 사람들이 물리적 법을 밝히려고 시도한 수준에 있는 것과 같을 것이다. 그런데도 다른 사람들이 우리의 이해에 반응하여 추가하고 수정함으로써 그것을 발전시킬 수만 있다면, 우리가 이해한다고 생각하는 바를 말할 가치는 충분히 있다. 다음 장들에서 독자들은 전부는 아니더라도 이 원리 중 많은 부분이 논의되고 예시되는 것을 볼 것이다.

---

[2] *Wagner*, 31-32.

제2부

영적 전쟁:지상 차원

제3장

영적 전쟁의 함정들

에드 머피

역사는 영적 전쟁의 렌즈를 통해 조사되지 않는다면 정확하게 해석될 수 없다. 더 나아가 기독교 교회의 실패와 확장의 역사는 영적인 정사와 권세들의 싸움을 떠나서는 결코 이해될 수 없다.

성경의 전체 이야기는 영적 전쟁을 배경으로 한다. 그 모든 이야기가 인류를 위해 시작되는 창세기 3장에서부터 사탄과 그의 악의 왕국의 종말로 끝나는 요한계시록 20장에 이르기까지, 모든 인간의 역사와 모든 인간과 신의 만남은 영적 전쟁을 배경으로 이루어져 있다. 나는 이 실재를 성경적 세계관의 영적 전쟁 차원으로 부른다.[1]

---

1) 나는 이 실재를 성경적 세계관의 영적 전쟁 차원으로 부른다. (Ed Murphy, *The Handbook for Spiritual Warfare* 와 *Spiritual Warfare* 테이프 시리즈와 요강을 보라.)

나는 영적 전쟁을 개인적 죄에 대한 신자의 다차원적인 전투와 사탄과 그의 타락한 천사들과의 전쟁 둘 다를 지칭하는 것으로 본다.[2]

영적 전쟁의 두 차원

영적 전쟁은 서로 뚜렷하면서도 밀접히 관련된 두 차원을 지닌다. 그것들은 "지상 차원"과 "우주 차원"(또는 "전략 차원")이다. 이 장에서 나는 주로 지상 차원의 전쟁을 집중적으로 다룰 것이다.

이 차원은 죄로의 유혹과 괴롭힘과 압제와 귀신 들림과 같은, 귀신들이 인간들에게 미치는 직접적인 영향들과 관계된다. 특히 이런 유형의 영적 전쟁과 관련된 함정들은 무엇인지 지적하면서, 나는 그와 같은 귀신의 활동이 일어나는 몇몇 조건들과 그와 같은 상황이 어떻게 고쳐질 수 있는지를 다룰 것이다.

함정 1: 죄를 적절하게 다루지 않음. 죄 문제는 세 개의 주요 차원을 지닌다. 무엇보다 먼저 죄는 개인적이다; 그것은 우리가 육신과 싸울 때 우리 내부에서부터 나온다. 둘째, 죄는 사회적이다; 그것은 우리가 우리 주변 세상과 싸울 때 외부에서부터 온다. 셋째, 죄는 초자연적이다; 그것은 우리가 사탄의 보이지 않는 우주적 악의 왕국

---

2) 이 다차원적인 죄와의 싸움에 대한 상세한 연구와 영적 전쟁에 대한 기초적인 교재로는 Ed Murphy, *The Handbook for Spiritual Warfare* (Nashville: Thomas Nelson, 1993)을 보라.

과 싸울 때 위에서부터 온다. 그 왕국은 사탄 자신과 그의 수하에 있는 모든 악의 천사로 구성되어 있다(엡 6:10-20). 나는 이 셋째 영역을 "초자연적인 악"(evil supernaturalism)으로 부른다. 그것은 이 장과 또 지상 수준의 영적 전쟁의 주된 핵심이다.

영적 전쟁을 가르치고 상담하는 데 있어 가장 큰 위험과 함정 중 하나는 이 세 죄 영역 중 다른 둘을 무시하고 단지 하나만을 인간 죄의 주요 원인으로 간주하는 경향이다. 타락 이래 이 셋 모두가 함께 인간의 악을 조장하는 데 작용해 왔다. 어떤 특별한 경우에 어떤 한 영역이 주된 원인이 될 수 있다. 그런 경우 그 영역은 특별히 다루어져야 할 것이다. 그러나 전반적인 영적 전쟁의 상담과 축귀 사역에 있어서는 반드시 이 세 영역 모두가 주의 깊게 다루어져야 한다.

1980년대 후반에 개신교 세계를 강타했던 방송 설교자들의 추문은 확실히 육신의 정욕과 더불어 이 고명한 기독교 지도자들이 "세상이나 세상에 있는 것을" 사랑한 죄에 기인하였다(요일 2:15). 그와 같은 사람들을 적절하게 상담하고 회복시키기 위해 그들은 육신과 내부로부터 온 정욕을 십자가에 못 박도록 배워야 할 것이다. 또 그들은 권력과 지위와 오락과 소유의 정욕이란 세상의 사중적 정욕 체계를 다루어야 할 것이다(요일 2:15-17).

그러나 그들을 타락으로 이끈 것이 오직 육신의 정욕과 세상의 정욕뿐이었는가? 혹은 마귀와 그의 귀신들이 어떤 역할을 하였는가? 물론 그들이 그렇게 하였다. 첫 번째 함정이 경고하는 것은 바로 이 점이다. 우리는 죄의 개인적, 사회적, 초자연적 국면의 상호작용을 인식해야 한다. 우리의 영적 전쟁 사역과 상담이 너무도 자주 실패하는 것은 인간 악의 복잡성에 대해 우리가 너무도 폭 좁게 이해하기 때문이다. 죄가 어디서—육신에서든, 세상에서든, 초자연적인 악에서든—유래하였는지와 상관없이 우리는 이 세 영역이 항상 서로 관련되기 때문에 반드시 이 세 차원 모두를 다루어야만 한다.

함정 2: 부적절한 축귀 전의 상담. 축귀를 시도하기에 앞서 적절하게 상담하지 못하는 것이 두 번째 함정이다. 축귀-전 상담의 목적은 피상담자의 삶 속에 실제로 일어나고 있는 일이 무엇인지를 알아내는 것이다. 만약 거기에 귀신이 활동한다면 이 상담의 목적은 그 개인이 귀신이 그의 삶 속에 달라붙는 것을 가능하게 한 "죄의 단서"를 깨닫고 찾아내게 하는 것이다. 귀신들은 신자를 포함하여 누구나 괴롭힐 수 있다. 그러나 그들이 사람 속에 들어가기 위해서는 반드시 개인의 삶의 죄 영역에 빌붙어야만 한다. 따라서 "죄의 단서"라는 용어가 적절하다. 어떤 이들은 죄의 단서들을 소위 개인의 삶 속의 "근거들"로 보기도 본다. 바울은 그것을 신자의 삶 속에 있는 마귀를 위한 "발판"으로 부른다(엡 4:27, PHILLIPS개역, "틈"—역주).

이 "발판"이 처음에 어떻게 생겼는지는 중요하지 않다. 그것들은 가문이나 가족의 죄로부터(출 20:5; 34:6-7; 신 5:5-10), 그 개인 편의 고의적인 죄로부터, 또는 다른 사람의 죄의 피해로부터 유래하였을 수 있다. 그와 같은 피해는 신체적, 성적, 정신적, 종교적 피해나 그 넷의 어떤 조합일 수 있다.

가문이나 가족의 죄에서 사탄의 영향이나 통제는 한 세대에서 그 다음 세대로 가족의 계보를 통해 물려진다. 원수는 다음의 여러 방법의 하나를 통해 그 가족 안에 들어 올 수 있었을 것이다: 1) 자기 자신이나 가족을 사교적 조직이나, 비기독교적인 종교나, 어떤 신이나(바울은 갈라디아서 4장 8절에서 그것을 "하나님이 아닌 자들"로 부른다), 악한 영들에게 바침으로써; 2) 가족이나 그 가솔들에 대한 저주를 통해(자기 저주를 포함하여); 3) 가장이 악한 사업이나(범죄, 매춘, 포르노) 사교적 사업에(손금보기, 뉴 에이지 운동, 강신술, 카드 점, 조상숭배, 사교적 문학의 생산과 매매) 관여함으로써; 4) 폭력과 피 흘림을 통해; 5) 학대를 통해; 6) 여러 종류의 사기와 비슷한 죄악 된 활동들을 통해. 대를 이어 귀신이 내주하는 것은 대개 그 가계의 누군가가 마침내 조상의 죄에 대해 책임을 지고, 회개하고, 그 마귀적인 세력을 깨뜨리기 위해 그리스도의 깨끗하게 하는 보혈의 능력을 요청할 때까지 계속된다. 이것이 있은 뒤에야 모든 저주가 파기될 수 있으며 귀신들이 쫓겨난다. 세대적인 죄의 책임에 대한 그와 같은 수용과 회개와 씻음이 반드시 축귀에 선행되어야 한다.

우리는 사람들이 종종 다른 이들의 죄의 피해자가 됨으로써 죄에 얽매이는 점을 결코 잊지 말아야 한다. 이것은 심지어 그 사람이 너무 어려서 개인적으로 죄를 지을 수 없거나 학대 그 자체를 기억할 수 없는 경우에도 일어날 수 있다. 그 반작용들은 분노, 분개, 증오(자기 증오를 포함하여), 수치, 거부(자기 거부를 포함하여), 자살 시도와 같은 죄를 낳을 수 있다. 그것은 또 괴도한 수음이니, 혼음, 성적 중독, 불감증 등 수많은 성적 문제를 야기할 수도 있다. 종종 그와 같은 피해자들은 그들의 굴레의 그 숨겨진 원인을 알지 못한 채 계속하여 이런 유의 죄악 된 행위 속으로 끌려간다.

오직 그와 같은 죄의 영역들을 인식하고 그것을 그리스도의 깨끗게 하는 능력을 통해 고백과 회개와 용서로써 다룰 때 비로소 사탄의 세력으로부터 완전한 자유가 가능하다.

불행하게도 영적 전쟁 사역과 축귀 상담을 수행하는 많은 사람이 종종 이 점에서 부족함을 보인다. 그 상담자나 사역자는 너무나 자주 곧바로 귀신들을 추격하며 때때로 수 시간 동안 싸워서 마침내 고통을 감당하지 못한 귀신이 그 피해자를 떠나거나 혹은 그에게서 "쫓겨나게" 한다. 그러나 그것이 얼마나 오래 지속되겠는가?

만약 효과적인 축귀 전의 상담을 생략하게 되면 그 축귀는 대개 일시적이 될 뿐이다. 만약 죄의 단서들이 여전히 남아 있다면 그 원래 귀신들이 쉽게 돌아올 수 있으며 또는 그들과 비슷한 다른 유(類)들이 올 수도 있다(마 12:42-45). 혹 그 원래 귀신들이 돌아오는 것이 금지되더라도, 그들과 비슷한 존재들로서 그 신자의 삶 속에 여전히 존재하는 죄의 단서를 이용할 준비가 되어 있는 수백만의 "떠돌아다니는" 다른 귀신들이 얼마든지 있다. 진실로 "그 사람의 나중 형편이 전보다 더욱 심하게 된다"(마 12:45).

함정 3: 부적절한 축귀 후의 상담. 영적 전쟁 사역에서 세 번째 함정은 축귀 후의 상담을 적절하게 수행하지 못하는 것이다. 왜 그와 같은 상담이 중요한가? 나는 열 가지 이유를 간략하게 소개하겠다.

1. 얼마간의 기간에 걸친 축귀 후의 상담은 귀신들을 그 희생자의 삶

에 여전히 달라붙을 수 있게 하는 모든 죄의 단서를 찾아내는 데 필요하다.

2. 방금 축귀를 받은 신자는 완전한 승리 가운데 행하는 법을 이제 막 배우기 시작한 것에 불과하다. 우리 모두와 같이, 그는 여전히 사탄의 속임수에 넘어가기가 쉽다.

3. 원수는 지배권을 되찾고 심지어, 만약 그 사람이 방어하지 않는다면, 그의 이전의 영향력을 확장하기 위해 방금 축귀를 받은 신자를 공격할 것이다. 그 사람은 이 반격을 식별하고 극복하는 법을 반드시 배워야 한다.

4. 방금 축귀를 받은 신자가 적대적인 환경이나 사탄의 세력이 활동하는 장소에서 다시 일하거나 살아야 할 경우가 있다.

5. 그 사람이 과거의 죄악 된 행위나 다른 사람의 죄의 결과를 통해 악의 세력이 그의 삶 속에 어느 정도까지 침투하였는지를 충분히 알지 못할 수 있다. 대개 얼마간의 기간에 걸쳐 성령과 지속적인 상담을 통해 이것을 알 수 있다.

6. 그 사람이 교만하고 반역적인 영을 깨뜨리기 위해 깊고 고통스러운 낮아짐을 필요로 할 수 있다. 종종 그가 귀신의 영향에서 완전히 벗어나기까지 하나님은 그와 같은 성격적인 단점들을 충분히 다루실 수 없다(약 4:1-10).

7. 대개 희생자의 삶에 모든 달라붙은 귀신들이 축귀의 초기 기간에 노출되고 추방되는 것은 아니다. 이것은 심지어 그 축귀 팀의 은사가 극적이고 성령의 자유케 하는 능력이 그 초기 기간에 강하게 역사한 때도 마찬가지일 수 있다.

8. 에베소서 6장 10-20절, 야고보서 4장 1-8절, 베드로전서 5장 8-11절, 계시록 12장 11절과 같은 핵심 구절에서 주어진바, 그

원수를 정복함에 있어서 성경적으로 규정된 방식이 개인의 일상의 삶 속에서 학습하고 실천하기 위해서는 어느 정도 시간이 필요하다.

9. 지나친 성적 학대, 신체적 상해, 종교적 사취, 또는 정서적 손상이 일어났을 때, 피해를 입은 사람은 대개 계속적인 영적 전문적 상담과 치료를 받아야 한다. 필요한 경우에, 우리는 그와 같은 피상담자를 그 분야에서 우리보다 숙련된 전문가에게 기꺼이 인도해야 한다.

10. 마지막으로 축귀는 한 번이나 혹은 일련의 위기 사건이기보다 과정이다. 방금 축귀를 받은 사람은 새 신자들과 같이 일명 "야고보 5장 16절의 기도-나눔-치료 동반자들"과 같은 후원 그룹에 속해 격려를 받아야 한다. 그들이 그렇게 할 때 대개 얼마간의 기간에 걸쳐 지속적인 축귀가 이루어질 수 있다. 이것은 그들 자신의 삶과 그들의 야고보 5장 16절 동반자들의 삶 속에 역사하는 하나님의 능력 안에 그들의 믿음을 건축하도록 돕는다.

지속적인 축귀 상담을 수행할 때, 나는 일명 "45-10-45" 영적 전쟁 상담 사역을 따른다. 나의 시간의 45%는 축귀 전의 상담에, 45%는 축귀 후의 상담에 쓰이고, 실제 축귀를 위해 사용되는 시간은 10%에 불과하다.

함정 4: 바른 진단. 영적 전쟁 사역에서 네 번째 함정은 바른 진단의 문제이다. 상담자가 하나님과 자신과 그의 사역 팀에게 물어야 하는 가장 중요한 질문은 "피상담자의 삶 속에 실제로 일어나고 있는 일이 무엇인가?" 하는 것이다. 그 문제가 직접적으로 귀신 때문이라는 것을 우리가 어떻게 아는가? 그 사람의 상황의 어떤 국면들이 생물학적, 생리적, 심리적, 혹은 인간의 경향들과 우리 주변 세상의 결과인지 우리가 어떻게 아는가? 때로 그 문제는 생리적 기능 부전과(호르몬 불균형, 뇌의 기능 부전 등) 정서적 타격, 그리고 약한 데서 심각한 데 이르기까지 귀신 들림의 복잡성이 서로 조합된 것이기도 하다.

바른 진단의 중요성은 아무리 강조해도 지나치지 않다. 일반적으로, 여기에는 두 극단이 있다. 하나는 모든 심각한 인간의 인격적 기능 부전을 전적으로 약이나 상담을 통해 다루려고 하는 것이다. 만약 그것이 진짜 귀신이 들린 경우라면 그 귀신들은 그들의 존재가 발각되지 않을 것이기 때문에 이런 접근을 매우 기뻐할 것이다. 비록 피상담자가 정서적 혹은 생리적 면에서 어느 정도 도움을 받을 수 있을지라도 그 귀신들은 여전히 남아 있으며 그 환자가 완전히 자유 해지는 것은 불가능하다.

다른 극단은 사람들이 종종 존재하지 않는 귀신들을 쫓아내려고 하는 것이다. 이것은 정신 상담의 타당성을 전혀 믿지 않는 많은 축귀 사역자들이 행하는 방식이다. 혹 그들이 그것을 믿는다 해도, 그들은 생리적이며 심리적인 인격적 기능 부전과 귀신 들림으로 인한 그것의 차이를 분간하지 못한다. 일부 영적 전쟁 상담자들은 모든 심각한 인간의 인격과 죄 문제를 직접적으로 귀신에 의한 것으로 가장한다. 그 결과 그들은 복합적인 인격 질환과(MPD) 같은 정신 분열로 고생하는 사람의 경우에서와같이 실제로 존재하지 않는 귀신들

을 쫓아내려고 애쓴다.[3]

두 입장 중 어느 것이나 피상담자에게 해를 입히며, 때로는 매우 큰 해를 입히기도 한다. 영적 전쟁 상담자는 인간적 원인과 영적 원인 모두를 다룰 수 있어야 한다. 그는 귀신적인 것과 인간적인 수준에서 유래하는 것 사이를 분간할 수 있어야 한다. 심각한 생리적, 심리적 기능 부전은 종종 귀신이 존재할 때와 같은 일부 증상과 양상을 보인다. 동시에 귀신들은 증상들을 "모방하여" 상담자 편의 혼란을 가중할 수도 있다. 그러나 심각한 인격 장애의 대부분은 그것은 이쪽 혹은 저쪽(either/or) 문제이기보다 둘 다(both/and)의 문제이다. 종종 피상담자의 문제는 축귀로 다루어야 할 뿐 아니라 효과적인 의학적 치료나 상담을 통해 다루어야 하는 생리적, 심리적인 손상의 조합일 수 있다. 귀신의 활동은 때로 그것이 상담 요법을 통해 부분적으로 혹은 일시적으로 제압될 수 있더라도 그것에 의해 절대 제거되지 않는다. 피해자와 상담자 모두 기만당한 채로 끝날 뿐이다.

나는 수년 동안 매우 멋진 그리스도인 청년으로부터 귀신들을 쫓아내려고 애쓴 적이 있다. 이 젊은이는 정신 분열증의 모든 증상을 보였다. 동시에 의도는 좋았을지라도 오류가 많은 기독교 문학의 영향으로 나는 모든 정신 분열증을 귀신에 의한 것으로 치부하였다. 나는 뇌 기능 장애와 같은 질환의 존재를(특히 그리스도인들에게) 완전히 배제하였다.

---

[3] 참고, "Demonization and Mental Health Issues" in *Murphy*, 476-98.

도움을 얻기 위해 내가 초청한 다른 상담자들과 더불어 나는 이 젊은이를 귀신의 지배에서 자유케 하려고 여러 차례 시도하였다. 덧붙여 말한다면 내가 부른 이들 중에는 축귀 사역에서 국제적으로 명성을 얻은 이들도 있었다. 그러나 우리 중 누구도 진실로 축귀만으로 그를 도울 수는 없었다. 흥미로운 점은 귀신들이 존재하였다는 것이다. 매우 많은 숫자가 쫓겨났다. 그 귀신들은 우리의 기도와 그 젊은 피해자의 기도와 하나님의 능력과 은혜를 통해 떠났을 것이다. 그러나 그의 주된 문제가 실제로 생물학적인 뇌 기능 장애였기 때문에 그의 엉뚱한 행동과 생활양식에는 거의 변화가 없었다.

마침내 새로운 연구와 영적 세계를 알고 있는 경험 있는 그리스도인 심리학자들과의 협의를 통해 그 젊은이가 정신 분열로 불리는 심한 뇌 기능 부전을 앓고 있다고 결론짓게 되었다. 곧 우리는 그의 가족에게 그를 숙련된 정신과 의사에게 데려가서 약물로 치료할 수 있도록 주선하였다. 그 변화는 현저하였고 얼마 후에 그는 거의 정상으로 되었다. (내가 '거의 정상'이라고 말한 것은 그의 정신 분열이 지금까지 가장 강력한 약으로도 완전히 치료될 수 없는 그런 유의 것이기 때문이다. 또 일부 그 약의 부작용 역시 그의 기력이 너무도 약화되어 오랜 기간 거의 정상적으로 생활하다가도 가끔, 특히 약을 먹지 않을 때는 깊은 우울에 빠지게 되었다. 그는 매우 경건한 그리스도인이다. 그는 마음을 다해 주님을 사랑한다. 그러나 그가 심한 정신 분열 상태로 돌아갈 때마다 더 많은 귀신이 그의 삶에 들어오는 것이 가능해진다.)

귀신들은 전적으로 악하다. 그들은 인간의 약점들 이용하기를 무척 좋아한다. 사람들이 그들의 뇌나 정신적 정서적 기능들을 충분히 조절하지 못할 때 귀신들은 때로 은밀히 삶의 상처에 달라붙을 수 있다. 만약 그 사람이 필요한 약을 중단한다면 심지어 그 귀신들이 쫓겨난 뒤에도 그 상황은 더욱 나빠질 수 있다. 그것들이나 다른 귀신들이 방어하지 않는 부분에 다시 달라붙을 수 있기 때문이다. 그러나 그 사람이 계속하여 유용한 약을 복용하고 또 현저한 진보를 보인다면, 그것은 그 문제의 주된 원인이 영적인 것이 아니라 생물학적인 것이었기 때문일 수도 있다.

함정 5: 귀신의 요새를 부수기 위한 전략의 단순성 영토 영들, 즉 어떤 주어진 지리적 또는 사회 문화적 인간 집단들(종종 민족 집단들로 불림)을 다스리는 강력한 고위층 귀신들의 문제는 이 책의 후반에서 다루어질 것이다. 우리가 이 등급의 영들을 별개로 취급하는 것은 단지 분석적인 이유에서일 뿐이다. 그것 때문에 우리가 지상 차원에서 사역할 때 보다 높은 계급의 영들의 영향을 소홀히 여겨서는 안 된다.

근래에 우리는 어떤 이름 있는 기독교 지도자들이 신자들을 모두 함께 공동체와 도시와 심지어 민족들을 지배하는 정사와 권세들을 밝히고 제거하는 데 힘쓰도록 지도하는 것을 본다. 그와 같은 권세들이 존재하는 사실은 신구약 성경에 분명하게 나타나 있다. 유대인들은 이방 민족의 신들을 영토를 다스리는 악한 천사로 이해하였다 (레 17:19; 신 18:9-14; 단 9-10). 신약성경은 이 입장을 확증할 뿐 아니라 (고전 10:20-21; 행 8; 엡 6:12; 계 2-3; 9-20) 그와 같은 천사들을 부주의하게 비방하는 것을 경계하기도 한다(유 8).

이 사역의 이해득실을 따지는 것이 나의 목적은 아니다. 그러나 나는 영적 전쟁의 이 차원은 지상 수준에서 활동하는 귀신들을 다루는 데 많은 경험도 없이, 사탄의 왕국에서 가장 강력한 세력들인 통치권자들과 맞서서 그들을 무너뜨릴 수 있다고 생각하는 사람들에게 중대한 위험을 준다고 믿는다. 그 결과 심지어 그리스도인 지도자들을 포함한 많은 신자들이 불필요하게 심각한 사탄의 공격 아래 놓이게 된다. 영적 전쟁의 신병 훈련소도 거치지 못한, 즉 지상 수준의 영적 전쟁에서도 훈련받지 못한 신자들이 그와 같이 높은 차원의 영적 세계와 대결하는 것은 확실히 시기상조이다.

더욱더 놀라운 것은 일부 이름 있는 설교자들이 한두 번의 뜨겁고 간략한 축귀 모임을 가진 후에, 문제가 되는 도시나 지역을 다스리는 영이 단번에 영원히 제거되었거나 권좌에서 축출되었다는 인상을 주고, 혹은 심지어 그것을 곧바로 선포하는 것이다.

기독교 확장의 역사는 이런 유의 싸움이 카리스마적 힘이 있는 몇몇 사람이 간단히 몇 번의 집회를 함으로써 끝날 수 없다는 것을 보여준다. 그런 힘을 지닌 사람들이 그 공동체를 떠나 버리면 무슨 일이 일어나는가? 그들이 아마 사탄의 요새를, 어떤 통찰력 있는 자매의 말을 빌리건대 "약간 부수었을지" 몰라도, 결코 그들을 권좌에서 축출하지는 못하였다. 그리고 그들은 문제가 되는 공동체에 대한 그 영들의 복잡하고 기만적인 마수를 깨뜨리지 못한 것이 분명하다.

이 책의 후반 장들에서 나오겠지만 우리의 접근을 전략화 하는 것이 중요하다. 나는 적어도 이 과정에서 네 단계가 필요하다고 생각

한다: 1) 이런 유형의 악의 세력들을 무력하게 하고 패배시키기 위해 우리는 광범위한 회개와 그 지역 신자들의 경건한 삶의 실천을 수반한 장기적이고 통일된 중보 사역에서 시작해야 한다. 종종 하나님은 그의 나라를 확립하시기 위해 밤낮으로 수년 동안 그에게 부르짖을 것을 요구 하신다; 2) 그다음, 영적인 신병 훈련소에서 하나님의 전신갑주를 입고 그 영적 무기들을 사용하는 것을 배워야 한다; 3) 그리고 나서 그들은 보다 경험 있는 다른 신자들과 합류하여 이른바 제한된 영적 전쟁 상담과 제한된 영적 전쟁 기도를 배워야 한다; 4) 보다 나이가 들고 보다 성숙한 전사들이 스스로 준비되었다고 생각할 때, 그들은 영토 영들과 직접 부딪히는 더욱 큰 영적 대결과 전쟁 기도로 옮겨갈 수 있다(엡 6:10-20).

함정 6: 사탄의 능력을 과대평가함. 영적 전쟁에서 여섯 번째 함정은 사탄과 그의 나라의 권세와 능력을 과대평가하는 것이다. 다음은 주 예수님이 초자연적인 악을 완전히 패배시킬 것에 대한 성경의 가르침을 요약했다. 나는 주석을 달지 않은 채 각 성경의 진리를 그대로 진술하고자 한다:

1. 주 예수님이 이미 강한 자를 결박하셨다(마 12:22-29).
2. 주 예수님이 이미 포로된 자에게 자유를, 눈 먼 자에게 다시 보게 함을 선포하셨으며, 눌린 자를 자유케 하셨다(눅 4:14-19; 행 10:38; 엡 4:8; 고후 4:3-6).
3. 하나님이 이미 우리 모두를 그의 자녀로서 어둠의 나라에서 건져 내 사 그의 아들의 나라로 옮기셨다(골 1:12-14).

4. 주 예수님이 그의 택한 자들을 위해 마귀의 권세를 무력하게 하셨으며 그의 모든 자녀를 마귀에게 종노릇하는 데서 구원하셨다(히 2:14-18).

5. 주 예수님이 이미 하나님의 모든 자녀의 삶에서 마귀의 일을 완전히 멸하셨다(요일 3:1-10a).

6. 이 모든 것은 우리를 위해 대표 인간, 마지막 아담, 둘째 사람으로서 주 예수님에 의해 그의 구속 사건에서 성취되었다(빌 2:5-11; 고전 15:45-47; 히 2:9-18).

7. 하나님의 말씀은 사탄과 그의 나라에 대해 예수님의 주권을 선포한다(마 28:18; 막 16:19; 엡 1:19-23; 빌 2:9-11; 벧전 3:22).

8. 예수님은 우리를 대신하여 초자연적인 악의 전 왕국을 완전히 멸하셨다(골 2:13-15).

9. 하나님은 모든 순종하는 신자들에게 영적 전쟁에서 사탄과 그의 전체 악의 왕국에 대해 승리할 것을 약속하셨다(롬 16:20; 고후 2:11; 참고 10:3-5; 엡 2:6 cf. 골 2:8-15; 엡 3:10; 6:10-20; 약 4:7-8; 벧전 5:8-11; 요일 2:12-14; 5:18-19; 계 12:11).

이상은 영적 전쟁의 많은 함정에서 반 정도만 다룬 것에 불과하다. 이보다 더 많은 것이 있다. 우리는 전쟁을 하는 중이다. 우리의 구원의 선장은 그의 몸된 교회인 우리에게 "원수의 모든 능력을 제어할 권세"를 주셨다(눅 10:17-19). 우리를 대신하여 주님께서 사탄과 그의 졸개들은 멸하셨지만 아직 완전히 죽지 않았다. 그것은 "이미, 그러나 아직"의 패배이다. 우리들의 원수들은 아직도 살아서 활동하며 그들이 할 수 있는 모든 시간과 장소에서 하나님의 자녀들을 속이고 있다. 따라서 성경은 우리에게 사탄의 궤계에 무지하지 않도록 경고한다(고후 2:11).

영적 전쟁은 우리가 하나님의 아들과 딸로—그의 군사로—살고 사역하는 바로 그 곳에서 일어난다. 우리가 이 싸움을 잘 싸우기 위해서 우리는 하나님의 말씀인 그리스도의 전투 지침서를 통달하고 있어야 한다. 또 우리는 원수의 궤계를 알고 있음으로써 우리를 이용할 수 없게 하여야 한다.

마지막으로 우리가 이 싸움을 잘 싸우기 위해서는 하나님의 말씀과 교훈을 기준 삼아 영적 전쟁에 임해야 한다. 우리는 비성경적인 방법을 피하고 모든 "선지자적 언명"을 비판해야 한다. 마지막으로 우리는 우리의 영적 전쟁 상담과 사역의 모든 국면을 성숙하고 경건한 남녀 성도에게 책임 있고 성실하게 설명할 수 있어야 한다. 우리 사역의 목적은 "각 사람을 그리스도 안에서 완전한 자로 세우는" 것이다(골 1:28).

제4장

귀신 다루기

찰스 크래프트(Charles H. Kraft)

이 장에서 지난 십 년 동안 주님께서 나에게 주신 통찰을 요약하면서 귀신이라는 사탄의 "지상 차원"의 군대를 어떻게 생각하고 다루어야 할지를 논의하겠다. 이 주제는 이 책의 뒤에 있는 참고 문헌과, 나의 최근의 두 저서 『사악한 영을 대적하라』(Defeating Dark Angels; 은성 刊)와 『깊은 상처를 치유하시는 하나님』(Deep Wounds, Deep Healing; 은성 刊)에서 보다 깊이 다루어지고 있다.

성경은 사탄과 귀신을 매우 심각하게 다룬다

우리가 아는 바와 같이 성경은 우리의 원수와 그의 군대를 매우 심각하게 취급한다. 구약 성경에서는 우리는 악의 왕국이 항상 뒤에서 엿보며 인간 영역에서 진행되는 일에 영향을 미치고 있다는 것을 감지할 수 있다. 그러나 사탄은 무소부재하지 않다. 그는 자기의 정사와 권세들과 주관들과 지상 수준의 귀신들을(어둠의 천사들) 통해 그의 계획을 수행한다. 에덴동산에서나 욥을 괴롭힐 때나, 이스라엘의 전쟁 중에 그가 활동할 때나 이방 민족들을 괴롭힐 때나 이 악의 사자들이 언제나 사탄의 일을 수행하는 대리자들이었다.

신약 성경에 예수님이 태어날 당시 아기들을 죽이도록 조종했던 존재는 아마 지상 차원의 귀신이었을 것이다(마 2:16-18). 사탄이 광야에서 예수님과 대면하였을 때에도(눅 4:1-13) 분명히 많은 귀신과 동반하였을 것이다. 어두움의 영들은 특히 예수의 사역 당시에 그 활동이 왕성하였다. 우리는 자주 그가 그들을 노출시키고 쫓아내시는 것을 본다. 사탄은 그의 지상 수준의 영들 중 일부 빼어난 존재들로 하여금 바리새인들과 다른 유대인 지도자들과 일하게 하여 예수님에 대한 반대 전선을 구축하였던 것이 틀림없다. 사도행전에 기록된 많은 사건들에서와(예를 들어, 아나니아와 삽비라, 행 5:1-11; 귀신 들린 여종, 행 16:16) 서신서들과 계시록 전체에 기록된 사건들에서 역시 귀신들의 활동은 활발하였다(예를 들어, 귀신의 상, 고전 10:21; 믿지 않는 자를 혼미케 함, 고후 4:4; 귀신의 가르침, 딤전 4:1; 계시록 전체에 걸쳐 나오는 많은 활동들).

우리의 씨름은 혈과 육에 대한 것이 아니요 정사와 권세와 이 어두움의 세상 주관자들과 하늘에 있는 악의 영들에게 대함이라(엡 6:12).

이런 점에도 불구하고, 예수님은 물론 신약 성경의 다른 인물들 역시 사탄의 왕국이나 그 활동에 대해 그리 놀라는 것으로 보이지 않는다. 오히려 그들은 그들로부터 전혀 영향을 받지 않는 듯이 보인다. 그들과 마주쳤을 때 그들은 하나님의 나라와 권세가 무한히 더 크다는 사실을 알면서 그들을 하나의 실제적인 문제로 다루었다. 그러나 그들은 사탄의 나라를 무시하지 않았다. 그들은 악의 영들을 두려워하지는 않았으나 확실히 그들의 존재를 인정하였고 그들과 싸우기 위해 성령의 능력을 사용하였다. 복음서는 귀신과 사탄의 왕국에 대해 되풀이하여 언급한다. 예를 들어 마가복음에서 예수님의 사역의 반 이상이 귀신 들린 자들을 고치는 일과 관련된다.

성경 저자들은 귀신이나 초자연적인 존재에 대해 결코 의심하지 않았다. 예수님을 비판한 자들도 그가 어디서 그의 권세를 얻었는지는 물었으나(눅 11:14-22), 근대의 서구 세계관에 영향을 받은 자들과 달리 귀신이 존재하는 것과 그것이 사람 속에 살며 그들에게 해를 끼치는 사실은 결코 의심하지 않았다.

성경은 사탄의 나라가 강력하며 그리스도인은 모든 순간에 그것을 고려해야 한다는 사실을 분명히 한다. 그리고 우리는 그 한 가운데—적의 영토 안에—살고 있다. 귀신 들림을 이해하기 위해서, 우리는 먼저 사탄의 나라와 그것이 어떻게 작용하는지를 알아야 한다. 바울의 시대에 그는 "우리가 [사탄의] 궤계를 알지 못하는 바가 아니로다"고 말할 수 있었다(고후 2:11). 우리 시대에, 우리는 가르침을 받아야 할 필요가 있다. 적의 전략에 대해 가능한 한 많이 아는 것은 전쟁을 위해 매우 적절한 준비가 된다.

우리의 권세와 능력

사탄의 주요 계략 중 하나는 우리를 방해하여 우리가 주님께 받은 권세와 능력을 알지 못하게 하는 것이다. 사탄과 그의 나라는 우리를 시기한다. 오직 우리만이(사탄과 다른 모든 피조물과 달리) 하나님의 형상으로 창조되었다. 그리고 사탄과 인간이 둘 다 반역하였을지라도 오직 우리만이 우리의 반역에서 구속되었다. 이로 인해 우리의 적은 우리가 우리의 실제 신분을 아는 것을 막기 위해 갖은 수단을 동원한다. 물론 그는 우리가 하나님이 어떤 분이신지 알게 되는 것도 원하지 않는다. 그러나 그에 못지 않게 그는 우리가 우리 자신이 누구인지를 알게 되는 것을 두려워한다. 그는 하나님이 우리에게 부으시는 사랑과 그가 우리에게 주시는 지위 때문에 우리를 시기한다.

그 원수는 우리로 하여금 우리의 신분을 알지 못하게 하기 위해 광범위한 책략들을 사용한다. 이는 만약 우리가 우리의 기업을 사용하는 것을 배운다면 그가 곤란에 처하기 때문이다. 그는 우리 속에 거하시는 성령과 더불어 우리가 그 자신보다 무한하게 더 큰 능력을 행사한다는 것을 안다. 문제는 이것이다: 우리는 우리가 누구이며, 하나님께서 우리를 부르신 그 싸움을 우리가 싸우려 할 때 그가 우리에게 얼마나 큰 능력을 주셨는지를 아는가?

나의 친구 중 하나가 어느 날 밀교에서 최근에 기독교로 개종한 여성과 대화를 나누었다. 사탄을 섬기는 동안 그녀는 각 사람들이 지닌 영적인 능력의 정도를 "보는" 능력을 가졌다. 그녀는 비그리스도인인 각 사람은 어느 정도의 능력을 소유하며, 어떤 이들이 다른 이들보다 좀 더 많이 가진다고 말하였다. 그러나 그리스도인들은 엄청난 양의 능력을 지니며, 사실 그녀는 어떤 집단 안에서나 먼 거리에서도 어떤 사람이 지닌 영적인 능력의 양을 봄으로써 그리스도인을 즉시로 알아 낼 수 있었다. 이것이 바로 그리스도인들 안에 거하시는 성령 때문인 줄은 그녀가 신앙을 가진 후에 알게 되었다.

그러나 그녀와 그녀의 밀교 집단의 다른 추종자들은 비록 그들이 그리스도인들이 그들보다 더 많은 영적 능력을 지니고 있는 것을 잘 알고 있었을지라도, 대다수의 그리스도인들로부터 전혀 위협을 느끼지 않았다. 이는 그리스도인들이 대개 그들이 지닌(성령의) 능력으로 무엇을 해야 하는지 알지 못하기 때문이었다. 비록 이 성령의 능력이 그들을 악의 세력으로부터 상당히 보호하였을지라도, 그들은 영적 전쟁에서 공격 편이 되기 위해 그 능력을 어떻게 사용해야 하는지를 모르고 있었다.

이런 비술자들이 이 능력을 사용하는 방법을 아는 그리스도인들을 만났을 때 그들은 그들에게 가까이 다가가지 않는다. 예를 들어, 점쟁이나 비술 치료자 또는 사탄의 세력 아래서 일하는 다른 이들은 그리스도인들이 주변에 있을 때 순조롭게 작업을 할 수 없다. 선교사인 나의 친구가 한 번은 어떤 멕시코 성당에 들어갔는데 그곳에는 여러 명의 비술자들이 판을 벌여 놓고 있었다. 그는 단지 앉아서 그들 중 한 사람을 대상으로 기도하기 시작하였다. 그가 그곳에 앉아서 기도하는 동안 그 여자는 여러 번 그를 쳐다보다가 짐을 싸서 그녀의 손님들과 자리를 떠났다. 그 선교사의 기도가 그녀의 점술을 불가능하게 하였기 때문이다. 우리가 지닌 능력이 얼마나 큰지를 우리가 깨닫기만 한다면 많은 그리스도인들에게 있어 상황이 얼마나 달라질 것인가!

사탄의 왕국은 우리가 그것을 두려워하기를 원한다. 그러나 우리가 하나님의 나라와 비교하여 그 나라의 능력이 얼마나 보잘것없는지를 깨닫는다면 두려움은 거의 없어질 것이다. 우리는 사탄과 귀신들을 인정해야 한다. 그들을 결코 가볍게 여기지 말아야 한다. 그러나 그들 편의 능력으로 보이는 대부분은 사기나 허풍에 불과하다. 그들은 단지 그들이 들어오는 것을 허락한 그 사람에 의해 그들에게 주어진 능력만을 행사할 뿐이다. 그렇다면 만약 그 사람의 의지가 그 귀신들에게 저항한다면 그 귀신들이 나가는 것은 시간문제에 불과하다. 만약 그 사람의 의지가 아직 하나님 편에 있지 않다면 처음에는 투쟁이 있을 것이다. 그러나 하나님이 그 사람의 의지를 얻게 되면 곧 그 싸움의 힘든 면은 끝난다. 그리고 축귀 기도를 받으러 오는 대부분의 사람들은 이미 도움을 청하기 위해 하나님께 돌아 온 이들이다.

복음서를 연구할 때 예수님이 두 가지 일을 하신 것을 알게 된다. 그는 하나님의 나라에 관해 말씀하셨으며 그것이 이미 지상에 존재하는 것을 입증하셨다. 그가 말씀하신 대로 그가 귀신들을 쫓아내는 그 사실이 "하나님의 나라가 이미 너희에게 임하였다"는 것을 증명한다(눅 11:20). 예수님은 그가 하나님에게 기름부음 받은 영적 권세로 일하시는 사실을 거듭거듭 분명히 하셨다. 그는 자기의 사역과 십자가와 부활을 통해 사탄을 멸하기 위해 오셨다. 성경에서 우리는 자주 그가 원수에 대항하여 그의 영적 권세를 행사하시는 것을 본다. 마가복음의 반 이상은 예수님이 치유와 축귀를 통해 이 사실을 입증하는 것을 기록한다.

그러나 예수님은 이 권세를 자신에게만 국한시키지 않으셨다. 그의 지상 사역 동안에 우리는 그가 그의 사도들과(눅 9) 칠십 인에게(눅 10) "모든 귀신을 제압하며 병을 고치는 권세와 능력을"(눅 9:1) 주신 것을 본다. 이 권세와 능력으로 그들은 두루 다니면서 병자들을 고치고 사람들에게 "하나님의 나라가 너희에게 가까이 온" 것을 알려야 했다(눅 10:9). 그리고 나서 그는 그 제자들과 우리에게 말씀하신다. "아버지께서 나를 보내신 것 같이 나도 너희를 보내노라"(요 20:21). 예수님의 의도는 그를 따르는 자들 역시 말씀과 능력으로 전도하는 것이었다(행 1:8).

마태복음 28장 20절에서 예수님은 그를 따르는 자들이 그들을 따르는 자들에게 그가 그들에게 가르치셨던 것을 가르치도록 명하신다: "내가 너희에게 분부한 모든 것을 가르쳐 지키게 하라." 이 가르침이 기적과 이적을 행하기 위해 어떻게 예수의 권세로 사역해야 하는지를 포함하는 사실은 요한복음 14장 12절의 약속에서 분명하다: "나를 믿는 자는 나의 하는 일을 저도 할 것이요 또한 이보다 큰 것도 하리니 이는 내가 아버지께로 감이니라."

귀신들이란 무엇인가?

우리가 귀신 또는 악의 영들로(나는 이 용어들을 서로 구분하지 않는다) 부르는 타락한 천사들은 에베소서 6장 12절의 우주 차원의 정사와 권세와 주관들과 반대로 "지상 차원"의 군대로 보인다. 이들이 바로 우리가 영적 전쟁에서 가장 자주 만나는 자들이다. 성경은 우리에게 귀신들이 그들이 거주할 사람들을 찾는다고 말한다(마 12:43-45). 그들은 우리의 몸을 부러워하는 것으로 보인다. 그들은 서로 다른 인격을 지니고 있고, 파괴적이며(막 9:17-29), 능력과 약점에 있어서도 서로 다르다(막 5:4; 마 12:45).

사탄은 어떤 순간에 단 한 장소에만 있기 때문에 귀신들을 포함하여 그 조직의 다른 성원들이 우주 전역에 걸쳐 그의 계획을 수행한다. 다른 광범위한 사역뿐만 아니라, 악의 영들의 주된 과업은 인간들 특히 그리스도인들을 괴롭히는 것으로 보인다. 사탄은 하나님이 좋아하시는 것은 무엇이든 싫어한다. 그러므로 그는 하나님이 총애하는 피조물인 인간을 괴롭힌다. 나는 그가 적어도 각 사람에게 한 명씩은 귀신을 붙여 놓았다고 믿는다.

그들은 사탄이 세상을 지배하는 데 위협이 될 만한 것은 사람이든 일이든 간에 무엇이든지 훼방하고, 가능하다면 무력하게 만들려고 안달하는 것 같다. 그러므로 그들은 하나님을 섬기고자 하는 모든 부류의 개인과 단체와 조직을 어떤 식으로든 공격한다. 그들은 사람들의 마음이나 혹은 다른 장소에 마찬가지로 "견고한 진"을 만든다(고후 10:4). 그들은 그리스도인 사역자들을 공격한다. 그들은 교리적 이탈을 유도한다(딤전 4:1). 그들은 건강에 영향을 미치고(눅 13:11), 아마 날씨에도 영향을 미치며(눅 8:22-25), 심지어 "사망의 세력"도 가지고 있다(히 2:14). 그러나 그들은 하나님이 그들에게 허락한 것 외에는 어떤 능력도 가질 수 없다.

그 조직 내에서 이 악의 영들은 그들의 계급이 무엇이든지 간에 단지 그들 위에 있는 자들이나 더 큰 능력을 소유한 자들에게만 복종하는 것으로 보인다. 그러므로 그들의 감독자나 그들에게 일을 맡긴 자보다 더 큰 능력만이(예를 들어, 하나님) 그들을 그들이 맡은 일에서 떠나게 할 수 있다.

사탄적인 존재는 인간의 삶을 훼방하는 모든 활동들에 관여한다. 그들은 지상의 활동들을 방해할 수 있으며, 심지어 기도에 대한 응답을 지연시킬 수도 있다(단 10:13). 그들은 장소와 영토에 대해 권세를 지니는 것으로 보인다(즉, 건물, 도시, 사원들). 그뿐만 아니라 그들은 사회적 집단에도(예를 들어, 조직들, 민족들) 권세를 가지며 동성애, 약물 중독, 정욕, 근친상간, 강간, 살인 등과 같은 죄악된 행위들을 고무시키는 것으로 보인다.

어떻게 귀신이 들리는가?

귀신들이 사람 속에 살기 위해서는 두 가지 조건이 필요하다. 첫째, 그들은 그들이 "들어갈 수 있는 지점"을 찾아야 한다. 이것은 노골적인 초청이나 그들이 들어 갈 수 있을 만한 정서적, 영적 약점이 될 수 있다. 둘째, 그들은 그곳에 머무를 수 있는 "합법적인 권리"를 가져야 한다. 그 권리는 영적 세계의 원리들과 일치한다(참고, 제2장). 그 두 조건은 다음의 여러 방법들로 제공된다:

1. 귀신들은 초청에 의해 사람 속에 들어갈 수 있다. 귀신이 들어 오도록 의식적으로 초청하는 것은 참된 하나님이 아닌 신들이나 능력들을 실제로 예배하는 데 의도적으로 참여할 때 언제나 일어난다.

사탄 숭배나 마술에 관여한 사람들은 의식적으로 그들 자신을 귀신이 들어오도록 열기 때문에 귀신이 들리는 것을 거의 피하지 못한다. 뉴 에이지 운동에서 영의 인도나 교통을 구하는 것과 같은 밀교적 국면들에 관련된 자들도 마찬가지이다. 귀신 들림을 초래하는 또 다른 밀교적 관련들로는 프리메이슨 단과 크리스천 사이언스와 같은 조직들이 있다. 강신술이나 점술, 탁자를 움직이게 하거나 공중 부양을 일으키는 마술에 관여하는 것 역시 위험하다. 비술 지향적인 게임이나 카드 점치기를 보는 것과 같은 보다 악의 없는 행동마저도 사람을 큰 위험에 빠뜨릴 수 있다.

비록 사람들이 영적 세계의 활동에 대해 무지한 채 그들이 스스로 귀신들을 초청하고 있다는 사실을 전혀 깨닫지 못할지라도, 우리는 그와 같은 활동들을 의식적인 초청으로 분류한다. 예를 들어, 프리메이슨에 관련된 사람들 중 그들이 자신들과 그들의 가족들을 위험에 빠뜨리고 있다는 사실을 아는 사람은 거의 없다. 그런데도 불구하고, 마치 중력의 법칙에 도전하겠다는 결정이 그 법칙을 알든 모르든 의식적인 결정이 되는 것처럼, 이런 활동들에 참여하고자 하는 결정은 의식적인 것이 될 수 있다.

무의식적인 초청은 의식적인 초청보다 더욱 미묘하다. 이런 유형의 초청은 어떤 사람이 과거의 괴로운 경험에서 유래된 어떤 부정적인 태도에 "젖어" 있을 때 빈번히 일어난다. 예를 들어, 사람들이 신체적으로나 정서적으로 학대를 당할 때, 그들이 화를 내는 것은 정상적이다. 그러나 그와 같은 피해에 대한 반응으로 이 분노가 고착되어서 영구적인 분개와 쓰라림과 용서하지 못함으로 바뀔 때, 귀신들이 들어 올 수 있는 틈이 만들어진다. 그와 같은 태도는 귀신이 주식으로 삼는 정서적 혹은 영적 "쓰레기"를 만들어 낸다.

귀신들은 사람들이 분노와 같은 정상적인 반작용들을 제거하지 않을 때 그들 속에 살 수 있는 정당한 권리를 얻는다. 에베소서 4장 26절에서 읽는 대로, 분노 그 자체는 죄가 아니다: "분을 내어도" 그것은 우리가 화를 내게 된다는 사실을 분명하게 함축한다. 그러나 그것이 일어났을 때, 성경은 "마귀로 틈을 타지 못하도록" "죄를 짓지 말며 해가 지도록 분을 품지 말라"고 말한다(엡 4:27).

용서하지 못함이나 다른 고백되지 않은 죄(예를 들어, 성적인 죄나 권력의 남용 등) 속에 젖어 있는 것은 귀신들을 들어오게 하는 매우 흔한 형태의 무의식적 초청이다. 잠재적으로 중독성이 있는 행동들(예를 들어, 포르노, 술, 마약, 정욕적인 생각들, 질투, 염려, 두려움, 자기 증오)에 되풀이하여 굴복하는 것도 마찬가지이다. 귀신 들린 사람들은 종종 그와 같은 것들에 집착하며 그것을 죄로 고백하고 다루기를 거부한다. 그와 같은 행동은 사람의 영적 방어력을 약화시키며, 존 윔버(John Wimber)가 그린 대로, "귀신들이 들어오도록 길을 비추는 가로등이 있는 대로(大路)"를 열어 준다.

그와 같은 위험을 피하기 위해, 우리는 명백한 죄들 뿐 아니라 의심스러운 태도와 행동 모두를 다루어야 한다. 우리는 하나님과 함께 우리 속에 있는 쓰레기 즉 우리 인간 본성의 일들을 처리해야 한다. 갈라디아서 5장 19-21절에 나열된 것과 같은 일들은 악령들을 쫓아내는 것처럼 쫓아내어질 수 없다.

귀신들은 이 모든 일을 활발하게 고무시키고 따라서 죄악을 증가시킴으로써 그들이 들어갈 수 있는 입구를 마련한다. 성경은 귀신이 들리든지 들리지 않든지 상관없이 죄는 반드시 회개와 자기 훈련으로 다루어져야 한다고 분명하게 가르친다. 그리고 성경에 언급된 일부 큰 죄인 중에는 귀신 들림이 전혀 암시되지 않기도 한다(예를 들어, 요한복음 8장과 누가복음 7장의 간음한 여자들, 또는 고린도전서 5~6장의 죄악된 고린도인들). 귀신들은 단순히 사람이 죄를 지은 것으로 인해 그에게 들어갈 수는 없다. 그러나 만약 그가 회개하기보다 계속하여 그 죄악된 행동과 태도를 고집한다면 그에게 들어갈 수 있다.

2. 귀신들은 어떤 사람에 대해 권위를 가지는 누군가의 초청으로 그 사람에게 들어갈 수 있다. 내가 아는 한 여성은 사탄을 섬기는 가정에서 자랐는데 그녀의 어머니에 의해 사탄에게 바쳐졌다. 그때 하나 혹은 그 이상의 귀신들이 그 소녀에 대해 권위를 지닌 자로부터 초청을 받았기 때문에 그녀에게 들어갔다. 그와 같이 영이나 신들에게 자녀를 바치는 것은 세계적으로 매우 흔한 관습이다.

밀교에서 다른 이들의 권위에 복종하는 성인들 역시 헌신이나 그들에 대해 권위를 지닌 자들이 말한 사탄적으로 권능을 담은 "축복"을 통해 귀신이 들릴 수 있다. 부모들은 저주를 통해 그들의 자녀들에게 귀신이 들리게 할 수 있다(아래 참고). 저주는 또 남편에 의해 아내를 또는 그 반대로 아내에 의해 남편을 귀신 들리게 할 수도 있다.

3. 귀신 들림의 셋째 근원은 유전을 통해서이다. 나는 왜 하나님

이 이것을 허용하시는지 이해할 수 없지만, 자녀들이 이미 귀신이 들린 채로 태어날 수 있다(출 20:5). 우리는 종종 이런 상황을 세대적 또는 "혈연적" 영/능력의 전수로 지칭한다.

대개 가족 영들은 어떤 조상의 헌신이나 어떤 조상에게 내려진 저주를 통해 그 가족에게 들어가게 되었다. 나는 그 부모나 조부모 혹은 둘 다 마술이나 사탄 숭배, 프리메이슨, 몰몬교, 크리스천 사이언스 등과 같은 밀교적 조직과 관련된 사람들 속에 대를 물려 내려온 영들이 사는 것을 자주 보았다. 그와 같은 세대적 영들은 그 가족 내에 대대로 비슷한 정서적 문제나, 죄, 질병, 또는 충동들을 야기시키는 경향이 있다. 만약 어떤 가족에게서 여러 세대에 걸쳐 알콜중독이나 우울증, 성적 변태, 위선, 과도한 두려움, 암, 당뇨병, 또는 어떤 다른 정서적 혹은 신체적 문제나 일상 따라다니는 죄가 나타난다면, 세대적인 귀신들이 종종(항상은 아닐지라도) 그 가족에게 있을 수 있다.

4. 귀신들이 들어갈 수 있는 넷째 방법은 저주를 통해서이다. 우리는 앞에서 여러 차례 저주를 언급하였다. 이것은 매우 흔한 현상이며, 나는 저주가 귀신이 어떤 사람을 지배하게 되는 주된 요소가 되는 것을 자주 보았다. 저주는 대개 어떤 사람을 겨냥한 증오스런 말의 결과이다. 그러나 때로, 보다 형식적으로, 마술적인 의식(儀式)도 저주에 포함된다.

그러나 저주가 항상 귀신 들림을 초래하는 것은 아니다. 사실 오직 저주의 결과로서 만 귀신이 들리게 되는 경우는 매우 드물다. 저주와 그것의 형제들—맹세, 주문 등—은 그것들만으로써 보다 다른 것들과 결합될 때 귀신 들림을 초래하기가 쉽다.

저주가 귀신을 들어가게 할 수 있는 영향을 지니기 위해서는, 아마 일부 약점들이나 죄 또는 앞에서 언급된 권위 부여와 같은 것이 있어야 한다. 잠언 26장 2절에 지적된 대로, 당하는 사람 속에 "까닭"이 없이는 참새의 떠도는 것과 제비의 날아가는 것 같이 저주가 내려앉을 수 없다. 내려앉을 수 있는 저주들은 아마 귀신들을 동반할 것이다. 언젠가 한 탁월한 유대인 크리스천 지도자는 나에게 예수님의 십자가 처형 당시에 유대인들이 스스로 내린 저주를—"그 피를 (그의 죽음의 책임을) 우리와 우리 자손에게 돌릴지어다."(마 27:25)—기화로 달라붙은 귀신들에게서 그가 자유로워졌을 때 그의 삶이 어떻게 완전히 새로워졌는지를 설명하였다.

귀신이 그리스도인들 속에 살 수 있는가?

그리스도인들 속에도 귀신이 살 수 있는가에 대해 상당한 논의가 있어 왔다. 그 문제의 대부분은 두 가지 즉 "귀신에게 사로잡힘"(demon possession)이란 용어와 그리스도인 공동체가 사람들을 귀신에게서 구해 내는 일에 그다지 축적된 경험이 없다는 데 기인한다.

"귀신에게 사로잡힘"이란 용어를 사용하는 것은 일을 크게 복잡하게 한다. 이것은 가장 빈번히 사용되는 두 헬라어 낱말들을—각각 단지 "귀신을 지니다"를 의미할 뿐임—많은 번역자들이 잘못 번역한 것이다. 이 번역은 헬라어에서 전혀 그 근거를 찾을 수 없고,

대다수 귀신들이 행사하는 영향력을 크게 과대평가 하기 때문에 마땅히 폐기되어야 한다. 축귀에 종사하는 대부분의 사람들은 어떤 사람 속에 하나 그 이상의 귀신들이 사는 것을 뜻하는 "귀신 들리다"(demonized)라는 낱말을 선호한다.

우리 교회가 귀신 들림을 충분히 다루어 보지 못한 것은 그리스도인들에게는 귀신이 들릴 수 없다는 이상적인 신념을 낳게 하였다. 그러나 우리 모두가 그리스도인들에게는 귀신이 들어갈 수 없기를 바랄지라도, 우리가 경험한 바는 그와 같은 신념을 지지하지 않는다. 축귀를 행하는 사람들은 자주 그리스도인들에게서도 귀신을 쫓아내어야 했다. 프레드 디카슨의 책 「귀신 들림과 그리스도인」은 그 주제를 광범위하게 다루는데, 다음과 같은 그의 진술은 우리 모두를 대변한다:

> 나는 1947년에서 1987년 사이에 진정한 그리스도인이면서 동시에 귀신이 들렸던 사람들의 경우를 적어도 400번 보았다. 항상 내 판단이 정확하다고 할 수는 없지만, 나는 그리스도인의 특징과 귀신 들린 사람의 특징을 안다. 한두 번의 경우에 내가 잘못 보았을 수는 있다. 그러나 내가 400 번 이상 잘못 보았으리라고는 생각할 수 없다.[1]

내 자신의 경험에서 삼백 번 이상의 그와 같은 경우와, 1987년까

---

1) C. Fred Dickason, *Demon Possession and the Christian* (Chicago: Moody, 1987), 175.

지 디카슨의 경험에서 사백 번 이상의 그와 같은 경우와, 또 내가 알기로 실제로 귀신 들린 사람들을 다룬 모든 전문가들의 경험에서[2] 그리스도인들이 귀신들릴 수 있다는 증거는 너무도 분명하여 우리는 그것을 확신 있게 단언할 수 있다.

그러므로 디카슨이 말한 대로,

> 그것을 부정할 책임은 그리스도인들이 귀신들릴 수 있다는 것을 부인하는 사람들에게 있다. 그들은 신자가 귀신이 들릴 수 있다는 어떤 가능성도 완전히 배제하는 임상 증거를 제시해야 한다… 우리는 그리스도인들이 귀신들릴 수 있다는 것을 부인하는 사람들이 일반적으로 귀신 들린 사람들과의 상담 경험이 없는 자들이라는 점을 주목해야 한다. 그들의 입장은 대개 이론적일 뿐이다.[3]

귀신 들림에 대한 글을 쓰는 사람들이 종종 빠뜨리는 한 가지 중요한 사실은 이것이다:

> 귀신들이 성령이 내주하시는 것과 같은 의미로 그리스도인 속

---

2) Mark Bubeck, *The Adversary* (Chicago: Moody, 1975); Kurt Koch and Alfred Lechler, *Occult Bondage and Deliverance* (Grand Rapids, Mich.: Kregel, 1978); Ed Murphy, *Handbook of Spiritual Warfare* (Nashville: Nelson, 1992); Merrill Unger, *What Demons Can Do to Saints* (Chicage: Moody, 1977); Tom White, *The Believer's Guide to Spiritual Warfare* (Ann Arbor, Mich.: Servant, 1990).

3) *Dickason*, 175-76.

에 내주할 수는 없다. 하나님의 영은 구원 시에 신자 속에 영원히 들어가며 결코 떠나지 않으신다(요 14:16). 반대로, 귀신은 무단 거주자이자 침입자이며, 어떤 순간에 그들을 쫓아낼 때 퇴거당할 수밖에 없다. 귀신은, 성령이 거하시는 것과 같이, 결코 신자 속에 정당하게 또는 영구적으로 거할 수 없다.[4]

성령이 들어가는 방법은, 내가 믿기로, 자신을 하나님께 드린 사람의 영, 즉 "마음"(heart)이나 가장 깊은 내적 존재와의 연합에 의해서이다. 나는 귀신들에게 그들이 그 사람의 영 안에 살고 있는지 나에게 말하도록 명령함으로써(그들에게 진실을 말하게 하는 성령의 능력 아래서) 이것을 수차례 시험하였다. 그들은 한결같이 "아니, 나는 거기에 들어갈 수 없어. 예수께서 그곳에 살아."와 같은 대답을 하였다. 그리고 나서 그들이 언제 그 그리스도인의 영을 떠나야 했는지를 말하도록 명하면, 그들은 그 사람이 회심한 날짜를 말하였다.

그러므로 나는 귀신들이 그리스도인의 가장 깊은 내면인 영에는 살 수 없으며 그 이유는 성령이 그것을 채우고 있기 때문이라고 결론짓는다(롬 8:16). 우리 속의 그 부분은 그리스도의 생명으로 살아 있으며, 원수의 사자들이 침범할 수 없다. 그러나 귀신들은 그리스도인의 생각(mind)과 감정과 몸과 의지 속에 살 수 있다. 우리는 그와 같은 영역에서 그들을 쫓아내야 한다. 귀신이 불신자를 보다 잘 통

---

4) *Unger*, 51-52.

제할 수 있는 이유는 그가 심지어 그 사람의 영까지도 침범할 수 있기 때문으로 생각된다.

귀신들이 하는 일

귀신들은 여러 종류의 활동을 부추긴다. 그들은 가능하면 이런 일들을 사람들의 속에서부터 하기를 좋아한다. 그것은 그들이 그 방법을 통해 더 많은 해를 입힐 수 있기 때문이다. 그러나 그들이 들어갈 수 없다면, 그들은 바깥에서 그들이 할 수 있는 대로 최선을 다해 같은 유의 일들을 하려고 시도한다. 만약 가능하다면, 그들은 사람들을 속여 마치 그들이 속에 있는 것처럼 믿게 만들기도 한다.

1. 귀신들의 주요 활동은 훼방하는 것이다. 비록 그들이 아무것도 없는 데서 문제를 만들어 낼 수는 없을지라도, 그들은 이미 존재하는 것들로 작업을 할 수 있다. 그들은 사람들을 밀고 찌르고 유혹하고 부추겨서 잘못되거나 적어도 지혜롭지 못한 결정을 내리도록 유도한다. 그들은 일을 악화시키거나 사람들이 선한 일을 지나치게 하도록 만들어 그들이 더 이상 긍정적이지 못하게 한다. 만약 하나님께서 적극적으로 우리를(그리스도인과 비그리스도인 모두 같이) 보호하지 않으신다면, 우리가 경험하게 될 사고의 종류와 정도와, 관계의 깨어짐과, 신체적 정신적 성적 학대와, 다른 모든 유의 훼방들은 가히 상상을 초월할 것이다.

그리스도인들은 원수의 특별한 과녁이 된다. 심리학자인 나의 한 친구는 이 사실을 바로 귀신의 입을 통해 알게 되었다. 그가 귀신 들린 그리스도인 부인과 상담하는 자리에 비그리스도인인 다른 심리학자가 동석하였는데, 그가 그 귀신에게 왜 그가 비그리스도인인 자기 속에 살지 않고 그 그리스도인 부인 속에 살고 있는지를 물었다 (그 부인의 입을 통해 나온) 대답은 "나는 너에게 흥미가 없어. 너는 이미 악한 자에게 속해 있기 때문이야. …악이 네 속에 깊이 뿌리 박혀 있어."였다. 그 귀신은 심지어 그 사람 속에 사는 네 명의 귀신들의 이름까지 말하였다. 그러나(그 부인의 손으로) 그 귀신 들린 그리스도인과 두 명의 다른 그리스도인 여성들을 가리키며, 그 귀신은 말하였다. "나는 이 사람, 이 사람, 이 사람을 소유하는 데 관심이 있어." 보다 이전에 그 귀신은 말하였었다. "나는 그녀를 파괴하고 괴롭혀서 그녀가 기도하지 못하고 하나님을 찾지 못하게 하고 따라서 그녀가 그에게서 떨어져 나머지 다른 사람들과 같이 되게 하는 데 관심이 있어."[5]

2. 귀신들은 유혹한다. 그들은 사탄의 명령대로 한다(예를 들어, 창 3:1-7; 욥기; 마 16:22-23; 26:69-75; 행 5:3; 등). 비록 그 생각들로 무엇을 하는지는 우리에게 책임이 있을지라도, 그들은 사람들의 마음속에 생각을 집어넣을 수 있는 것으로 보인다. 귀신들이 우리 각 사람이 무엇에 민감한지를 알기 때문에, 그들은 그들이 어떤 주어진 사람의

---

5) Rita Cabezas, *Des Enmascarado* (Costa Rical에서 사적으로 발표됨. 여기 인용은 1988년 공개되지 않은 영어 번역에서 따옴).

마음속에 집어넣은 특별한 생각들을 재단하여 그것들이 그 사람에게 적절하게 만들 수 있다. 예를 들어, 귀신들은 성적인 영역에서 이미 취약성을 보이지 않은 사람을 그 영역에서 좀처럼 유혹하지 않는다. 그들은 또 비종교적인 사람을 유혹하여 종교적인 영역에 열중하게 하거나 돈에 무관심한 사람을 구두쇠가 되도록 유혹하지도 않는다.

그러나 그들은 그들이 그 사람의 실패에 기여할 수 있기를 바라면서, 끈질기게 되풀이하여 유혹에 필요한 무슨 일이든지 한다. 그것이 그들의 일이다.

3. 귀신들은 사람들이 그들의 존재와 활동을 계속하여 알지 못하게 하기 위해 최선을 다한다. 이것은 서구 사회에서 특별히 성공적인 전략이다. 그들은 사람들이 그들의 존재를 믿지 않는 것을 무척 좋아한다. 우리가 사역하는 동안, 귀신들은 되풀이하여 이것을 우리에게 말해 주었다. 최근에 귀신 들림에 관해 배우기 시작한 한 심리학자가 우리의 상담을 지켜보았는데, 그 시간 동안 한 귀신은 너무도 화를 내며(그가 거주하는 사람을 통해) 소리를 질렀다. "나는 그녀가 [그 심리학자] 우리에 관해 배우는 것이 너무 싫어. 수년 동안 우리는 숨어서 그녀로 하여금 우리를 심리학적인 문제로 여기도록 만들었었단 말이야!"

귀신들은 없는 문제를 만들어 내기보다 이미 거기 있는 문제를 이용함으로써 많은 사람의 눈으로부터 매우 효과적으로 숨는다. 사람들은 대개 "자연스런" 원인의 결과로 문제를 설명할 수 있을 때, 더 이상 자세히 살펴보려 하지 않는다. 따라서 귀신이 이긴다. 왜냐하면 그가 하는 일은 문제를 더욱 강화시켜 그 사람으로 하여금 낙담하게 하고, 그것과 싸우기를 포기하게 하고, 자기 자신을 질책하게 만드는 것이기 때문이다. 그 결과, 많은 사람이 희망을 포기한 채 그들이 미쳤거나 그들의 문제를 해결할 길이 전혀 없다고 생각한다.

4. 귀신들은 종종 사람들이 그들을 두려워하게 한다. 그들은 다양한 방법으로 이 일을 한다. 나는 자신들에게 귀신이 있으며, 만약 그렇다면, 그들이 영적으로 뭔가 심하게 잘못 되어 있는 것이 분명하다고 두려워하는 사람들을 보았다. 그들은 귀신의 존재나 부재가 대개 그들의 현재 영적인 상태와 거의 무관하다는 사실을 알지 못한다. 그들은 그들 속에 훼방하는 영들이 있음에도 불구하고 종종 영적으로 매우 성숙하다. 그들은 영적인 실패와 불순종을 통해서보다 대개 유전이나, 어떤 유의 학대나, 또는 그리스도인이 되기 이전에 관여한 일들을 통해 귀신이 들렸을 수 있다. 그러나 그 귀신들은 그들을 자극하여 최악을 두려워하게 한다.

그런데 어떤 사람들은 그들에게 귀신이 없는 사실을 두려워하기도 한다. 때로 이런 이들은 그들의 문제에 대한 책임을 회피하고 싶어 하는 사람들이다. 그들은 그들이 책임을 전가할 귀신들이 있기를 바란다.

그러나 어떤 이들은 그들이 미쳤다거나 그렇지 않으면 영원히 무능해졌다고 비난하는 소리를 듣고서, 그 문제의 주요 원인이 귀신에 의한 것이기를 진정으로 바라고, 따라서 그것이 제거될 수 있기를 희망한다. 대개 그것은 제거될 수 있다.

많은 사람이 귀신의 능력을 무서워 한다. 그들은 이야기를 듣거나, 영화를 보거나, 귀신 들린 사람들과 무시무시한 육탄전을 벌인 사람들을 만나거나 하였다. 그러나 그들은 내적 치유와 또 근육의 힘이 아닌 권능 있는 말을 통해 우리가 지닌 영적인 권세를 행사함으로써 대부분 신체적 싸움을 피할 수 있다는 사실을 알지 못한다.

5. 귀신들이 하는 모든 일 중에서 그 주된 무기는 속임수이다. 귀신들은 우리에게 우리 자신이 누구인가에 대해, 하나님이 어떤 분이신가에 대해, 그리고 그들이 누구이며 무슨 일을 하는가에 대해 거짓을 말한다. 에덴에서와 같이 그들은 때로 직접적인 대면을 통해서나 진리에 대해 간접적인 의문을 야기시킴으로써 사람들을 속인다. 그다음, 앞에서 언급한 대로 그들의 주요 책략 중 하나는 사람들이 그 잘못된 개념이나 사상을 그들 자신의 것으로 여기게 만드는 것이다.

6. 가능한 모든 방법을 동원하여, 귀신들은 선한 것은 무엇이든지 훼방한다. 그들은 사람들을 하나님과 멀리 있게 하거나 하나님이 원하시는 것을 하지 못하게 한다. 그들은 불신자들이 믿음을 가지는 것을 방해한다(고후 4:4). 그들은 또 신앙의 영역에서 그리스도인들을 공격하기도 한다. 예배와 기도, 성경 공부, 사랑과 자선 행위 등은 사탄의 공격 대상 목록에서 수위를 차지한다. 그들은 약점을 찾아 공격하는 데 전문이다. 그 약점이 크면 클수록, 그 영역에서 그 사람은 보다 자주 공격을 받기가 쉽다.

귀신들이 종종 우주적 영들의 후원을 받아 어떻게 주일날 그리스도인들을 공격하는지 살펴 보라. 그들은 주일날 아침에 교회 갈 준비를 할 때 가족들 사이에 불화를 일으키기를 좋아한다. 귀신들은 예배나 설교 때 사람들의 마음을 산란하게 하기를 좋아한다. 두통이나 아기들의 울음이나 집중을 방해하는 여러 가지 일들 역시 예배를 방해하려는 귀신들의 수법에 속한다. 그뿐만 아니라 귀신들은 목회자들에게 영향을 미쳐 교회를 병원으로서보다 클럽으로 운영하게 하고, 사람들에게 사역하기보다 설교와 프로그램에 초점을 맞추게 하고, 실제적으로보다 이론적으로 설교하게 하며, 진정한 의사소통보다 연기(演技)를 하게 하기를 좋아한다. 그들은 음악가들을 자극하여 자신을 과시하게 하고, 광고하는 사람들을 자극하여 예배의 흐름을 방해하게 하며, 안내하는 자들이 너무 드러나게 하고, 또 다른 사람들을 자극하여 하나님이 교회 안에서 하시고자 하시는 일을 방해할 수 있다.

7. 귀신들은 비난하는 데 전문이다. "사탄"이란 용어는 원래 "비난자," "고소자"를 의미하였다. 많은 그런 비난들은 공격을 당하는 사람에 대한 다른 이들의, 가상적이거나 실제적인, 부정적인 진술이나 생각들이다. 원수가 애용하는 계략 중 하나는 사람들이 진리나, 건강, 생명, 사랑, 관계 등 하나님으로부터 오는 것을 원만하게 누리지 못할 때 그 훼방에 대해 그들 자신과 다른 사람들과 하나님을 비난하게 하는 것이다.

서구 사회에서 생겨난 자기 거부는 귀신의 활동의 이 국면을 위해 특히 비옥한 토양을 제공한다. 자기 비난 뿐 아니라, 귀신들은 우리의 마음속에 다른 사람이나 하나님을 비난하게 하는 생각을 심기를 좋아한다. 귀신들은 소문이나, 하나님에 대한 분노와 오해, 그로 인한 관계 파괴, 우리 앞에 일어나게 한 일들에 대해 하나님을 비난하는 것 등과 같은 일들을 부추긴다. 그들이 사용하는 방법들로는 사람들이 하나님께 용서를 받은 후에도 여전히 죄의식을 갖게 하는 것과, 사람들에게 뭔가 치유될 수 없는 잘못된 것이 자신들에게 있다고 믿게 하는 것, 사람들이 그들이 다른 사람들로부터 받은 학대에 대해 자신들을 비난하도록 유혹하는 것, 그들이 경험하는 곤란들은 하나님으로부터 오며 그들의 실패 때문에 그들이 그것을 받아 마땅하다고 강하게 암시하는 것 등이 있다. 그들은 또 사람들이 그들의 곤경에 대해 다른 사람이나 하나님을 비난하도록 자극하는 것도 좋아한다.

8. 귀신들은 강박적인 충동들을 조장한다. 그들은 사람들이 선한 일이든지 악한 일이든지 모두 강박적으로 행하게 되는 것을 크게 기뻐한다. 물론 그들은 정욕, 마약, 알코올, 담배, 과식, 포르노, 노름, 물질주의, 경쟁심, 절제 부족 등과 관련된 충동들을 강화한다. 그들은 또 일, 공부, 옷, 종교, 교리적 순결, 가족, 성취, 성공 등과 같은 "선한" 것들에도 지나치게 몰두하도록 부추긴다. 그들은 사람들을 자극하여 약점에 의지하고, 강점을 과장하게 하는 것을 기뻐한다. 그와 같은 강제적 충동의 뿌리는 종종 두려움이나 불안, 무가치한 느낌 등에 있다. 귀신들은 이것을 알기 때문에 재빨리 그것을 이

용하여 강박성을 낮게 한다.

9. 귀신들은 괴롭히는 데 선수이다. 귀신들은 성난 개처럼 우리의 발꿈치를 문다. 사탄은 "이 세상의 임금"으로 지칭되며(요 14:30), 다른 왕에게 속한 자들이 그의 영토에서 배회하는 것을 좋아하지 않는다. 그래서 그는 그가 할 수 모든 경우에 무슨 방법을 써서든지 우리를 괴롭힌다. 귀신들은 교통이나 날씨, 건강, 스트레스, 관계, 예배, 잠, 식사, 기계(특히 차와 컴퓨터) 등 우리에게 영향을 미치는 것을 좌우함으로써, 하나님께서 우리의 삶을 훼방하도록 허락하시는 것은 무엇이든지 할 수 있다.

예를 들어, 나는 예수께서 회당에서 가르치는 동안 귀신들이 소리를 지른 것과(예를 들어, 눅 4:33-34), 예수께서 갈릴리 호수의 배 위에 계셨을 때 폭풍을 일으킨 것과(눅 8:23-24), 바리새인들을 충동하여 계속하여 그를 괴롭히게 한 것은 모두 예수님을 괴롭히는 데 그 주된 목적이 있었다고 생각한다. 그와 같은 영향들에 맞서, 나는 일이 잘못 되어 갈 때 "만약 이것이 너 원수이면, 그만하지 못해!"라고 말하는 습관을 가지게 되었다. 그런데 놀랍게도, 내가 이렇게 하였을 때 너무도 많은 일들이 실제로 중지되었다.

귀신들이 모든 그리스도인들을 똑같이 괴롭히는 것으로 보이지는 않는다. 그들은 그들에게 가장 큰 위협이 되는 사람들과 충분히 기도 후원을 받지 못하는 사람들에게 더 많이 관심을 가지는 것으로 보인다. 많은 그리스도인들이 그들의 신앙에 관해 너무 수동적 나머지 원수에게 전혀 위협이 되지 않는다. 아마 그들은 그의 주목을 그다지 끌지 못할 것이다. 원수에게 위협이 되지만 충분한 기도 후원이 없는 사람들 역시 정기적으로 그리고 효과적으로 괴롭힘을 받는 경향이 있다. 그러나 심지어 예수님조차 괴롭힘을 당하였다는 사실은 우리가 그의 영토 안에 사는 한 귀신의 주목에서 완전히 벗어나 자유롭게 살 수 있는 방법은 없다는 점을 시사한다.

쥐와 쓰레기

　쥐는 쓰레기가 있는 곳을 찾는다. 만약 쥐가 우리 집에 있는 것을 알면, 우리는 그것을 끌어들이는 것을 처치할 것이다. 귀신도 마찬가지이다. 인간의 내면에 있는 정서적 또는 영적 쓰레기는 귀신 쥐에게 적절한 환경을 마련해 준다. 그와 같은 정서적 또는 영적 쓰레기가 있는 곳은 어디든지, 귀신 쥐가 찾아와 종종 그 사람 속에 들어갈 수 있는 입구를 발견한다. 그러나 만약 쓰레기가 처치되면, 쥐는 머물러 있을 수 없으며, 혹은 적어도 여전히 강한 힘으로 남아있을 수 없다. 집에서와 같이 사람에게서도, 쥐 문제에 대한 해결은 쥐들을 쫓아내는 것이 아니라 쓰레기를 치워 버리는 것이다. 가장 큰 문제는 귀신이 아니라 쓰레기이다.

　귀신들이 가장 빈번히 달라붙는 곳은 손상된 감정이나 죄이다. 이것 때문에 귀신들은 대개 그들이 달라붙는 감정에 부합하는 이름을 가진다. 이 이름은 소위 그들의 "기능"하는 이름이다(아래 참고). 그들이 사적인 이름을 지닐 수도 있다. 그러나 내적 치유를 통해 귀신들을 다룰 때, 그들의 사적인 이름을 아는 것보다 그들의 기능 이름을 아는 것이 더 유용하다. 그것은 바로 이 이름을 통해 그 귀신을 약하게 하고 쫓겨나게 하기 위해 어떤 감정이나 태도가 다루어져야 하는지를 알 수 있기 때문이다.

귀신들은 좀처럼 혼자 오지 않는다. 그들은 대개 집단으로 다닌다. 그러나 그들은 계급을 지니며, 언제나 전체 집단을 통솔하는 우두머리 귀신이 있다. 내가 하는 일은 우두머리 "쥐"가 누구인지 밝히고, 성령의 권능으로 모든 다른 귀신을 그의 통제 아래 있도록 결박시키는 것이다. 이렇게 할 때 나는 전체 집단을 동시에 다룰 수 있다. 그러면 그 우두머리 영이 전체 집단을 대신하여 말한다. 그러나 어떤 사람에게는 한 집단 이상의 영이 각각 우두머리 영을 가지고 있을 수도 있다. 대략 그 우두머리 영의 능력은 비슷하다. 그런 경우에는, 먼저 각 집단을 그 집단의 우두머리 영을 결박하고, 그다음 모든 집단을 함께 결박할 수 있다.

귀신들의 기능 이름들

앞에서 언급한 대로, 귀신들은 그들의 기능과 관련된 이름에 반응한다. 따라서 대부분의 귀신의 이름들은 감정과 관련된다. 그리고 그들은 여럿이 모여서 오는 경향이 있다. 다음은 대표적인 집단에서 우리가 발견한 이름들을 간추린 것이다. 반복되는 것들에 주목하라. 굵은 활자는 종종 그 집난을 이끄는 우두머리를 표시한다.

사망, 자살, 살인

파괴, 폭력

어둠, 속임

분노, 화, 증오

증오, 복수, 살인

용서하지 않음, 화, 원한, 분개

반역, 완고

거부, 자기 거부, 거부에 대한 두려움

두려움, 공포, 고문(예를 들어, 거부, 고통, 어둠, 혼자 있는 것, 바깥에 있는 것 등)에 대한 두려움

자기 거부, 부적절성, 무가치성, 완벽주의

죄의식, 수치, 당황, 예민성

걱정, 염려(예를 들어, 장래, 자신이 주는 인상에 대한 걱정), 사기, 거짓말

혼란, 좌절, 망각

비판, 정죄, 판단, 흠잡기

간통, 유혹

강간, 폭력

우울, 화, 패배

안절부절못함

예민성, 두려움

의심, 불신, 회의주의

교만, 거만, 허영

완벽, 불안정

경쟁, 불안정, 교만

허약, 질병(암, 당뇨, 관절염 같은 특수한 질병일 수 있다)

참람함, 저주, 조롱

"감정" 귀신들 뿐 아니라, 강제적 충동이나 중독을 조장하는 일을 하는 귀신들도 있다. 이런 것들은 바로 그 이름대로 불릴 수 있다:

강박성 또는 충동
통제, 지배, 소유욕
연기, 다른 이들을 즐겁게 함
지성주의, 이해할 필요, 합리화
종교성, 의식주의, 교리적 강박관념
정욕, 성적 부정, 간음
포르노, 성적 환상
동성애, 여성 동성애
수음(강박적)
알코올
마약
니코틴
폭식
식욕부진
병적인 허기증
카페인

밀교와 제의 영들은(거짓 종교의 영들을 포함하여) 또 다른 범주에 속한다. 이들은 종종 매우 강력하다. 그들 중 일부는 다음과 같다:

프리메이슨 단
크리스천 사이언스
여호와 증인

뉴 에이지

장미 십자회

통일교

몰몬교

밀교 지향적인 게임들

12궁도 마술

점성술

길흉 점

손금보기

물 요술

불교와 불교의 여러 영들

회교와 회교의 여러 영들

힌두교와 힌두교의 여러 영들

신도교와 신도교의 여러 영들

달라붙는 힘

귀신이 그가 사는 사람을 지배하는 힘의 정도에는 다양한 요소들이 기여한다:

1. 귀신들은 서로 다른 힘을 가진다. 어떤 부류의 귀신들은 본래부터 다른 유보다 더 강해 보인다. 밀교 귀신들과 유전으로 내려온 귀신들 등은 감정에 달라붙은 귀신보다 본래부터 더 강한 것으로 보인다. 마찬가지로 의식적인 초청이나 헌신에 의해 들어 온 영들도 사는 동안 무의식적으로 들어오게 된 영들보다 더 강해 보인다. 더

나아가 충동을 강화하는 귀신들은 대개 감정에 달라붙은 귀신보다 더 강해 보인다.

2. 일반적으로 쓰레기가 많으면 많을수록, 그 달라붙는 정도는 더 강하다. 사람이 받은 상처의 양이 크면 클수록 또 부정적인 감정의 반작용이 강하면 강할수록, 귀신의 움켜잡는 힘은 더욱 세어진다. 그러나 그 쓰레기가 처리되고 귀신이 약화될지라도, 그것은 그보다 더 우월한 존재가 허락할 때만 떠날 수 있다. 놀랍게도 나는 매우 약한 귀신이 어떤 사람에게 달라붙어 있는 것을 보고 그것이 그 사람에 대해 거의 힘을 쓰지 못하는 사실을 고려하여 그에게 왜 떠나지 않았느냐고 물었을 때, 그것이 "나는 떠나도록 허락을 받지 않았다."라고 대답하는 것을 여러 차례 들었다.

3. 귀신들은 좀처럼 혼자 일하는 것 같지 않다. 그들은 대개 그 중 하나를 우두머리로 하는 계급적 집단으로 조직되어 있다. 나는 어떤 사람 속에 단 하나나 두 명의 귀신이 있는 것을 본 적이 거의 없다. 일반적으로 우리 사역에서, 우리는 먼저 어떤 집단의 보다 약한 귀신 중 하나와 가령, 정욕과 접촉을 한다. 정욕은 그 아래 서너 명의 귀신들을(예를 들어, 성적 변태, 환상, 사기) 거느릴 수 있다. 그러나 그의 허락이나 지식의 말씀(일명 투시의 은사―역주) 중 하나에 의해 우리는 그곳에 정욕보다 높은 화의 영과 화보다 높은 두려움의 영이 있다는 것을 안다. 두려움은 그 집단의 상부에 속할 수 있으며, 그와 정욕 사이에 두 셋의 다른 영들이 있을 수 있다(예를 들어, 거부, 포기, 포르노). 그다음 두려움 위에는 분노, 파괴, 어둠,

사망과 같은 이름을 가진 귀신들이 있을 수 있으며, 그 중 어느 것이나 그 집단의 우두머리일 수 있다.

4. 비밀교적 귀신 중에서 어떤 것들은 다른 것들보다 더 우두머리이기가 쉽다. 예를 들어, 만약 사망의 영이 있으면, 그가 책임자이기가 쉽다. 특히 사망의 영이 없는 경우, 종종 파괴나 어둠이 책임자일 수도 있으며, 때로 거부나 두려움이 책임자일 수도 있다. 이 영들 중 어느 것이나 밀교 귀신 아래서 기능할 수 있다. 그러나 나는 사망이나 파괴와 같은 영들이 밀교 영들과 대등하며(즉 권세에 있어 거의 동등함) 그들의 밑에서 기능하는 독립된 영들의 집단을 가지는 것을 자주 보았다. 예를 들어, 한 남자 속에서 나는 아메리칸 인디언 영이 한 집단을 책임지는 동시에 분노 영이 다른 집단을 맡은 것을 보았다.

5. 사람 속에 있는 영들은 그 사람 바깥에 있는 보다 높은 계급의 영들의 지배를 받는 것으로 보인다. 그들은 종종 이 고위급 영들에 의해 그 사람 속에 들여 보내어지고, 또 이 영들이 허락하거나 강요하기 전에는 자유롭게 떠날 수 없는 것으로 보인다. 이 이유 때문에, 축귀 사역은 귀신들이 그 사람 바깥의 보다 고위급 영들의 권세나 도움을 받는 것을 막는 데서부터 시작하는 것이 좋다.

6. 사람 속의 귀신들은 그 사람이 하는 어떤 일들에 의해 제압되거나 약화될 수 있다. 앞에서 언급한 대로, 사람 속의 귀신들을 약하게 하는 일로는 그 사람의 영적 성장이 있다. 귀신 들린 그리스도인

이 자신과 그리스도와의 친밀성을 고양시키는 무엇을 선택할 때, 귀신들은 기반을 잃어버린다. 나는 여러 귀신들에게 왜 그들이 들어 있는 그 사람을 좀 더 강하게 지배하지 못하는지 물어보았다. 그들의 대답은 한결같이 "그녀는 하나님께 너무 가까이 있어서 나는 그녀를 마음대로 할 수 없다."와 같은 것이었다.

예배, 기도, 성경 읽기, 그리스도인들과의 교제와 같은 활동들은 적어도 일시적으로 귀신들을 제압하는 것으로 보인다. 사람이 죄나 자신의 삶의 정서적 상처들을 다루면, 치유되고 있는 그 영역을 맡은 귀신들은 영원히 약해진다.

귀신들을 약하게 하는 매우 중요한 한 방법은 다른 사람들에 의한 중보기도이다. 귀신들은 종종 하나님이 주시는 보호의 양이 그 사람에게 영향을 미칠 수 있는 그들의 능력을 어떻게 제한하는지를 말한다. 때때로 그들은 그 보호를 위해 파송된 천사들의 숫자까지 말한다. 그와 같은 보호는 그 사람 자신의 영적 상황과 그 사람을 위한 다른 이들의 중보기도 둘 다와 관련된다. 그것은 그 사람 내부와 외부 모두의 귀신들에게 영향을 미친다. 예를 들어, 축귀 사역을 하는 우리와 같은 이들은 원수의 진을 공략할 때 상당한 기도 후원을 필요로 한다. 극적인 예들로는 제9장을 보라.

7. 다른 한편으로, 사람이 하는 어떤 일들은 귀신으로 하여금 그를 더욱 강력히 지배하게 할 수 있다. 사람이 유혹이나(예를 들어, 정욕, 음주, 거짓말) 또는 귀신들에 의해 강화된 감정들에(예를 들어, 두려움, 분노, 쓰라림, 걱정) 더 많이 굴복하면 할수록, 그 귀신

의 지배력은 더욱 강해진다. 또는 만약 축귀 사역이 진행되는 동안 그 사람이 고통이나 어떤 다른 불안이 너무 커서 귀신과 싸우기를 포기한다면, 그 귀신은 더욱 힘을 얻는다. 그는 그 싸움에서 이긴 것이다. 마찬가지로 만약 사람이 귀신을 제거하였다가 후에 다시 그를 초청하게 되면, 그 귀신은 그가 떠났을 때보다 더 강해져서 다른 영들과 더불어 돌아온다(눅 11:26).

귀신의 힘이 의미하는 것

귀신의 힘은 그 귀신이 본래 가진 힘과 그가 거주하는 사람에 의해 그에게 주어진 쓰레기의 양의 결합이다. 우리가 본 대로, 밀교와 유전으로 인한 영들은 생애 중에 정서적, 영적 문제에 달라붙은 귀신보다 본래적으로 더 강한 경향이 있다.

귀신의 힘을 나타내는 한 표시는 그가 그 사람을 지배할 수 있는가 없는가와 그가 얼마나 많이 지배하는가이다. 그 힘이 약한 경우에, 많은 귀신은 지배라고 부를 만한 아무것도 행사하지 못하는 것 같다. 따라서 그들은 단순히 그 사람을 괴롭히는 것으로 만족해야 한다. 괴롭힘이나 지배의 세 수준이 다음과 같이 예시될 수 있다(보다 상세한 취급을 위해서는 나의 책 「사악한 영을 대적하라」(1995, 도서출판 은성)를 보라).

1. 약한 영에 의한 괴롭힘. 약한 영들은 대개 그들에게 많은 기반을 허용하지 않는 사람들 속에 존재한다. 한 여성이 강간당하였을

때 그녀를 침범한 두려움의 영은, 만약 상담과(축귀 없이) 영적 성장을 통하여 그녀가 그와 같은 경험이 수반하는 대부분의 정서적 문제를 치유하였다면, 강해지기 어렵다. 비록 그 귀신이 한 번 강하였을 수 있을지라도, 그것은 너무도 약해져서, 다만 그녀가 그 사건을 기억하거나 그녀를 강간한 남자와 비슷한 사람을 보거나 다른 사람이 강간 당한 이야기를 들을 때 일말의 약한 두려움을 야기시킬 수 있을 뿐이다. 그 귀신은 괴롭히기 위해 여전히 거기 있지만, 그녀의 삶을 훼방할 만한 그것의 능력은 심하게 축소되었다.

2. 보다 강한 영에 의한 어느 정도의 지배. 또 다른 강간의 피해자로서 강간 시에 하나 혹은 더 많은 귀신이(예를 들어, 분노, 두려움, 고통) 들어오게 되었으나 그녀의 감정들을 제대로 치유하지 못한 여성은 때로 그녀가 자신을 전혀 통제할 수 없다는 것을 경험할 수 있다. 예를 들어, 그녀는 그녀의 아이들을 야단쳐야 할 때, 분노에 "휘말려" 그들을 과도하게 징계할 수 있다. 그녀는 남편과 애정 행위를 할 때 자주(항상은 아닐지라도) 자신이 분노와 두려움과 원한과 전혀 예기치 않은 어떤 다른 감정들에 휩싸이는 것을 느낄 수 있다. 그녀는 매번 성교를 한 후에 샤워를 해야 한다는 강박관념에 사로잡힐 수 있다.

이와 같은 경우에 귀신들은 어떤 순간에 그 사람에 대해 상당한 지배권을 행사할 수 있다. 그러나 그녀는 자신의 걷잡을 수 없는 감정들 때문에 자주 당황할지라도, 대개 그것이 어떤 외적인 간섭으로 야기되었으리라고는 의심하지 않는다. 그녀는 젊은 엄마들은 모두 비슷한 문제를 가지고 있다고 생각할 수 있다.

3. 밀교 영이나 유전으로 내려 온 영에 의한 훨씬 더 큰 정도의 지배. 밀교 영들이나 유전으로 내려 온 밀교 혹은 "감정" 영들은 삶의 경험에서 들어오게 된 감정 영들보다 훨씬 더 강한 힘을 지니는 경향이 있다. 사람들이 자원하여 자신을 바친 밀교 영들은 대개 매우 강하다. 또 유전된 밀교 영들 뿐 아니라 사망, 폭력, 파괴, 반역 등의 유전된 가족 영들 역시 매우 강하다. 그와 같은 영들은 종종 "그 사람은 내 것이다."고 주장한다. 밀교나 유전된 영들을(혹은 둘 다를) 지닌 사람들은 예배와 일반적인 사고(思考) 활동에서 많은 훼방을 경험하며, 종종 분노와 자살하고 싶은 생각, 우울, 두려움, 자신과 및 다른 사람들을 존경하고 사랑하는 능력과 관련하여 큰 문제를 겪는다.

어떤 한 사례에서, 귀신을 쫓아 낸 후에 그 남편이 흥분하여 외쳤다. "아내가 완전히 새 사람이 되었어요!" 유전된 귀신들에게 전형적이듯이, 삶의 경험을 통해 들어온 감정 영들보다 유전된 귀신과 그가 초청한 다른 영들이 이 여성의 삶 속에 있던 쓰레기를 이용하여 그녀를 강하게 지배하였었다.

한 가지 더 언급해야 할 요소는 어떤 사람들은 다른 이들보다 귀신의 영향을 거부할 수 있는 능력을 더 크게 가지는 것으로 보인다는 점이다. 즉 어떤 이들은 비교적 높은 수준의 내습을 당해도 그들의 증상들을 매우 잘 처리할 수 있는 반면, 다른 이들은 비교적 낮은 수준의 간섭을 받아도 분열되는 것으로 보인다. 이 사실은 싸우고자 하는 그 사람의 의지의 힘과 관련되는 것으로 보인다.

축귀

식별

축귀 사역에 필요한 식별은 여러 가지 요소들을 지닌다. 그것들 중에는 직접적인 계시(지식이나 지혜의 말씀으로 불림)와 같은 초자연적인 것들과 경험과 상식적 관찰을 해석하는 능력과 상상과 같은 보다 "자연적인" 것들이 있다.

성령께서 인도하시기 때문에(우리가 특별히 그에게 요청한 후에), 우리는 그 전체 과정이 단순한 인간의 능력을 넘어 진행될 것을 기대할 수 있다. 그런 의미에서 그 전체는 초자연적이다. 그러나 하나님께서 사용하시는 대부분은 "자연적인" 능력들에서 나온다. 이것들이 초자연적인 인도와 결합되어 식별과 또 그 사역 과정의 모든 다른 요소들을 구성한다.

많은 이들은 만약 하나님께서 실제로 인도하신다면, 많은 극적인 일들이 일어날 것이라고 생각할 수 있다. 그렇지 않다. 하나님은 다른 방식으로 일을 하실 수 있을 때, 좀처럼 극적인 방법을 사용하지 않으신다. 그래서 우리가 하나님께 그 과정의 모든 부분을 인도해 주시도록 간구할 때, 그의 인도를 구하되 불꽃놀이와 같은 극적인 일들을 기대하지는 말아야 한다. 많은 이들이 하나님의 인도에서 대개 그가 하시는 것보다 더 명백한 무엇을 기대하기 때문에 많은 것을 놓친다.

내가 "자연적 식별"로 이름 붙인 것은 그 사역의 모든 부분에서 가장 자주 사용되는 식별 방식이다. 그러므로, 말 그대로 당신의 눈을 크게 뜨고 관찰할 수 있는 것은 무엇이든지 관찰하라. 어떤 명백한 현시들을 찾아보라. 종종 성령의 단순한 임재만도 귀신들을 놀라게 하고 그들이 그들이 내주해 있는 그 사람을 이상하게 행동하도록 만들 수 있다. 이것은 사역이 이루어지는 그 시간을 주장하시도록 단순히 성령을 초청하는 것만으로도 일어 날 수 있다. 또는 귀신들이 예배나 개인적 열심에서 또는 그 사람이 예수의 이름으로 축복을 받을 때 하나님의 임재에 대한 반응으로 자신들을 드러낼 수도 있다. 나는 심지어 내가 이 주제를 설명하고 있을 때도 귀신들이 자신을 드러내는 현상을 보았다.

귀신의 임재를 보여주는 가시적인 현시들은 귀신에게 자신을 나타내도록 도전함으로써 일어날 수도 있다. 그들은 또 치유를 위해서와 같이 누군가가 예수의 이름을 권위 있게 사용할 때 자신들을 드러낼 수도 있다. 나는 어떤 사람 속에 있는 귀신에게 도전하였을 때, 그 반응으로 다른 사람 속에 있는 귀신들이 드러나는 것을 자주 보았다.

명백하게 가시적인 현시들 뿐 아니라, 종종 귀신 들린 사람들은 다른 사람들에게는 숨길 수 있는 내적인 간섭을 경험한다. 많은 귀신 들린 사람들이 교회에서 정기적으로 두통이나 다른 신체적 문제로 곤란을 겪는데, 그것은 그들의 집중을 방해하려는 귀신들의 훼방으로 말미암은 것이다.

비록 이런 증상들의 원인이 다른 데 있을 수 있으며 또 우리가 귀신이 있다고 너무 성급하게 판단하지 않도록 조심해야 할지라도, 다음과 같은 증상들은 귀신의 임재를 가리킬 수 있다. 그 중 흔한 표시들로는(특별한 순서 없이) 두통이나 몸의 다른 고통, 현기증, 메슥거림이나 구토하고 싶은 느낌, 몸의 경직이나 떨림, 특이한 졸음, 상담자를 치고 싶은 강한 충동, 상담 자리를 뛰쳐나가고 싶은 강한 욕구 등이 있다.

덜 흔한 현시들로는(대개 더욱 심한 귀신 들림을 가리킴) 심한 경련, 얼굴이나 몸의 비틀림, 비명, 욕설, 구토, 눈이 흐려지거나 사팔뜨기가 되거나 눈알이 젖혀짐, "실연(實演)함"(상담자를 유혹하려는 동성애 영의 경우와 같이), 다른 목소리로 말함 등이 있다.

이런 것들은 관찰이나 질문을 통해 자연적으로 식별될 수 있다. 그뿐만 아니라 하나님은 초자연적으로 일을 보여주시기도 한다. 물론 그 경우, 그것은 대개 자연적 현상의 관찰과 결합되어 이루어진다. 더 많은 경험을 쌓으면 쌓을수록, 우리는 보다 예리한 식별력을 키울 수 있다. 또한 우리는 귀신들이 자신들을 보여주는 많은 실수들을 한다는 것도 알게 된다. 이런 실수들을 간파하고 그것을 이용하는 것을 배우는 것은 축귀 과정의 한 중요한 부분이다.

축귀 상담 실천

1. 무엇보다 먼저 모든 축귀 상담 사역은 상담자 자신과 그의 기도 동역자들 모두의 기도로 감싸져야 한다. 특히 그 사역이 어려울 것으로 예상될 때 금식하는 것도 좋다. 우리는 항상 영적인 모든

필요에 대해서 성령의 능력으로 사역할 준비가 되어 있어야 한다.

2. 가능하면 언제든지 팀으로 사역하는 것이 가장 좋다. 그 팀에 당신에게는 없는 은사를 가진 자들을 포함하라. 그러나 그들의 은사가 당신의 것과 같든지 다르든지, 그들은 그 기간 중에 당신을 위해 기도하며 또 당신을 위해 주님의 말씀을 들을 수 있다. 팀을 구성하는 이상적인 숫자는 대개 세 명에서 다섯 명으로 생각된다.

3. 상담을 시작할 때 먼저 권위를 가지고 보호를 선포하고 다른 악한 영들의 도움을 금하고 폭력을 금하라. 우리는 종종 다음과 같은 말을 사용한다:

여기에 있을 수 있는 악한 자의 모든 밀사들에 대해 예수의 이름으로 명령한다. 이 사람과 이 장소에서 떠나라! 우리는 이 장소와 이 시간과 이 사람들이 주 예수 그리스도를 위해 존재함을 선포하며, 우리가 구체적으로 명령하는 것 외에 어떤 사탄적인 존재의 활동도 금지한다.

그리고 나서 우리는 다음과 같은 말로 보호를 청구한다.

우리 각 사람과 우리의 가족과 우리의 친구들과 우리의 소유와 우리의 재정과 우리의 건강과 우리에게 속한 모든 다른 것은 원수의 어떤 복수나 어떤 더러운 속임수로부터도 예수의 이름으로 보호될지어다.

그다음 우리는 다음과 같은 말로 그 사람의 속에 있는 어떤 영들이라도 그 사람 속이나 혹은 바깥에 있는 다른 영들의 도움을 받는 것을 차단한다.

예수의 이름으로 이 사람 속에 있는 어떤 영들도 이 사람 바깥의 영들이나 이 사람 속의 다른 영들로부터 도움을 받는 것을 금지한다.

그리고 우리는 폭력이나 구토나 어떤 다른 극적인 행위들을 금지한다.

이 사람 속의 어떤 영들도 이 사람으로 하여금 폭력이나 구토나 어떤 다른 현란한 행동을 하도록 만드는 것을 금지한다.

4. 사역을 받는 사람과 관련하여 몇 가지 기억해야 할 일들이 있다:
- 모든 것을 사랑으로 하라.
- 항상 그 사람의 품위를 지켜 주도록 하라.
- 모든 기회에 그 사람의 의지를 강화하라.
- 상담 시간은 물론 그 전후로 계속하여 그를 격려하라.
- 귀신들을 쫓아내기 전에 그들의 장악력을 약화시키기 위해 깊은 차원의 치유를 통해 그 사람의 내적인 쓰레기를 다루는 것이

가장 좋다.[6] 그렇지 않으면, 귀신들이 저항할 수 있는 능력을 더 많이 가지기 때문에 폭력이 있기가 쉽다.

귀신들에게 도전하기

깊은 차원의 치유를 시작하는 초기에 종종 거기에 귀신이 있을 수 있다고 의심을 가지게 하는 단서들이 눈에 띌 수 있다. 다음 증상들은 종종 그와 같은 인상을 준다: 충동적인 행동, 혼란스런 꿈, 자살이나 살인에 대한 강한 충동, 강한 자기 거부, 동성애, 밀교와의 관련 등. 그 사람의 부모나 조부모 가정에서 심각한 기능장애가 있다면, 가족(세대간의) 영이나 저주의 가능성을 의심할 수 있다. 혹은 자기 저주든지 또는 다른 사람에 의한 것이든지 어떤 다른 저주의 가능성도 살펴볼 필요가 있다.

1. 만약 귀신의 존재 여부가 확실치 않다면, 우리는 대개 그 가능성을 시험하기 위해 그 사람의 허락을 구한다. 그 사람이 기꺼이 하려고 하는 이상을 결코 넘어가지 않는 것이 좋다. 만약 우리가 이런 유의 허락을 구했을 때 그 사람이 거부한다면, 우리는 더 이상 나아가지 않는다.

2. 그 사람이 허락을 할 경우, 나는 대개 먼저 그 사람으로 하여

---

6) 참고, 『깊은 상처를 치유하시는 하나님』(1995: 도서출판 은성), 원서: Charles H. Kraft, *Deep Wounds, Deep Healing* (Ann Arbor, Mich.: Servant, 1993).

금 눈을 감거나 가능하다면 내가 한 귀신을 이름으로 부를 때 똑바로 나를 쳐다보도록 한다. 나는 미리 그 사람에게 내가 거기 귀신들이 있는지 없는지 분명히 알지 못하지만 있다면 그 중 하나를 격동시키기 위해 내가 마치 거기 귀신들이 있는 것처럼 행동한다는 것을 알게 한다. 우리가 발견한 것으로, 귀신을 적발할 수 있는 가장 좋은 방법은 그들에게 직접적으로 도전하는 것이다. 나는 대개 귀신에 의해 강화되었을 것으로 의심되는 모든 정서적 또는 영적 문제들의 이름을 사용하여 그들에게 도전한다. 그것은 대개 다음과 같다: 영아, 예수 그리스도의 이름으로 너에게 명령한다. 숨지 말고 네 모습을 드러내라! 우리는 만약 그 영이 그 사람의 마음에 말하는 경우에 대비하여(종종 있는 일로서), 그 사람에게 무엇이든지 그의 마음에 떠오르는 것을 말하도록 권고한다. 또는 만약 그 영이 그 사람의 목소리를 사용할 만큼 강하다면, 우리는 그 사람에게 그것을 허락하도록 권고한다. 그 상호작용이 실제로 진행되어 그 귀신(들)과 나 사이의 대화가 오고 갈 때, 그 사람은 제 삼자인 관찰자처럼 느껴질 수 있다.

대개 귀신이 나에게 반응하도록 만들기까지, 나는 서너 차례 그에게 도전해야 한다. 그들은 가능한 한 숨은 채로 있기를 원한다. 또 그 중 어느 것으로부터라도 반응을 얻기까지 여러 귀신들에게 도전해야 할 때도 많다. 나는 종종 여러 이름들을 연이어 불러 본다. 이것은 인내와 끈기를 요구한다. 때로 나는 가장 약한 것이 강한 것들보다 접촉을 하기가 쉬울 것이라는 가정 아래 가장 약하게 느껴지는 것을 가장 강력히 다그친다. 결국 그들은 하나님의 능력에 반응해야 한다. 그러므로 인내하라.

만약 그 영의 이름이 무엇일지 전혀 생각이 떠오르지 않는다면, 나는 그것을 단순히 "영"으로 호칭하거나, 또는 그것이 나에게 자신이 무엇인지 말하도록 명령한다. 그들들이 자기의 이름을 시인하게 하기는 쉽지 않다. 이 시점에서 지식의 말씀을 기대하라. 어떤 "육감"이든지 추적하라. 때로 그 영이 이미 자기의 정체를 드러나게 하는 무엇을 하였을 수 있다. 예를 들면, "그 경련을 일으킨 영은 대답하라."

통제하라.

만약 그들이 고통을 일으키거나, 그 사람에게 거짓을 말하거나, 그 사람의 주의를 흩뜨리는 것과 같은 양동작전을 시도한다면, 그것을 금하라. 비록 그것이 처음에는 효과가 없을지라도, 당신의 권세를 계속하여 확언하라. 그들이 조금도 어떤 지배권을 행사하지 못하도록 금하라. 그러나 당신이 소리치거나 이상한 일을 할 필요는 없다. 귀신들은 결코 귀머거리가 아니며, 우리의 광대짓에 조금도 영향을 받지 않는다. 이것은 힘 대결이므로, 그들은 허세를 부려 당신을 위협하며 피상담자를 낙심시키려 시도할 것이다. 그렇게 하지 못하도록 하라. 속으로 확신이 없을지라도, 자신있게 행동하라.

3. 이 시점에서 나는 예수님께 이 사람을 자유롭게 하는 일을 돕도록 몇몇 크고 강력한 천사들을 보내어 주시도록 간구하기를 좋아한다. 이 일이 행해질 때, 종종 귀신들은 그들이 천사들과 예수님을

본다고 시인한다. 이것은 그들을 매우 두렵게 한다.

4. 그다음 나는 그 사람 속에 있는 계급 조직을 밝히려고 시도한다. 나는 내가 접촉하는 어떤 귀신에게든지 나에게 그 위에 누가 있는지 말하도록 시킨다. 이것은 어려울 수 있다. 그러나 종종 정상에 등장하는 경향이 있는 다른 귀신들이 그곳에 있다고 추측함으로써 때로 그들을 위협하여 다른 귀신들을 염탐하게 하는 것이 가능하다. 이런 식에 더하여 지식의 말씀으로 우리는 대개 정상에 있는 것이 누구인지 알 수 있다. 맨 우두머리가 누구인지 알면, 나는 그들 모두를 한 번에 다룰 수 있도록 그 모든 아랫것을 그 우두머리 영에게 결박한다. 이것은 흔히 그렇듯이 다루어야 할 귀신들이 많을 경우 일을 훨씬 덜어 준다.

앞서 언급한 대로, 귀신들은 집단으로 모여 있으며 각 집단마다 우두머리를 두는 것으로 보인다. 때로 한 사람 속에 한 집단 이상이 있으며, 각 집단의 우두머리들은 대개 동등한 권세를 지닌다. 이것을 알면, 나는 다음과 같이 각 집단을 그것의 우두머리에 결박한다.

성령의 권세로, 나는 너희 모두를 [그 우두머리 영의 이름]에게 결박한다.

그러고 나서 나는 이 결박이 실제로 이루어졌는지 확인하기 위해 그 우두머리 귀신에게 그들 모두가 그에게 결박되었는지 어떤지 묻는다. 종종 그는 몇몇은 그에게 결박되지 않았다고 지적할 것이다. 이 경우 나는 그에게 그 이유를 말하도록 명령한다. 그러면 종종 그 우두머리 귀신이나 그에게 결박되지 않은 영들 중 하나가 나에게 아직 무엇이 더 처리되어야 할지를 말해 준다. 그 문제가 무엇이든지 그것이 처리되면 대개 그 떠도는 귀신들은 약해지며 함께 그 우두머리 영 아래 결박되기에 이른다.

세대간의 영이나 저주들부터 먼저 다루라.

그 귀신으로 하여금 당신에게 그가 유전으로 어떤 지배권을 가지고 있는지를 말하도록 명령하라. 당신은 이미 이것을 의심하였을 수 있다. 그러나 분명하게 확인하기 위해, 나는 종종 이렇게 말한다:

예수의 이름으로 내가 너에게 명한다. 너는 유전으로 어떤 지배권을 가지고 있는가?

만약 실제로 그러하면, "어머니를 통해서인가 아버지를 통해서인가?"라고 묻고 그다음 "몇 세대 전부터인가?"라고 물으라. 만약 그 뿌리가 여러 세대에 걸쳐 있다면, 나는 다음과 같이 묻는다:

예수의 이름으로 나는 __의 부친/모친을 거슬러 [6] 세대에 걸친 그 조상들에 대해 권세를 가지고 그 6세대, 5세대, 4세대, 6세대, 2세대에서 너의 권세를 깨뜨린다. 이제 나는 __의 잉태 시에 네가 이 가족과 관련하여 그/그녀에게 지닌 어떤 권세도 단절한다.

이렇게 할 때, 우리는 종종 그 귀신의 힘에 있어 주목할 만한 변화를 본다. 만약 당신이 세대간의 뿌리를 의심하지만 지식의 말씀으로 또는 귀신으로부터 그것에 대한 확증을 얻을 수 없다면, 어쨌건 하나가 있을 것으로 생각하고 다음과 같이 말해 보라:

> 예수의 이름으로 나는 부친의 가계를 통해 내려온 세대간의 [우울] 영 너에게 권세를 가지고, 예수의 이름으로 너의 권세를 깨뜨린다. 나는 네가 ___에 대해 어떤 권세를 가지는 것도 금지한다.

또는:

> 나는 예수 그리스도의 이름으로 모친의 가계를 통해 내려온 [동성애]에 관한 저주의 권세를 깨뜨린다.

이 영역에서 특히 우리는 종종 무슨 일이 일어날지 알 수 없다. 그러나 의심이 있을 때, 나는 그대로 계속 저주나 세대간의 영에 맞서 말하는 것이 더 낫다고 생각한다. 왜냐하면 이 수준에서 작용하는 어떤 권세를 깨뜨리는 것은 그 귀신들의 힘에 주된 영향을 끼칠 수 있기 때문이다.

귀신들을 제거하기

이제 내적인 치유 효과와 세대간의 유대를 깨뜨림으로써 그 귀신들이 지닌 권세의 대부분이 사라졌다. 그러나 빈번히 아직 숨겨진 것들이 있다. 따라서 귀신들이 떠날 준비가 되어 있지 않더라도 낭황하지 말라.

나는 자주 그 우두머리 귀신에게 그와 그의 졸개들이 떠날 준비가 되었는지 또는 그 사람에게 아직 그들이 머무를 수 있는 이유가 되는 어떤 쓰레기가 남아 있는지를 묻는다. 그들은 대개, 여전히 무엇이 남아 있는 때에조차, 아무것도 남아 있지 않다고 말한다. 그러나 때로 그들은 자발적으로 아직 더 처리되어야 할 것이 있다고 말하기도 한다. 만약 그렇다면, 내적인 치유 방법으로 돌아가서 그것을 처리하라.

부상되는 모든 문제를 놓치지 않기 위해, 특히 그 사람이 무엇을 어떻게 경험하고 있는지를 충분히 알기 위해, 어느 때나 자유롭게 그 과정을 중단하라. 그 사역의 어떤 부분을 중단 없이 계속하는 것이 어떤 놀라운 능력을 발휘하는 것은 결코 아니다. 잠시 멈추고 당신의 팀과 전략을 논의하는 것이 유익할 때가 많다. 이 경우 나는 당신에게 이렇게 말할 것을 제안한다. "예수의 이름으로, 나는 영의 세계가 우리가 말하려고 하는 바를 듣는 것을 금지한다."(그것은 효과가 있다.). 또는 기지개를 펴고, 화장실에 가고, 기도를 통해 더 많은 인도와 능력을 구하기 위해 휴식 시간을 가지라.

당신이 준비될 때, 권세를 가지고 그 우두머리 영에게 모든 부하들을 데리고 떠나도록 명령하라. 여느 때와 같이 그 명령은 단호하고 강력해야 한다. 그러나 소리를 질러야 할 필요는 없다. 예수님은 그 시대의 바리새인들처럼 귀신들을 얼러서 나오게 하지 않았다. 그는 그들을 거칠게 다루셨다. 그는 그들을 쫓아내셨다(헬라어 εκβαλλο; 막 1:25). 강력하고 권위 있고 단호하라. 그러나 시간이 걸린다면 인내하라.

귀신들을 나오게 하는 데는 여러 방법이 있다. 때로 당신은 단순히 이렇게 말할 수 있다:

___영아, 예수의 이름으로 명령한다. ___에게서 떠나서/나와서 예수의 발 아래 갈지어다.

만약 그들이 떠나면, 잘된 일이다. 그러나 대개 이것만으로 충분하지 않다. 만약 그 우두머리 귀신이 거절하면, 그것에게 무슨 권리로 여전히 그 사람 속에 살려 하는지 대답하도록 명령하라. 그것에게 예수의 이름으로 진실을 숨김없이 말하도록 명령하라. 그 귀신에게 다시 그가 누구이며 그와 그의 나라가 어떻게 패배 당하였는지를 상기시키는 것도 유익하다. 골로새서 2장 15절은 인용할 만한 구절이다. 그에게 십자가와 빈 무덤을 상기시키라. 귀신들은 십자가에서 흘려진 피와 예수님이 나온 빈 무덤에 관해 듣기를 좋아하지 않는다.

그 협상을 종결 짓는 데 있어 나에게 가장 효과적인 것으로 여겨지는 것은 예수님께 천사들을 시켜서 집단으로 있는 그 귀신들 위에 상자를 내려 그들을 한꺼번에 가두고 한 명도 도망치지 못하게 하도록 간구하는 것이다. 그다음 나는 우두머리 귀신을 심문하여 그들이 모두 그 상자 안에 들어갔는지를 확인한다. 그들이 그 안에 들어 있으면, 나는 예수님께 그 상자를 처치하여 그 귀신들과 그 사람을 영원히 분리하시도록 간구한다. 그 사람은 대개 예수께서 그 상자를 어떻게 하시는 지에 대한 어떤 심상(心象)을 본다.

예수께서 그 상자를 처치하시면, 나는 대강 이렇게 말한다:

나는 이 귀신들을 ___에게서 동이 서에서 먼 것 같이 분리하며, 예수께서 돌아가신 십자가와 그가 부활하신 무덤을 이 귀신들과 사이에 영원히 둔다. 나는 이 귀신 중 어느 누구도 다시 돌아오거나 다른 귀신들을 보내는 것을 금지한다.

대개 그것은 효과가 있다. 만약 그렇지 않다면, 더 쓰레기를 찾고 내적인 치유를 통해 그것을 처리하라. 그러고 나서 다시 이것을 하라.

책략들—그들의 것과 우리의 것

떠나야 하는 것을 막기 위해 귀신들이 통상적으로 사용하는 어떤 책략들이 있다. 다음과 같은 것들이 그들의 계략에 속한다.

1. *귀신들은 당신으로 하여금 그들이 거기 없거나 이미 떠났다고 믿게 할 것이다.* 그들이 이렇게 하는 것을 당신이 감지하면, 단순히 그들에게 더는 그렇게 하지 말도록 명령하라. 당신이 당신에게 답하기를 원하는 그 귀신에게 명령하라. 만약 이것이 효과가 없으면, 다른 귀신을 다루든지 또는 내적인 치유로 돌아가라. 강력한 귀신들이 약해지면 약해질수록, 그들은 그와 같은 명령을 거부할 능력을 상실한다.

때로 영이 다른 사람과 공유되기 때문에 사라질 것이다. 그것은 그가 단지 그 다른 사람에게 가는 것뿐이다. 만약 그렇다면 모든 "공유되는 영들에게" 여기 있도록 명령하고, 그들이 어떤 다른 사람에게 가는 것을 금하라. 그러면 이것은 멈추어질 것이다.

2. 때로 귀신들이 당신이 누구에게 말하고 있는지를 혼란스럽게 하기 위해 서로 잇달아 대답할 것이다. 만약 이 일이 일어나면, 당신은 곧 그것을 알 수 있다. 이 경우 당신은 단순히 당신이 원하는 영을 이름으로 불러, 당신이 다른 영에게 말할 때까지 그에게 다른 영이 말하는 것을 허락하지 말도록 명령하라. 당신에게 통제권이 있다. 그들이 그 과정의 어떤 부분도 지배하지 못하게 하라.

3. 그들은 종종 당신으로 하여금 그들을 두려워하도록 허풍스럽게 이야기할 것이다. 비록 그들이 얼굴 표정을 이상하게 일그러뜨리고 고통과 몸의 뒤틀림을 야기시킬지라도, 그들은 그들이 주장하는 것만큼 결코 크거나 강력하지 않다. 때로 그들은 당신을 두렵게 하기 위해 당신에게 "나는 정사이다." 또는 심지어 "나는 사탄이다."라고 말할 것이다. 또는 그들은 당신이나 당신의 가족을 죽인다고 위협할 것이다. 그들에게 굴복하지 말라. 당신이 그들보다 더 강한 힘을 가지고 있다. 위협 받는 사람이 누구든지 그를 위해 하나님의 보호를 청구하라. 그리고 그들에게 그들이 누구이며 당신이 누구인지를 상기시킴으로써 그들의 허풍을 폭로하라.

4. 그들은 속이며 거짓말을 할 것이다. 비록 성령이 그들이 우리에게 중요한 정보를 주도록 강요할지라도, 그들이 말하는 모든 것을 에누리해서 들으라. 그늘에게 진실을 말하도록 명령하지만, 여전히 그들이 말하는 것을 믿지 말라. 당신을 혼란케 하여 그들을 버려두

게 하려는 그들의 시도에 항상 주의하라. 종종 귀신이 나에게 "나는 지금 떠난다." 또는 "나는 떠났다."고 말한다. 그와 같은 말을 믿지 말라. 그 협상이 종결될 때까지 계속하여 추격하라.

5. 그들은 종종 변명을 하며 심지어 머무를 것을 허락해 주도록 탄원하기도 한다. 그들은 "이것은 나의 집이다. 내가 어디로 간단 말인가?" 또는 "나는 그녀를 도와 줄 뿐이다." 또는 "내가 그를 상하게 하지 않을 것을 약속한다. 내가 머무르도록 허락하라." 또는 단순히 "나는 떠나고 싶지 않다."라고 말한다. 때로 그들은 다른 사람에게 들어가는 것을 허락하도록 요청한다. 그것을 허락하지 말라. 만약 그들이 위협하면 단순히 그 일이 일어나지 않도록 명령하여 금하라. 그러면 그것은 일어날 수 없다. 예수의 이름으로 그 사람에 대한 보호를 청구하라. 그러면 그 사람은 안전하다. 또는 그 귀신에게 이미 우리가 보호되고 있다는 것과(사역 시작시의 기도로), 그러므로 그가 누구도 공격할 힘이 없다는 것을 상기시키라.

그와 같은 어떤 변명이나 타협에도 말려들지 말라. 귀신들은 악하다. 그들은 정당하게 행하지 않는다. 또 그들은 어떤 약속도 지키지 않는다. 그들의 간청이 아무리 신실하게 들릴지라도, 또는 그들이 아무리 당신의 동정심에 호소할지라도, 약해지지 말라.

6. 귀신들은 당신을 지치게 만들려 할 것이다. 그들은 그들이 할 수 있는 어떤 방법으로든지 피로를 사용할 것이다. 그러므로 한 번의 사역 시간이 너무 길지 않도록 하라. 최대로 두 시간 내지 세 시간이 적절하다. 때때로 휴식을 취하라. 그들은 실제로 피로가 요인

이 아닐 때라도 그들이 점령하고 있는 그 사람으로 하여금 피로를 느끼도록 만들려고 한다. 그들은 종종 그 사람을 잠재우려고 시도할 것이다. 그것을 금하라! 이 모든 책략들은 그 귀신 들린 사람과 상담자 모두의 의지를 꺾고 약화시키려고 계획된 것이다. 이 계략을 주의 깊게 살피고 방어하라.

만약 당신이 충분히 오랜 시간 하였지만 아직 해야 할 일이 더 있을 때는, 단순히 "그들이 다시 예수의 이름으로 도전을 받을 때까지" 그 사람에게 어떤 해도 입히지 말도록 귀신들에게 명령함으로써 그들을 감금하라. 당신의 상황을 이런 식으로 진술하는 것이 좋은 것은 만약 다른 사람이 그들에게 예수의 이름으로 도전할 경우 그가 그들에게 접근할 수 있기 때문이다.

만약 그들이 당신이 무엇을 하든 나오려 하지 않는다면 낙담하지 말라. 다음 차례 상담 시간을 정하고 보다 경험이 많은 사람을 사역팀에 포함하라. 그리고 다른 사람들이 그 일을 위해 기도하게 하고 다음 시간 전에 당신 자신이 금식하며 기도하라. 인내심을 가지고 꾸준하게 그 사람의 자유를 위해 계속하여 노력하라.

비록 시간이 걸릴지라도 사람을 자유롭게 하려는 대부분의 시도들은 결국 성공한다. 그러나 만약 무의식적으로든 의식적으로든 그 사람이 자유롭게 되기를 원하지 않는다면 성공하기는 매우 어렵다. 여기에 한 가지 명심해야 할 중요한 사항이 있다: 비록 그 사람이 자유롭게 되고자 하는 자신의 의지를 행사하기를 원하지 않는 것처럼 보일지라도 결코 이것에 대해 그 사람을 비난하지 말라. 만약 그 사람이 말하지 않는다면 우리는 그것을 확실히 알 수 없으며, 진정한 사랑은 우리가 그 사람을 비난하지 않고 오히려 그 사람으로 하여금 자유롭게 되기를 갈망하도록 우리가 할 수 있는 모든 일을 하는 것이기 때문이다.

7. 그 사람은 대개 그 귀신들이 언제 떠났는지를 안다. 마치 무거운 짐이 제거된 것처럼 그 경우 대개 큰 해방감을 느낀다. 때로 그 사람은 그 귀신들이 어떤 구멍을 통해, 대개는 입을 통해 나간 것을 느낀다. 이것은 귀신들이 이런 식으로 떠나도록 명령을 받았을 때 자주 일어난다. 그러나 그들은 하품이나 트림과 같은 것을 야기시킴으로써 당신으로 하여금 그들이 떠났다고 믿게 할 수도 있다. 때로 몸의 경련과 함께 귀신이 떠나기도 한다. 또는 만약 그 귀신이 몸의 일부를 장악하고 있었다면(예를 들어, 머리, 목) 그 사람은 그 부분에서 해방감을 느낄 것이다.

귀신들이 폐쇄된 상자 안에 들어가도록 명령을 받을 때, 그들이 어떤 구멍으로 나갔다는 느낌은 생기지 않는다. 그러나 그 상자가 예수님 발 아래 놓여질 때, 그 사람은 대개 자신의 몸 안에서 어떤 분명한 해방을 느끼며 자신이 자유하다는 것을 안다.

8. 귀신들이 떠난 자리를 축복으로 채우라. 우리는 귀신들이 그 사람을 속박한 영역에서 자유롭게 그 사람을 축복하기를 좋아한다. 즉 만약 귀신이 두려움의 영이라면 평화와 소망으로 축복하라. 분노의 영이면 인내와 용서로 축복하라. 자기 거부의 영이면, 자기 용납과 사랑으로 축복하라.

축귀 이후의 상담

그 사역을 마무리짓기 전에 귀신들이 다시 돌아오는 것을 금하는 것을 잊지 말라. 만약 당신이 잊는다면 그들이 다시 돌아 올 수 있다. 나는 다음과 같은 말을 사용하기를 좋아한다:

예수의 이름으로 금하노니 이 영들 중 어떤 것이나 다시 돌아 올 수 없으며 다른 영들을 보낼 수 없다. 이 사람은 완전히 예수 그리스도께 속한 것을 선포한다. 원수의 사자들이 이 사람을 다시 침범하는 것을 금지한다. 이 사람과 그 영들 사이에 예수의 십자가와 빈 무덤이 영원히 있을지어다.

그다음 나는 이렇게 말함으로써 성령이 하신 모든 것을 "확증"하기를 좋아한다.

우리는 예수의 이름으로 그가 여기서 하신 모든 것을 확증한다. 우리는 예수의 이름으로 귀신들을 들어오게 한 모든 문을 닫으며 모든 약점들 제거한다.

방금 자유롭게 된 사람과 앞으로 있을 법한 일들에 관해 상담하는 것은 중요하다. 귀신들은 종종 그들의 이전 영토를 되찾기 위해 돌아오려고 시도한다. 그들은 그 사람 안에 다시 들어오려고 시도할 것이나 그것이 금지되어 있으면 그렇게 할 수 없다. 그 사람은 그들이 돌아오는 것이 금지되어 있으면 그들이 결코 다시 돌아 올 수 없다는 것을 알아야 한다. 그러나 귀신들은 그 사람 바깥에서 공작

함으로써 들어 온 것처럼 가장하려고 할 수 있다. 그러므로 그 사람은 그리스도 안에 있는 그리스도인의 권세에 관해 가르침을 받고 그것을 사용하는 법을 배워야 한다. 방금 귀신에서 자유롭게 된 사람은 자신이 그 귀신을 쫓아낸 사역을 한 사람과 같은 성령을 소유하며 따라서 같은 권세를 가진다는 것을 알아야 한다. 야고보서 4장 7절은 말한다. "마귀를 대적하라 그리하면 너희를 피하리라" 그러므로 우리는 돌아오려고 하는 어떤 귀신에 대해서도 권세를 가지고 그것을 다시 쫓아 버릴 수 있다. 그렇게 하면 여러 번 시도하다가 결국 그들은 지쳐서 다른 곳으로 가 버릴 것이다. 만약 그 귀신들이 곧바로 포기하지 않는다면 마찬가지로 우리도 포기하지 말아야 한다.

우리는 그 사람에게 그리스도 안에서 그의 신분을 강하게 상기시켜야 한다. 거의 항상 원수는 이것에 대해 그 사람에게 거짓을 말해왔다. 이는 그가 우리가 우리의 참된 신분을 아는 것을 원하지 않기 때문이다. 그러므로 이제는 의도적으로 그 자유롭게 된 사람은 이 진리를 개인적인 것으로 삼을 필요가 있다: 그는 예수님의 자녀이며(롬 8:14-17; 요일 3:1-3; 갈 4:5-7), 그와 같이 되도록 구별되었고(롬 8:29), 예수님은 그를 그의 "친구"로 부르신다(요 15:15). 예수님 자신이 우리를 택하셨고(요 15:16) 우리에게 권능을 주셨다(눅 9:1). 그리고 두려움은 하나님께로 난 것이 아니기 때문에 우리가 느끼는 어떤 두려움도 추방되어야 한다(딤후 1:7).

완전한 치유는 일종의 후원 그룹과 전문적인 그리스도인 상담자와의 지속적인 상담을 필요로 한다. 종종 가장 좋은 방법은 그 사역 팀의 일부 혹은 전부가 계속하여 후원 그룹으로 역할하는 것이다. 교회나 주일 학교 교실에서 다른 그리스도인들과 친밀한 교제를 갖는 것은 원수의 공격을 방어하는 데 큰 도움을 준다. 그와 같은 그룹은 경우에 따라 좀 더 치유를 받아야 할 필요에 관해 충고를 줄 수도 있다.

귀신을 달라붙을 수 있게 한 것이 무엇이든지 간에 그 사람이 그것을 깨끗이 유지하는 것이 매우 중요하다. 하나님이 주신 치유와 자유를 유지하고 발전시켜 가도록 습관이나 태도 혹은 친구들을 의도적으로 바꾸어야 할 필요가 있다. 옛 생활 방식으로 돌아가는 것은 다시 귀신이 침입하도록 문을 열어 놓는 것과 같다(예를 들어, 우리가 함께 사역하여 사망의 영을 쫓아냈던 한 여성이 다시 자살을 시도하였을 때, 또 다른 사망의 영이 그녀에게 들어갔다.). 문제가 되는 영역들을 통해 귀신들이 다시 그 사람에게 들어가지 못하도록 그 사람에게 계속하여 보다 깊은 차원의 치유를 받도록 충고해야 한다.

무엇보다 기도와 찬송과 예배와 경건한 삶을 가꾸어 가도록 그 사람을 격려하라.

결론

이상은 사람들을 지상 차원의 사탄적인 존재들로부터 자유롭게 하는 것에 관해 그동안 내가 배운 대부분이다. 그러나 이것은 영적인 영역과 인간 영역 사이의 상호작용과 밀접히 관련되어 이해되어야 하고(제2장을 보라), 또 우리가 사는 왕국들 사이의 전쟁이란 전체적 배경 안에서 이해되어야 한다. 지적된 대로 보다 높은 수준의 영들은 지상 차원의 군대를 돕는 데 관여한다. 그러므로 이 책의 후반부에서 취급되는 유의 전략을 명심해야 할 필요가 있다. 더 나아가 귀신 들린 사람들 속에 있는 쓰레기를 처리하는 것이 결정적으로 중요하다. 그 부분을 위해서는 나의 책 「깊은 상처를 치유하시는 하나님」(1995: 도서출판 은성)과 같은 책을 참고하라.

제3부

영적 전쟁:우주 차원

제5장

21개의 질문

피터 와그너(C. Peter Wagner)

우주 차원으로 불리기도 하는 전략 차원의 영적 전쟁을 탐구하는 과정은, 비록 Y.W.M.(Youth With a Mission), I.F.I.(the International Fellowship of Intercessors) 등과 같은 기관들이 그것을 오랫동안 실천해 왔을지라도, 이 글에서 네 살 짜리 어린아이 수준에 불과하다. 그리스도의 보다 광범위한 몸을 위한 씨앗은 1989년 마닐라에서 열렸던 제2회 로잔 대회에서 뿌려졌다. 그것을 밭으로 부를 수 있다면, 이 새 밭은 1990년 2월 〈미국 영적 전쟁 망〉(U.S. Spiritual Warfare Network)의 첫 모임과 더불어 구체적인 형태를 갖추었다.

그때 이래 몇몇 탁월한 글들이 발표되었는데, 그 중에는 존 다우슨의 「하나님을 위해 우리 도시들을 빼앗기」(John Dawson, *Taking Our Cities for God*. Creation House), 「아메리카의 상처 치유」(*Healing America's Wounds*. Regal Books), 조지 오티스 주니어의 「거인들의 최후」(George

Otis, Jr., *The Last of the Giants*. Chosen Books), 신디 제이콥스의 「원수의 성문을 얻기」(Cindy Jacobs, *Possessing the Gates of the Enemy*. Chosen Books), 프랜시스 프랜지페인의 「주의 집」(Francis Frangipane, *The House of the Lord*. Creation House), 그리고 나의 책 「원수와의 접전」(*Engaging the Enemy*. Regal Books), 「전쟁 기도」(*Warfare Prayer*. Regal Books), 「당신의 도시의 요새 파하기」(*Breaking Strongholds in Your City*. Regal Books) 등이 있다.

전략 차원의 영적 전쟁에 대한 관심이 급속히 퍼지고 있다. 사실 그것은 보기 드문 정도의 흥분과 수용으로 지리적 신학적 경계들을 넘어 그리스도의 몸을 꿰뚫고 있다. 찰스 크래프트와 나는 풀러 신학교의 우리 교과과정에 이것과 및 관련 주제들을 다루는 과정을 도입하였다. 다른 신학교들도 영적 전쟁의 국면들에 관한 비슷한 과정을 도입하고 있다.

그러나 모든 사람들이 우리가 추구하는 방향에 동의하는 것은 아니다. 어떤 이들은 악마적 인격체들이 과연 실제로 존재하는지부터 의심한다. 귀신들의 존재를 믿는 이들 중에도 어떤 이들은 그들이 일종의 암흑의 계급 구조로 조직되어 있다는 것을 납득하지 못한다. 계급이 있을 것이라고 생각하는 이들 중에도 어떤 이들은 사탄이 정사들에게 지리적 영토와 산이나 나무와 같은 물리적 대상과 인간 사회 조직망을 압제하는 임무를 맡겼다는 생각에는 불편함을 느낀다.

또 어떤 이들은 비록 사탄적인 정사들이 영토를 맡았을지라도 우리 신자들이 그들을 공격할 수 있는 권세를 가진다는 것은 성경이 말하지 않는다고 주장한다. 그것은 만약 그들이 우리를 공격한다면 우리 자신을 방어할 수 있으나, 우리가 인간에게 달라붙지 않은 악마적 세력들을 다루어서는 안 된다는 것이다. 이 생각에 의하면, 그와 같은 활동은 우리의 권세의 한계를 벗어나고 우리를 불필요한 위험에 처하게 한다.

혁신은 열기를 유발한다

그리스도인 지도자들이 이런 문제를 때로 흥분하여 토론하는 것은 놀라운 일이 아니다. 사회 과학자들이 진술하는 혁신의 전파 이론에 따르면, 우리에게 중요한 새 사상들이(혁신) 사회 조직망에(이 경우 그리스도의 몸) 도입될 때 어떤 예측 가능한 과정이 진행되기 시작한다. 그 과정은 그 혁신자들과 그들의 작품이나 사상에 대해 네 가지 유형의 반응을 낳는다.[1] 그 혁신자들을 따라 다음과 같은 이들이 등장한다:

- 초기 수용자들
- 중기 수용자들
- 후기 수용자들
- 지체자들

---

1) Everett Rogers, *Diffusion of Innovations* (New York: Free Press, 1983). 나는 로저의 술어를 약간 변형하여 그의 초기 다수와 후기 다수를 중기 수용자들과 후기 수용자들로 표현하였다.

혁신이 처음 알려지게 될 때, 그것은 몇몇 개인들의 현존하는 필요를 채워 주는 것으로 보이며, 그들은 거의 즉시로 그것을 수용하고 옹호하기 시작한다. 예를 들어, 말이 끌지 않는 마차와 주일 학교, 잡종 옥수수, 사회 보장, 얇게 자른 빵, 팬티 스타킹 등 지금은 우리 일상생활의 일부가 된 수천의 혁신들이 처음 도입될 때 바로 그러하였다.

언제나 변함없이 이 초기 수용자들은 논란을 야기하는 상황 속에 처하게 된다. 모델 T 포드가 처음 나왔을 때 다수의 사람들이 그 차를 운전하는 사람들을 못마땅하게 여겼었다. 혁신에 대해 가장 강렬한 논란은 초기 수용 단계에서 발생한다. 그리고 이것은 좋은 일이다. 왜냐하면 그것은 그 과정 초기에 적절한 교정과 조율을 자극하기 때문이다.

초기 수용자 단계의 길이는 개개의 혁신에 따라 다르다. 대개 이 기간에 그 혁신을 수용하는 자들은 비교적 적다. 그러나 그 단계가 끝나고 중기 수용자들이 무대에 오르게 되면, 논란은 대개 가라앉고 그 숫자는 급속히 증가한다. 그 수용 비율은 점차 낮아져 종종 후기 수용 단계에서 정체 상태에 이른다.

논란은 이해를 유발한다

나는 1980년대 초기와 중기 사이에 복음주의자들 사이에 뜨겁게 일었던 "표적과 기사들"에 대한 논쟁을 생생하게 기억한다. 그때 존 윔버와 나는 풀러 신학교에서 그것을 처음 가르치기 시작하였다.

그것은 초기 수용 단계였다. 그러나 지금 우리는 중기 수용 단계에 깊숙이 들어와 있으며, 오늘날 복음주의 교회들에서 신적인 치유와 기적 사역들을 위한 공개적인 기도를 반대하는 자들을 발견하기는 매우 드물게 되었다. 물론 몇몇 지체자들이 있으나 일이 십 년 전과 비교해 그 숫자는 현저히 적다.

전략 차원의 영적 전쟁은 어둠의 우주적 세력들과의 공격적인 영적 대결을 옹호한다. 이 글에서 그것은 초기 수용 단계에 있다. 우리는 서로 다른 견해들을 표현하며, 약점들 밝히고, 중간적인 수정을 도입하고, 더욱 많은 합의점들을 찾고 있다. 그 혁신자들 중 한 사람으로서, 나는 초기 수용자들의 지지에 매우 감사하며, 동시에 나로 하여금 나의 전제들을 재검토하게 하고 나의 결론들을 되풀이하여 다듬게 하는 회의주의자들과 냉소자들에게도 마찬가지로 감사한다.

질문들

어느 정도 기간에 걸쳐 나는 전략 차원의 영적 전쟁에 관해 가장 빈번하게 질문되는 스물한 가지 문제를 정리하였다. 나는 힘닿는 대로 이 질문들에 답하고자 한다. 물론 나의 대답들 중 많은 것들이, 거꾸로 우리가 대답할 필요가 있는 다른 문제를 유발할 것이란 사실도 분명하다.

1. "전략 차원의 영적 전쟁"은 다른 유형의 영적 전쟁과 어떻게 다른가?

영적 전쟁에 관한 최근의 연구들은 세 차원의 전쟁을 설명하는데, 그 중 하나가 전략적 차원의 전쟁이다. 이 차원들은 악의 세력들의 계급을 가리키는 것으로 보인다. 그 중 어느 한 수준에서의 성공적인 영적 전쟁의 결과는 세 차원 모두에 나타나는데, 그것은 그 어둠의 왕국이 그 나름의 내적인 통신과 관계 조직을 지니기 때문이다. 그 세 차원은 다음과 같다:

- 지상 차원의 영적 전쟁. 이것은 흔히 "축귀" 또는 사람들에게서 귀신들을 내어쫓는 일로 알려져 있다.
- 밀교 차원의 영적 전쟁. 이것은 마술과, 사탄 숭배, 뉴 에이지 운동, 샤머니즘, 동방 종교들, 강신술 및 마귀와 그의 어둠의 천사들의 능력을 현시하는 다른 조직에 작용하는 악마적 세력을 다룬다.
- 전략 차원의 영적 전쟁. 이것은 "우주 차원의 영적 전쟁"으로도 불리며, 지리적 영토나 중요한 인간 사회 조직망들을 맡은 보다 높은 계급의 세력들을 다룬다. 이 세력들을 설명하기 위해 "영토 영들"이란 용어가 자주 사용된다.

사도행전 19장에서, 에베소에서 사도 바울의 사역이 그 세 차원 모두에 영향을 미치는 것을 관찰하는 것이 도움이 된다. 지상 수준에서 귀신들이 바울의 손수건들을 통해 쫓겨났으며(행 19:12), 밀교 수준에서 마술사들이 그들의 책과 비품을 불태웠으며(행 19:19), 전략 차원에서 그 지방의 영토 신인 에베소인들의 여신 아데미(Arthemis 또는 Diana)의 권세가 크게 흔들렸다(행 19:27). 그 셋의 상호 관련성을 본다면, 바울 자신은 단지 지상 수준과 밀교 수준에서만 사역하였으나 그 영향은 전략 수준에도 파급되었다.

바울이 후에 에베소의 그 같은 신자들에게 편지를 썼을 때, "우리의 씨름은 혈과 육에 대한 것이 아니요 정사와 권세와… 영들에게 대함이라"고 말한 것은 조금도 이상하지 않다(엡 6:12).

2. 성경이 예수께서 십자가에서 정사와 권세를 폐하셨다고 가르치는데(골 2:14-15), 우리가 예수의 승리를 주장하는 것 외에 실제로 다른 할 일이 있는가?

이것은 매우 중요한 질문이다. 우리의 중요한 비판자들 중 한 사람은 도시를 누가 다스리는가 하는 질문에 대한 최종적 답은 예수께서 실제로 다스리신다는 것이라고 말한다. 그가 권세들을 무장 해제시키셨다. 도시를 지배하는 권세는 십자가에서 패배하였다. 도시들의 크기와 숫자가 증가하고 그 내부의 문제가 배가될 것이나, 그 권세들은 이길 수 없다. 예수께서 도시를 다스리신다.

그러나 우리는 주권적인 하나님이 실제로 그의 뜻의 대부분이 그가 그의 형상으로 지으신 인간들의 태도와 행동 여하에 달려 있도록 그의 세상을 설계하셨다는 것을 이해해야만 한다. 우리는 예수님의 죽음이 모든 인류의 죄의 형벌을 치르셨다는 것을 의심하지 않으나, 그런데도 그가 인간들에게 복음 전도와 영혼 구원의 사명을 맡기셨다는 사실 또한 의심하지 않는다. 인간의 나태가 그 구속을 무효화시키지는 않으나, 그것은 그 구속을 하나님이 사랑하는 개인들을 위해 무용한 것으로 만들 수 있다.

마찬가지로 예수님이 십자가에서 이 세상의 신을 패배시켰다. 그런데도 불구하고 사탄과 그의 정사와 권세들은 계속하여 수백만의 사람들의 마음을 혼미케 하여 결국 이생을 떠나 그리스도 없는 영원을 맞게 한다. 예수님은 그의 제자들에게 정사들을 결박하는 권세를 주셨다(마 12:29). 그러나 인간의 무위는 정사들로 하여금 그들의 인간 상패들을 계속 보유하고 여전히 모든 사람들을 영적 포로로 만들게 할 수 있다.

하나님이 우리에게 소화 기관을 주시고 살아 있기 위해 우리가 스스로 음식을 찾아 먹을 것을 기대하시는 것과 같이, 그는 우리에게 영적 전쟁의 무기들을 주시고 우리가 그것을 사용하시기를 기대한다. 그렇지 않으면 그것들은 그들의 의도된 목적을 성취하지 못할 것이다. 그렇다. 비록 예수님이 궁극적 승리를 보장하셨을지라도, 우리가 그의 능력 안에서 해야 할 일은 아직 많이 남아 있다.

3. 그리스도인들이 개인들 속에 사는 평범한 귀신들을 대적하는 것처럼 보다 높은 계급의 사탄적인 정사들을 대적할 권세를 가지는가?

프랜시스 프랜지페인은 그것을 잘 말한다: "나는 성경이 분명하다고 믿는다: 그리스도인들은 이 어둠의 세력들과 맞서 싸울 권세가 있을 뿐 아니라, 그렇게 해야 할 책임도 가진다. 만약 우리가 우리의 영적 원수들에 맞서 기도하지 않는다면(pray on), 우리가 그들에게 잡

혀 먹힐 것이다(prey on)!"²⁾

누가복음 10장은 귀신 들린 자들을 다루는 것에 관해 예수님이 그의 제자들에게 주신 교훈들을 설명하는 성경의 핵심적인 장들 중에 속한다. 만약 예수님이 그의 제자들의 권세를 제한하시고자 하셨다면, 그가 여기서 분명 그렇게 하셨으리라고 생각할 수 있다.

예수님은 그 당시에 제자들에게 사역의 우선권들을 가르칠 기회를 가지셨다. 그는 말씀하셨다. "그러나 귀신들이 너희에게 항복하는 것으로 기뻐하지 말고 너희 이름이 하늘에 기록된 것으로 기뻐하라"(눅 10:20). 모든 영적 전사들은 구원이 영적 전쟁보다 우선순위에 있으며 더 귀중하다는 것을 명심할 필요가 있다. 우선, 구원은 영원한 반면 영적 전쟁은 기껏해야 일시적 활동일 뿐이다.

동시에 예수님은 또 어둠의 세력에 대해 무한한 권세로 보이는 무엇을 주셨다. 그는 말씀하신다. "내가 너희에게 뱀과 전갈을 밟으며 원수의 모든 능력을 제어할 권세를 주었으니"(눅 10:19).

비록 모든 사람들이 동의하지는 않을지라도, 나는 예수께서 당시에 그의 제자들에게 주신 그 같은 권세를 오늘 우리에게도 주신다고 믿는다. 예수의 이름과 그가 십자가에서 흘린 피를 통하여, 우리는 그들이 어떤 지위에 있든 어둠의 천사들을 대적할 수 있다. 그러나 이 권세는 반드시 하나님의 때와 그리고 그의 구체적인 지시에 따라

---

2) Francis Frangipane, "Our Authority in Christ," *Charisma*, July 1993, 40.

사용되어야 한다.

4. "기도"에 대한 우리의 일반적 관념은 하나님과 이야기하는 것이다. 그렇다면, 예를 들어 프랜시스 프랜지페인이 그의 책 「주의 집」에서 한 것과 같이, 우리가 어떻게 "악의 영들을 대적하여 기도한다"(pray against evil spirits)라고 말할 수 있는가?

기도란 가장 넓은 의미에서 자연계 안에 사는 우리와 같은 사람들과 불가시적인 세계의 인격체들 사이의 의사소통을 의미한다. 사탄 숭배자들은 사탄에게 기도한다. 힌두교도들은 그들의 신 목록에 있는 많은 신들에게 기도한다. 아메리카 원주민 무당들은 '위대한 영'에게 기도한다. 이들 중 누구도 하나님께 기도하지는 않는다. 그러나 그것이 기도가 아니라고 부정할 수는 없다.

그리스도인들은 하나님 외에 불가시적인 세상의 누구에게도 기도하려 해서는 안 된다. 이것이 바로 왜 우리가 "악의 영들을 대적하여 기도한다."고 말하는 이유이다. 그것은 "악의 영들에게 기도하는" 것이 아니다. 예를 들어, 바울은 일단 기도하거나 그가 볼 수 없는 귀신에게 직접 말하였다. "예수의 이름으로 내가 네게 명하노니 그에게서 나오라"(행 16:18).

예수께서 우리에게 주신 권세를 어둠의 천사들에게 맞서 말로 행사하는 것이 "악의 영들을 대적하여 기도하는 것"이다. 나는 그와 같은 말은 그 악마적 존재들에게 전달되고, 성령의 기름 부으심 아래서 행해졌을 때 어떤 효과를 지닌다고 믿는다.

톰 화이트 같은 몇몇 이들은 이런 경우에 "기도하다"란 동사를 사용하는 것을 반대하기도 한다. 그는 말한다. "우리는 마귀에게 '기도'하지 않는다. 우리는 골방 기도에서 나오는 권세로 그를 대적한다."[3] 아마 탐의 말이 맞을 것이다.

5. 영토 영에게 도시를 떠나도록 명령하는 것과 같은 "명령 기도들"이 우리를 권한 밖의 사역 영역으로 몰고 갈 위험은 없는가? 우리는 전능하신 하나님께 이것을 하시도록 요청해야 하지 않는가?

귀신들이 개인들 속에서 나올 수 있고 또 나오도록 명령을 받는 것을 논쟁하는 사람은 거의 없다. 그것은 성경이 이 문제에 대해 매우 분명하기 때문이다. 예를 들어, 예수님은 귀신에게 말씀하셨다. "잠잠하고 그 사람에게서 나오라"(막 1:25). 성경 학자 웨인 그루뎀은 "신약성경의 양식은 하나님이 보통 그리스도인 자신들이 더러운 영들에게 직접 말할 것을 기대하시는 것으로 보인다."고 말한다.[4]

그러나 존 다우슨의 일명 "악의 영들의 제한된 계급 구조"에서[5] 우리가 상층으로 올라갈 때, 성경은 이것 혹은 저것을 분명하게 지시하지 않는다. 개인적으로 나는 우리가 상황에 따라 둘 다 해야 한

---

3) Tom White, *Breaking Strongholds* (Ann Arbor, Nich.: Servant, 1993), 156.

4) Wayne Grudem, "Miracles Today," *The Kingdom, The Power and the Glory*, Gary Greig and Kevin Springer, eds. (Ventura, Calif.: Regal, 1993), 77.

5) John Dawson, *Taking Our Cities for God* (Lake Mary, Fla.: Creation, 1989), 137

다고 생각한다. 때로 하나님의 약속에 순종하여, 우리는 정사들에게 떠나거나 장악한 것을 놓거나 어떤 악한 행동을 멈추도록 직접 명령해야 한다. 우리는 우리의 권세를 행사하여 강한 자를 결박해야 한다. 다른 때 우리는 전능하신 하나님이 그의 주권적 능력을 베푸시거나 강력한 천사들을 파송하시거나 그가 그 상황에 적절하다고 생각하는 어떤 행동을 취하시도록 간구해야 한다.

6. 유다서 9절은 심지어 천사장 미가엘도 사탄에게 비방하는 고소를 쓰지 못하였다고 말한다. 이것은 우리가 전략 차원의 영적 전쟁을 피해야 한다는 것을 말하지 않는가?

유다서 9절이 전략 차원의 영적 전쟁에서 행해지거나 행해지지 말아야 하는 것에 대한 권위 있는 지침이 될 수 없는 데는 다섯 가지 이유가 있다:

1) 이 성경의 문맥은 그리스도인들이 영적 전쟁을 어떻게 해야 하는지를 말하는 것이 아니라 반역의 영을 가지고 권위를 부정하는 자들을 어떻게 밝혀내는 지를 말한다. 웨인 그루뎀은 말한다. "그 절이 주는 교훈은 단순하다. 즉 '하나님이 네게 준 권위를 넘어서지 말라!' 유다서 9절을 이런 시각에서 이해하면, 그 구절이 그리스도인들에게 제기하는 유일한 문제는 '그렇다면 하나님은 우리에게 악의 세력들에 맞서 어떤 권세를 주셨는가?'이다. 그리고 나머지 신약성경 전부는 여러 곳에서 그것에 대해 분명하게 말한다."[6] 그루뎀은 계속하여 베드로와 야고보 둘 다 모든 그리스도

---

6) Grudem, 75

인들에게 악한 자 자신을 대적하도록 격려한 점을 지적한다. 그리고 "예수님의 지상 사역 당시, 그가 하나님의 나라를 가르치도록 그보다 앞서 열두 제자들을 파송하셨을 때, 그는 그들에게 '모든 귀신을 제어할' 능력을 주셨다(눅 9:1)."[7]

2) 만약 유다서 9절이 영적 전쟁의 한 원리가 될 것이면, 그것은 사탄 자신에게나 적용되는 것으로 보인다. 그것은 그 아래 보다 약한 많은 어둠의 세력들을 구체적으로 언급하지 않는다. 우리가 본 대로, 예수께서 우리에게 주신 권세는 사탄 아래 모든 악마적 세력들에 적용된다.

3) 예수님의 성육신과 십자가 상의 죽음과 부활은 인간의 역사를 영원히 바꾸었다. 그가 흘린 피는 정사와 권세들의 궁극적 운명을 확증하였다. 그것이 예수께서 천국에서는 극히 작은 자라도 구약 시대의 마지막을 상징하는 세례 요한보다 크다고 말씀하신 이유이다(마 11:11). 바로 그다음 구절에서 예수님은 천국이 침노와 더불어 오며, "침노하는 자는 빼앗느니라"고 말씀하신다(마 12:12). 유다서 9절의 "모세의 시체"에 대한 언급은 십자가 이전의 구약 시대와 신자들이 오늘날 그들이 가지는 권세를 받기 이전의 때를 배경으로 한다. 예수께서 하나님의 나라를 그 방정식에 도입하셨을 때 상황은 완전히 바뀌었다.

4) 하나님의 형상을 지닌 인간이 창조의 최고 형태이다. 천사들은 하나님의 형상을 지니지 않으며, 예수께서 십자가에서 돌아가신 것도 천사들을 위한 것이 아니었다. 베드로는 우리에게 구원은

---

7) Grudem, 75-76.

천사들도 단지 "살펴보기를 원할" 수 있을 뿐이라고 말한다(벧전 1:9, 12). 그러므로 그리스도의 피에서 유래된 권세는 천사들에게는 적용되지 않으며, 오직 예수의 제자들만 그것을 사용할 수 있을 뿐이다. 미가엘은 천사에 불과하였다.

5) 유다서 9절 본문은 외경인 에녹서에서 인용되었기 때문에 그것을 주석하는 데 있어 문제를 지닌다. 그것은 구약성경이 우리에게 "모세의 시체"에 대해 아무것도 언급하지 않기 때문이다. 유다서 9절이 무엇을 의미하든지, 그것은 주의 깊은 성경학자들이 기독교적 교리와 실천의 원리를 기초할 만한 그런 유의 본문은 아니다.

7. 마태복음 18장 15-20절에서 "매는 것과 푸는 것"은 교회의 징계 행사를 배경으로 사용되고 있다. 왜 당신은 그것을 영적 전쟁과 관련짓는가?

마태복음 18장에서 "매는 것과 푸는 것"이 실제로 교회 징계에 적용될지라도, 그 용어가 처음 사용되는 곳은 마태복음 16장에서 세계 복음화와 관련하여서이다. 분명한 것은 매는 것과 푸는 것이 그리스도인 사역의 서로 다른 많은 국면들과 관련된다는 사실이다.

마태복음 16장에서 예수님은 그가 그의 교회를 세우실 것이라고 말씀하시고 나서(마 16:18) 즉시 덧붙이신다. "음부의 권세가 이기지 못하리라"(16:18). 이것은 예수 그리스도의 교회가 세상에 전파될 때 "음부의 권세"에 맞선 영적 전쟁이 불가피하다는 것을 분명하게 함축한다.

그러나 승리는 보장되어 있으며, 원수는 결코 이길 수 없다. 예수님은 이 음부의 권세를 이기도록 그의 종들에게 "천국의 열쇠"를 주시고(16:19), 이 열쇠를 "네가 땅에서 무엇이든지 매면 하늘에서도 매일 것이요 네가 땅에서 무엇이든지 풀면 하늘에서도 풀리리라"로 설명하신다(마 16:19).

예수님은 사탄의 왕국을 언급할 때(마 12:26)와 강한 자, 즉 사탄 아래서 가장 높은 영들 중 하나인 바알세불을 결박하는 것에 대해 말씀하실 때(12:26) 같은 낱말(즉 매다)을 사용하신다. 이것은 성경에서 매는 것(그리고 푸는 것)이 전략 차원의 영적 전쟁과 관련됨을 보여주는 분명한 보기이다.

8. 예수님은 우리에게 사람들로부터 귀신들을 쫓아내도록 명령하신다. 그러나 도시나 영토에서 귀신들을 쫓아내라는 명백한 명령은 없기 때문에, 우리는 우리의 축귀 사역을 개인들에게 국한시켜야 하지 않는가?

예수께서 그의 제자들을 보내시면서 그들에게 "더러운 귀신을 쫓아 내는" 권능을 주셨을 때(마 10:1), 그는 다루어야 할 더러운 귀신들의 유형을 제한하는 어떤 말을 하지 않으셨다. 비록 뒤이어 나온 사례들이 지상 수준의 영적 전쟁에만 관련될지라도, 그 가르침 자체는 그것을 개인들에게서만 귀신들을 내어쫓는 것으로 제한하지 않는다.

내가 침묵을 근거로 주장하기 때문에, 나의 논지가 강하지 않을 수 있다. 그러나 제한이 분명히 있을 것이며 우리에게는 고위급의 영토 영들을 결박하거나 추방할 권세가 없다고 말하는 사람들 역시 침묵을 근거로 주장하기는 마찬가지이다. 침묵을 근거로 하는 주장과 또 그 반대 주장은 서로 서로를 상쇄하는 경향이 있다.

그렇다면 우리에게 필요한 것은 성경의 분명한 가르침을 가장 적절히 해석하는 것이다. 나는 "내가 너희에게…원수의 모든 권세를 제어할 권세를 주었으니"라는(눅 10:19) 예수님의 분명한 진술을 문자적으로 해석하기를 원한다. 비평가들은 성경 주해에서 "모든"이 항상 "모든"을 의미하지는 않는다는 것을 지적할 것이며, 나도 이것에 동의한다. 그렇다면 문제는 이것이다: 그것이 여기서 문자적으로 "모든"을 의미하는가? 나의 의견은 그것이 그렇다는 것이다.

만약 내가 맞는다면, 바로 앞의 질문에 대해 내가 답한 대로, 우리는 모든 계급의 악마적 존재들을 다룰 수 있는 능력을 가진다. 그러나 후에 보겠지만 사탄 자신을 대적하는 것은 다를 수 있다.

9. 악의 세력들이 계급 구조로 조직되어 있다는 것을 어떻게 아는가? 그와 같은 계급 구조에서 서로 다른 서열들은 무엇인가?

악의 영들의 계급이나 서열이 존재한다는 사실은 꽤 분명해 보인다. 그러나 그와 같은 계급 구조의 서열은 그리 확실하지 않다.

성경은 "천사장들"로 불리는 불가시적인 인격체들이 있다고 가르친다. "천사장 미가엘"(살전 4:16)과 계시록 12장 7절에는 "미가엘과 그의 천사들"이 언급된다. 가브리엘 역시 천사장으로 보인다. 이것은 선한 천사들 사이에 어떤 유의 계급 구조가 있다는 것을 명백히 암시한다. 이것을 논쟁하는 이는 거의 없다.

우리는 계시록 12장 9절에서 사탄과 그의 천사들에 대해서도 읽는다. 그러므로 논리적으로 선한 천사들 사이에서 뿐 아니라 악한 천사들 사이에도 어떤 계급구조가 존재한다고 결론지을 수 있다.

만약 성경이 천사들 세계의 서열과 상대적 지위들을 분명하게 진술한다면 도움이 될 것이나, 성경은 그렇지 않다. 그러나 어떤 이들은 에베소서 6장 12절이 이것에 가깝다고 느낀다. 예를 들어 톰 화이트는 "지옥의 자치 사령부"에 대해 말하며, 에베소서 6장 12절은 그 서열을 하향 순으로 말하고 있다고 생각하는 것이 합리적이라고 주장한다. 그는 *archai*("정사들")를 "민족과 지구의 지역을 다스리는 사탄의 고위층 대군들"로, *exousias*("권세")를 인간사를 임의적으로 주장하는 우주적 존재들로, *kosmokratoras*("이 어둠의 세상 주관자들")을 "흔히 사람들을 괴롭히는 많은 유형의 악한 영들"로 본다.[8]

그러나 성경 학자 월터 윙크는 이것에 동의하지 않는다. 그는 말한다. "신약성경에서 권세를 말하는 언어는 부정확하며, 유동적이고, 상호 변화가 가능하며, 비조직적이다. 한 저자가 같은 낱말을 서로 다른 배경에서 서로 다르게 사용하거나 서로 다른 여러 낱말로 같은 사상을 표현한다." 그는 *archon, exousia, dynamis, kyriotes* 및 권세에 대한 다른 중요한 헬라어 단어가 왜 인위적인 계급적 순서로 배열되지 말아야 하는지를 지적한다.[9]

---

8) White, *The Believer's Guide to Spiritual Warfare*, 34.

9) Walter Wink, *Naming the Powers* (Philadelphia: Fortress, 1984),

나의 견해로 어둠의 악한 세력들의 계급 구조가 존재한다고 말하는 것은 옳다. 그러나 우리가 그것이 궁극적으로 어떻게 구조되어 있는지에 대해 독단할 수는 없다.

10. 어떤 도시를 지배하는 정사들의 이름을 배우는 것이 필수적인가? 어떻게 그와 같은 것이 정당화될 수 있는가?

성경은 가끔씩 영들의 고유한 이름을 기록한다. 그 보기들로 에베소인들의 아데미와(행 19:23-41), 바알세불(눅 11:15), 쑥(계 8:11), 아바돈 또는 아볼루온(계 9:11), 및 신약성경에 나오는 여러 다른 이름이 있다. 주목할 만한 것은, 비록 대부분의 영역본이 "점치는 귀신"으로 부름으로써 그것을 모호하게 하였을지라도, 사도행전 16장 16절에 언급된 비돈(Python)으로 불리는 영이다.

구약성경에서 우리는 바알(왕하 21:3), 아세라(왕하 11:5), 밀곰(왕하 11:5) 등과 같은 악한 정사들의 이름을 본다. 성경 외 자료들은 축귀 사역에 종사하는 이들이 잘 알고 있는 영적 존재들의 이름을 보여준다. 그러나 그들이 사실로 용납되기까지는 특별한 식별이 필요하다.

가끔씩 사역자들은 고유한 이름이거나 기능적 이름이거나 간에 악의 세력들이 그 이름들이 알려지지 않은 채 제거된 사례들을 말한다. 동시에 대부분의 사역자들은 만약 그 이름이 밝혀지면 이후의 사역은 현저하게 용이하다는 점을 인정한다.

9-10.

나의 책 「전쟁 기도」에서 상술한 대로, 에드가르도 실보소(Edgardo Silvoso)와 더불어 기도 복음화에 대한 집중적인 현장 실험이 수행되었을 때, 아르헨티나의 레지스텐시아를 지배하는 여섯 영의 이름이 폼베로, 구루피, 레이나 델 시엘로, 프리메이슨 단, 마술, 산 라 무에르트라는 것을 아는 것은 매우 큰 도움이 되었다.[10] 존 다우슨은 그의 책 「하나님을 위해 우리 도시들을 빼앗기」에서 그와 그의 팀이 아르헨티나의 코르도바를 지배하는 정사가 "생의 교만"인 것을 알았을 때 비로소 그들이 그 반대되는 겸손의 영으로 사역함으로써 그것을 대적할 수 있었다고 말한다.[11]

11. 당신은 당신의 책 제목을 「전쟁 기도」로 붙였다. 그것은 성경 용어가 아닌데 왜 당신은 그것을 사용하는가?

몇몇 이들이 「전쟁 기도」란 용어에 반대하는 것이 사실이다. 그러나 우리가 성경에서 그 낱말을 찾지는 못할지라도 우리가 전쟁 중에 있다는 것은 찾을 수 있다. 바울은 디모데에게 "선한 싸움을 싸우라"고 말한다(딤전 1:18). 그리고 에베소인들에게 로마 군단의 유사를 사용하여 "하나님의 전신갑주를 취하라"고 말한다(엡 6:13).

이 전쟁을 싸우기 위한 성경의 무기들은 육적인 것이 아니라 영적인 것이며, 그 모든 무기 중에서 기도가 최고이다. 클린턴 아놀드는

---

10) C. Peter Wagner, *Warfare Prayer* (Ventura, Calif.: Regal, 1992), 32.

11) Dawson, 19.

말한다. "만약 바울이 영적 전쟁의 성공적인 수행을 위해 하나님의 능력을 얻는 방법을 한 마디로 요약하고자 하였다면, 그는 단호하게 그것은 기도라고 말하였을 것이다."[12]

이런 성경적 개념들을 수용하여서 우리는 어둠의 악의 세력들을 대적하는 데 사용되는 기도 유형을 설명하기 위해 "전쟁 기도"란 말을 만들어 냈다. 성경적 개념을 위해 성경 외 용어를 사용하는 것은 그리스도인들 사이에서 잘 수용되어 왔다. 예를 들어, 우리는 삼위일체 역시 성경 용어가 아닐지라도, 하나님을 설명하기 위해 삼위일체란 낱말을 자주 사용한다.

12. 신약성경은 우리에게 전략 차원의 영적 전쟁에 가담하도록 직접적으로 교훈하지 않는다. 이것은 성경이 설정한 범위를 넘어가는 것이 아닌가?

성경에 반대되는 것은 아무것도 하지 않는다는 데는 우리 모두가 동의한다. 그러나 성경이 명백하게 지시하지 않는 것은 아무것도 하지 않는다는 것이 복음주의 기독교의 원리는 아니다. 그러므로 우리 중 많은 이들이, 성경이 어디서도 우리에게 그렇게 하도록 명령하지 않을지라도, 주일날 예배를 드린다. 같은 것이 성탄절이나 부활절 기념에도 적용될 수 있다. 우리는, 비록 성경에서 다음 중 어떤 것도 분명하게 지시되어 있지 않을지라도, 교회 건물을 지으며, 주일 학

---

12) Clinton E. Arnold. *Powers of Darkness* (Downers Grove, Ill.: InterVarsity Press 1992), 158.

교를 조직하고, 성직자를 임명하며, 도시 전체에 걸쳐 복음 전도 운동을 펼치며, 노예 해방을 옹호하고, 그리스도인들로부터 귀신들을 쫓아낸다.

그러나 우리가 그와 같은 일들을 행하는 것은 하나님의 성품과 그의 뜻과, 하나님 나라의 성격과, 그 일들을 하기 위한 그리스도인의 행위와 사역의 원리들에 관해 충분히 알기 때문이다. 모든 것이 성경에 반대되지 않는 것으로 검사되었다. 그러므로 우리 중 많은 이들이 아무런 의심 없이 그것을 한다. 그러나 내가 앞에서 언급한 일들 역시 나름대로 사려 깊어 보이는 형제와 자매들로부터 강한 비판을 받았었다는 사실을 기억할 필요가 있다. 그들은 그들의 견해를 지지할 때 한결같이 그와 같은 행동이 성경의 범위를 넘어간다고 주장하였었다.

나의 친구 중 하나는 나에게 만약 바울이 우리가 전략 차원의 영적 전쟁을 하기를 원하였다면, 그는 자기의 서신 중 하나에 그것을 썼을 것이라고 말하였다. 나는 만약 그런 것이 어떤 원리가 된다면, 우리는 그것을 복음 전도에도 적용해야 할 것이라고 답하였다. 그의 서신들 어디에서도 바울은 그의 독자들에게 그들이 영혼을 얻는 자들이 되어야 한다거나 그들의 이웃을 그리스도께로 인도해야 한다고 말하지 않았다. 그때 나의 친구는 만약 그가 그것을 일관성 있게 적용할 수 없다면, 그것이 아마 좋은 원리는 아닐 것이라고 후퇴하였다.

이상한 일이지만, 많은 이들이 특히 전통적인 복음주의자들이 일차적으로 서신서에서 사역을 위한 성경적 지침을 찾는다. 그들은 자주 복음서와 사도행전을 서신서의 틀에 맞추어 해석한다. 반대로 재세례주의자들은 복음서에서 출발하고, 은사주의자들은 사도행전에서 출발하는 경향이 있다. 나는 서신 지향적인 복음주의자로 시작하였으나, 지금은 세 자료 모두에게 같은 비중을 두고자 애쓴다. 만약 나의 친구가 동의하였더라면, 우리는 예수께서 복음서에서 가르친 바와 사도들이 사도행전에서 실천한 바에 근거해 영적 전쟁과 복음 전도를 논하고, 비록 그것들이 서신서에서 강조되지 않을지라도, 그것들이 둘 다 거기에 있다는 사실을 확인하였을 것이다.

13. 그러나 우리가 사도행전에서 사도들이 복음을 전한 예는 보지만 왜 그들이 전략 차원의 영적 전쟁을 한 예는 보지 못하는가?

이 질문에 대한 나의 답은 사실상 우리가 사도행전에서 그와 같은 보기들을 본다는 것이다. 우리가 이것을 충분히 알지 못하는 한 주된 이유는 사도행전에 대한 표준 주석들을 쓴 대부분의 성경학자들이 우리가 이 장에서 논의한 것과 같은 질문들을 전혀 생각하지 못하였다는 데 있다. 이것을 인식하면서, 나는 이제 곧 십이 년에 걸친 사도행전 연구를 완성해 세 권의 새로운 주석으로 출판하려고 한다. 나는 거기서 전략 차원의 영적 전쟁을 위한 중요한 증거들을 제시할 것이다.

그 한 예는 사도 바울이 안디옥에서 파송된 후에 처음 겪는 사건이다. 사도행전 13장 6-12절에서, 바울이 서부 구브로에서 복음을 전하고 있을 때 극적인 세력 대결이 발생한다. 그는 엘루마 또는 바예수로 불리는 박수와 직접적으로 부딪힌다. 박수와의 대결은 분명히 밀교 수준의 영적 전쟁이다. 그러나 그것이 전략 차원이기도 하는가? 이 경우에 그것은 그 섬의 총독 서기오 바울과 엘루마의 관계 때문에 당연히 그렇게 불릴 수 있다. 바울은 하나님의 능력이 엘루마에게 능력을 베풀게 하는 밀교 영들보다 더 크다는 것을 가시적으로 입증한다. 엘루마는 소경이 되고 총독은 예수를 믿었다.

어떤 이들은 구브로에서 바울이 다룬 것은 개인 속에 들어 있는 귀신 세력이지 영토 영들이 아니다고 지적할 수 있다. 그러나 고위급의 영이 사람에게 달라붙는 것은 특이한 일이 아니다. 예수께서 쫓아냈던 "군대"로 불린 영도 이 중 하나일 수 있다. 어떤 이유로 그 "군대"는 예수님께 그를 그 영토 밖으로 보내지 말도록 간청하였다 (막 5:10).

비슷한 예는 빌립보의 비돈 영이다. 그것은 델피 시의 아폴로 신전과 관련된 악명 높은 영이었다. 그것은 세계의 그 지역에서 사탄과 버금가는 지위에 있었다. 빌립보에서 비돈은 한 여종에게 권능을 주었으나, 바울은 직접적으로 그것에게 명령한다. "예수 그리스도의 이름으로 내가 네게 명하노니 그에게서 나오라"(행 16:18). 이 영을 대적하는 것은 불가시적인 세계에 너무도 큰 영향을 미쳐 빌립보 성 전체가 요란하게 되었다. 그 결과 바울과 실라는 투옥되었다. 그러나 그 이후 크게 융성하는 한 교회가 탄생했다.

나는 이미 앞에서 에베소인들의 "위대한 여신" 다이아나가 어떻게 정복되었는지를 말하였다. 그것은 비돈 영의 때와 같이 직접적인 대결을 통해서가 아니라, 지상 차원과 밀교 차원의 전쟁을 통해서였다. 비록 사도행전에 기록되어 있지는 않을지라도, 역사는 사도 요

한이 후에 에베소에서 다이아나와 직접적인 대결을 하였다고 기록한다.[13]

이와 같은 사건들이 성경이 우리에게 전략 차원의 영적 전쟁을 수행하도록 지시한다고 말할 수 있는 완벽한 근거를 제공하는가? 아니다. 그러나 그것들은 성경의 증거들이 예수님의 말씀의 문자적 해석과 반대되지 않는다는 것을 보여준다: "내가 너희에게…원수의 모든 능력을 제어할 권세를 주었으니"(눅 10:19).

14. 역사는 어떤가? 역사에서 그리스도인 지도자들이 전략 차원의 영적 전쟁을 그들의 복음 진보의 일부로 사용한 예들이 있는가?

아직은 우리의 선조들이 분명하게 전쟁 기도를 행하였다는 증거가 그리 많지 않다. 왜 그런가? 그 한 가지 이유는 아직 그것이 조사되지 않았다는 것이다. 새로운 역사적 발견들이 계속하여 등장하고 있으며, 역사가들이 그것을 찾기 시작할 때 그들은 그것을 발견할 것이다.

그러나 그들이 발견하지 못하더라도 새로운 일을 하는 것은 하나님의 성품에 반대되지 않는다. 나는 우리가 지금 전례 없는 시대에 살고 있다고 생각한다. 즉 지금은 세계 복음화의 최후 일격이 가해지고 있는 때이다. 원수는 거의 이천 년 동안 후퇴해 왔으며, 하나님의 나라가 세상에 확장되고 있다. 원수는 궁지에 몰려 있으며, 그

---

13) 참고, Ramsay MacMullen, *Christianizing the Roman Empire*, A.D. 100-400 (New Haven, Conn.: Yale University Press, 1984), 26.

는 최후의 저항을 하고 있다. 하나님의 나라가 더욱 확장되기 위해서는 이전 어느 때보다 초자연적인 능력이 요구될 것이다. 전략 차원의 영적 전쟁은 하나님께서 그의 백성에게 이 비정상적인 시대를 위해 주는 것이 적절하다고 여기신 새로운 "영적 기술들" 중 하나일 수 있다.

15. 수 세기에 걸친 표준적인 기독교 신학들을 조사해 볼 때, 우리는 전략 차원의 영적 전쟁에 관한 항목을 찾지 못한다. 그 이유는 무엇인가?

만약 전략 차원의 영적 전쟁이 기독교 운동에서 비교적 새로운 것이라면, 이전의 신학자들이 지금 우리가 제기하고 있는 질문들을 자문해 보지 않았으리란 것은 분명하다.

최근의 비슷한 한 흥미로운 사례는 영적 은사들을 통한 만인(모든 신자들) 사역 신학이다. 70년대까지도 우리의 표준적인 신학들은 이런 요지를 전혀 발전시키지 못하였으나, 오늘날 그것은 교회에 거의 보편적으로 용납되고 있다. 예를 들어, 만인 제사장직에 대한 성경의 가르침을 재발견한 마틴 루터도 만인 사역에 대한 성경의 가르침은 결코 들어보지 못하였을 것이다.

신학자들은 나름대로 그들의 최선을 다한다. 그러나 그들은 대부분 의식적으로나 무의식적으로나 그들의 신학 의제들을 사역적 배경에서 끌어낸다. 전략 차원의 영적 전쟁에 관한 질문들이 등장하는 사역적 배경은 오직 최근에야 생겨났다.

16. 복음을 가르치는 것이 항상 복음화에 대한 하나님의 방법이

되어 왔다. 오직 복음이 구원한다. 왜 우리가 그것에 영적 전쟁과 같은 것을 추가해야 하는가?

이것은 매우 중요한 질문이다. 왜냐하면 그것은 우리에게 영적 전쟁은 복음 전도가 아니라는 사실을 분명하게 할 수 있는 좋은 기회를 주기 때문이다. 아무도 단순히 강한 자를 결박하는 것으로 구원받은 적이 없다. 중생과 영생을 가져오는 것은 오직 그리스도와 그의 십자가에 못 박히심과, 회개와 구세주와 주님으로서 예수님에 대한 개인적 신앙에 대한 가르침이다.

그러나 오늘날 그들의 도시와 이웃들에서 복음화의 진행에 진정으로 만족하는 이들은 거의 없다. 그 장애들은 무엇인가? 사도 바울은 그리스도의 영광이 불신자들에게 비취는 것을 방해하는 주요 장애는 마음을 혼미케 하는 이 세상의 신이라고 말한다(참고, 고후 4:3-4). 전략 차원의 영적 전쟁은, 불신자들이 복음을 듣고 성령의 감화에 반응하도록, 가능한 많이 이 혼미케 하는 자들을 제거하려고 시도하는 한 수단에 불과하다. 영적 전쟁이 그 자체로 목적이 되어서는 안 된다. 중요한 질문은 얼마나 많은 사탄의 요새들이 허물어지는가 하는 것이 아니라, 그것을 통해 얼마나 많은 원수의 포로들이 해방되어 하나님의 영광이 되는가 하는 것이다.

17. 영적 지도에서 영토 영들을 찾아 밝히는 것에 지나치게 주의를 쏟는 것은 우리의 힘을 낭비시키고 사탄과 어둠의 세력들을 지나치게 믿는 결과를 초래할 수 있다. 왜 우리가 사탄을 영화롭게 하는가?

우리가 하는 것 중 어느 것도 결코 사탄을 영화롭게 하는 것이 되어서는 안 된다. 웨스트민스터 요리 문답이 잘 표현하고 있듯이, 우리의 주요 목적은 하나님을 영화롭게 하고 영원히 그를 즐거워하는 것이다. 일부 극단론자들이 영적 전쟁에 지나치게 매료되어 그것 자체가 목적이 되는 경향을 보이는 수가 있다. 그러나 그럴 경우 하나님이 아니라 원수가 조명을 받게 된다. 우리는 그와 같은 일을 피해야 하며 또 대부분 그렇게 한다.

모든 영적 전쟁을 주도하는 데 있어 가장 우선되어야 하는 것은 그 도시나 혹은 다른 지역을 위한 하나님의 구속 목적이다. 하나님이 가장 뚜렷하게 부각되어야 한다. 바로 앞의 질문에서 대답한 대로 어둠의 세력을 다루는 것은 그것이 복음 전도이든 사회 정의든 하나님의 목적을 이루기 위한 수단에 불과하다.

나는 존 다우슨이 그의 책 「하나님을 위해 우리 도시들을 빼앗기」 (Taking Our Cities for God)에서 구속적 은사를 강조한 것을 매우 다행으로 생각한다. 이것이 가장 중요하다. 사실 나는 풀러 신학교에서 나의 영적 전쟁 과목을 강의하는 첫 날 언제나 긍정적인 분위기 조성을 위하여 존 다우슨을 강사로 초빙한다. 나는 하나님의 목적이 나의 학생들의 마음에 최고로 자리잡기를 바라고 그들이 하나님의 나라가 그들의 공동체에 임하는 것을 위해 긍정적으로 기도하는 것을 배우기를 바란다.

18. 그 많은 지침들과 더불어 영적 전쟁이 널리 알려지는 것이 악의 영들을 강하게 하여 그들을 더욱 위험하게 만들 수 있지는 않

은가?

    나는 이런 질문이 어디서 유래하였는지 도무지 알 수 없다. 그것은 HIV 병원체가 전염되는 방법을 연구하고 공개하는 것이 더 많은 에이즈(AIDS)를 야기할까 두려워하는 것과 같다. 의학적 연구에 돈을 쓰는 목적은 어떤 질병을 영화롭게 하기 위함이 아니라 그것을 근절하기 위함이다. 우리가 그것에 대해 더 많이 알면 알수록, 우리는 그것과 더 잘 싸울 수 있다.

    "마귀의 궤계"를(엡 6:11) 폭로하는 것은 어둠의 세력을 약하게 하는 방법이지 강하게 하는 방법이 아니다. "궤계"는 전략의 또 다른 말이다. 바울은 마귀의 전략을 모르지 않았을 것이다. 그러나 불행하게도 오늘날 우리는 대개 그것을 모르고 있다. 이것은 다만 우리를 그의 공격에 더욱 취약하게 할 뿐이다. 바울은 "이는 우리로 사단에게 속지 않게 하려 함이라 우리가 그 궤계를 알지 못하는 바가 아니로라"고 말한다(고후 2:11). 우리가 그에게 이용당하지 않기 원한다면, 우리는 가능한 한 그가 어떻게 활동하는지를 잘 배워야 할 필요가 있다.

    마귀는 "밀교"를 근거로 세력을 얻는데, 그것은 "숨긴"을 의미한다. 사교 집단들은 그들의 의식과 활동이 대중에게 알려지면 그들이 약화되며 공격에 취약해질 것을 알기 때문에 모든 것을 비밀로 한다. 비밀은 마귀의 무기이다. 이는 그가 본질 상 속이는 자이기 때문이다. 우리는 그 반대 영으로 사역할 필요가 있다. 그것은 실재를 충분히 공개적으로 폭로하는 것이다.

19. 전략 차원의 영적 전쟁이 단순히 하나의 유행일 수 있는가? 그것이 그리스도의 몸에 해를 입혔던 "목양 운동"(shepherding movement)과 같은 것으로 될 위험은 없는가?

그렇다. 위험은 있으며 우리는 그것을 피해야 한다. 내 자신이 직접 그 제자화 운동(discipling movement)에 관여한 적은 없기 때문에, 나는 북 아일랜드의 폴 레이드(Paul Reid)의 말을 빌리고자 한다. 레이드는 그 제자화 또는 목양 운동에 심하게 상처를 받은 후에 그것과 결별하였다. 그는 자기의 책 「새롭게 부상하는 부활절」(A New Easter Rising)에서 그의 경험을 상술한다.[14] 거기서 그는 그와 및 다른 이들이 회개할 필요가 있는 그 운동의 세 가지 가장 탁월한 죄악된 국면을 제시한다.

1) "자기 의. 우리는 우리가 다른 교회나 단체보다 더 낫다고 믿었다." 이것은 전략 차원의 영적 전쟁이 안고 있는 위험이기도 하다. 우리는 단지 그리스도의 몸의 몇몇 지체들만이 최전선 전쟁을 위해 소명 받고 기름부음을 받은 사실을 이해하고 또 그것을 일반 대중에게 말해야 한다. 이 소명은 주님과의 어떤 특별한 영성이나 지위의 획득에 근거하지 않는다. 그것은 기드온의 삼백 명 또는 싸울 수 있는 용사들 중 1% 미만의 선택과 똑같이 하나님의 주권적인 선택에 기인한다. 승리를 얻게 될 때, 그리스도의 몸 전체가 똑같이 그 보상에 참여한다. 오직 일급 그리스도인들이나 일급 교회들만이 영적 전쟁에 관여하며, 그렇지 않은 자들

---

14) Paul Reid, *A New Easter Rising* (Leigh Lanes, Northern Ireland: Logikos, 1993), 60.

은 어느 정도 이급 신자들이라는 선민 의식을 불어 넣는 것은 중대한 오류이다. 하나님은 교만한 자를 물리치시고 겸손한 자에게 은혜를 주신다.

2) "**조작**. 사람들의 생활이 목양을 통해 통제되었다." 나는 아직 전략 차원의 영적 전쟁에서는 이것을 보지 못하였다. 사실 [영적 전쟁 망(The Spiritual Warfare Network)]은 [주후 이천 년과 이후 운동(A.D. 2000 and Beyond Movement)]과 그것의 [연합 기도 트랙(United Prayer Track)]의 일부인데, 그것들은 어떤 조작의 가능성도 피하기 위해 민중 조직들로서 국제적으로 구성되어 있다. 나는 이것이 지속되기를 희망한다.

3) "**우상 숭배**. 우리는 하나님께만 드려야 할 영광을 사람들에게 주었다." 이것은 내가 관계한 거의 모든 운동에서 내가 보았던 유혹이다. 교회 성장 운동에서 크고 성장하는 교회의 목사들은 영광을 받기가 쉽다. 표적과 기사 운동에서 많은 지식의 말씀을 듣거나 성령 안에서 많은 사람을 쓰러지게 하는 이들 역시 영광을 받기가 쉽다. 전략 차원의 영적 전쟁 운동에서 도시들이 사회적으로 영적으로 변화되는 것을 보는 이들은 영광을 받기가 쉽다. 만약 우리가 지금은 그 고위 지도자들조차 기탄 없이 시인하는 제자화 운동의 실수들에서 기꺼이 배우고자 한다면, 우리는 그리스도의 몸에 해를 주는 것을 피하고 오직 어둠의 나라에만 해를 입힐 수 있다

20. 바울과 실라가 빌립보에서 대적한 것과 같은 고위급 정사들을 대적함에 있어 어떤 위험은 없는가? 그들은 결국 매를 맞고 감옥에 갇혔다. 에베소서 6장 13절에서 말한 대로, 그리스도인들이 방어적인 자세를 취해야 하지 않는가? 하나님의 전신갑주의 대부분은 방

어용이다.

　이것에 대해 말해야 할 첫 번째 것은 하나님이 모든 그리스도인들을, 그가 바울과 실라에게 그랬던 것과 같이, 최전선에서 싸우도록 부르시는 것은 아니다는 점이다. 대부분의 신자들은 기드온이 미디안을 칠 때 후방에 남았던 31,700명과 같다. 그들은 300명의 용사가 기드온과 더불어 전방 전투에 나갔던 것과 똑같이 하나님이 원하시는 곳에 있었다. 이 사례 연구에서 주목할 만한 것은 어느 쪽에도 불평과 비난이 없었다는 것이다. 그 삼백 명은 31,700명이 후방에 남아 있는 것을 불평하지 않았고, 뒤에 남은 자들 역시 전투에 나간 자들을 비판하지 않았다.

　오늘날과 관련하여 나는 내 자신을 전방 전투에 부름을 받은 자로 본다. 이것은 어떤 영적인 공훈 배지와 같은 것이 아니라, 단순히 하나님께서 이것을 하도록 나를 부르시고 나에게 하나님의 명령에 순종하고자 하는 개인적인 소원을 주셨다는 데 대한 정직한 믿음일 뿐이다. 나는 하나님께서 후방에 남도록 부르신 이들을 비난할 생각이 전혀 없다. 그들은 다른 전장에서 사탄과 싸우고 있다. 몇몇 이들은 결혼을 유지하기 위해, 부정직한 동료 사업가들과 올바른 거래를 위해, 자본이 없는 학교 위원회에서 봉사하기 위해, 다음 달 집세를 내기 위해, 그들의 도시의 걸인들을 먹이는 일을 위해, 장마진 봄을 보낸 후 올해 옥수수를 파종하기 위해, 또는 목사와 장로 사이의 갈등을 풀기 위해, 그들이 할 수 있는 최선을 다한다. 이것은 성경적이다. 성경 자체에서 이스라엘이 전쟁에 나가지 않아도 될 좋은 이유로 주어진 것들은 새 집을 짓거나, 포도원을 심거나, 약혼녀와 결혼을 하는 것이다(신 20:5-7). 그와 같은 것을 하는 것은 실로 대다수 그리스도인들을 위한 하나님의 최선이다.

그러나 나의 삶을 위한 하나님의 최선은 사도 바울의 경우에서와 같이 공동체와 세상 안으로 공격적으로 들어가는 것으로 생각된다. 그 결과 나는 비슷한 소명을 느끼는 다른 사람들을 내 주변으로 끌어들이고, 우리는 국제적인 영적 전쟁 망을 형성하였다. 어쩌면 그 전투를 위한 나의 열정이 다른 이들에게 마치 그들이 나와 합류하지 않으면 그들이 하나님께 덜 신실한 자들이 되는 듯한 인상을 주었을 수 있다. 나는 이것에 대해 매우 죄송하게 생각하고 용서를 구하는 바이다. 나는 나의 의사 전달 방식을 개선할 필요가 있음을 시인한다. 나의 친구들 중 많은 이들도 나와 함께 이 고백에 참여할 것이다.

우리가 하나님의 진군 명령을 따르고자 시도할 때, 우리 중 몇몇 이들을 가장 아프게 하는 것은 후방에 머물러 다른 방법으로 사탄을 대적하도록 부름 받은 자들이 우리가 하는 일을 비판하는 것이다. 어떤 이들은 암시적으로 어떤 이들은 명백하게 우리가 하나님의 뜻을 벗어났을 수 있다고 말하였다. 어떤 이들은 그리스도인은 전혀 정사와 권세들과의 싸움을 시도해서는 안 된다고 주장하였다. 어떤 이들은 우리가 우리의 권세의 한계를 넘어섰다고 책망하였다. 어떤 이들은 전략 차원의 영적 전쟁을 "큰 귀신 이론" 또는 "마귀와 힘겨루기" 또는 "모든 일에 귀신 탓하기" 등으로 조롱하였다. 그들 중 많은 이들이 바로 내가 여기서 답하고 있는 이런 질문들을 제기하면서, 대적하는 것보다 방어하는 것을 그들 뿐 아니라 모든 다른 그리스도인들을 위한 하나님의 뜻으로 주장하였다.

이런 비판자들 중 많은 이들은 책임 있는 전략 차원의 영적 전쟁에서 실제로 일어나는 일을 잘 알지 못한다. 그들은 대개 광범위한 예비적 연구와, 지역 크리스천 목사와 지도자들의 하나 됨의 토대와, 성부 하나님과의 오랜 친밀한 교제와, 하나님을 높이는 찬송과 예배와, 기도 시간의 반 이상을 차지하는 깊은 회개와, 그 사역의 열매로 등장하는 사회적, 개인적 화해에 관해 잘 알지 못한다.

에베소서 6장의 하나님의 전신갑주를 단순히 방어적인 것으로만 본다면, 그것은 바울의 유비를 오해하는 것이다. 바울이 암시하는 로마 전사들은 결코 방어 자체를 목적으로 보지 않았다. 그들은 그것을 적을 정복하는 목적을 위한 한 수단으로 보았다. 로마 군단이 전방으로 진군할 때, 그들은 허둥지둥 물러서고 그들을 공격하도록 적을 불러들이기 위해서가 아니라, 로마 제국의 국경을 확장하는 분명한 목표를 가지고 그렇게 하였다. 그들의 갑옷은 그들이 바로 그것을 할 수 있도록 설계되었다. 오늘날 전략 차원의 영적 전쟁을 위해 하나님이 부르신 사람들은, 그들이 하나님 나라의 확장을 구할 때, 하나님의 전신갑주를 입어야 한다.

이것이 위험스러운 일인가? 바울은 디모데에게 말한다. "네가 그리스도 예수의 좋은 군사로 나와 함께 고난을 받을지니"(딤후 2:3) 모든 전쟁에는 사상자가 있다. 다만 그것을 최소로 줄이기 위해 우리는 최선을 다할 뿐이다. 그러나 하나님의 군사들 중 으뜸 된 자리에 있는 바울은 그 자신의 환난과 궁핍과 고난과 매 맞음과 갇힘과 요란에 대해 말한다(고후 6:4-5). 그는 또 돌로 맞음과 파선과 강도의 위험과 시내의 위험과 추위와 헐벗음과 굶주림 등 많은 다른 고난들을 증언하기도 한다(고후 11:23-27).

우리 동료들 중 많은 이들이 비슷한 일들을 겪고 있다. 바로 나의 아내는 원수에게 심하게 두드려 맞았다. 그러나 대부분 그들은 여러 가지 시험을 만날 때 온전히 기쁘게 여기며(약 1:2) 다시 일어나 싸우기 시작한다. 그들은 하나님의 부르심을 알며 그것이 위험할지라도 그에게 순종하며 사는 것을 을 즐거워한다.

21. 당신은 영적 전쟁에 가담하는 자들은 거룩과 복음 전도와 성령이 인도하는 가르침들을 방법론이나 기술로 대치하는 경향을 보인다고 말한 한 공개적인 문서에 어떻게 답하는가?

그와 같은 문서를 작성한 사람들은 부족한 정보를 가지고 있는 것이 틀림없다. 전략 차원의 영적 전쟁 영역에서 나와 관련된 사람들 중에 그들의 사역을 방법론이나 기술로 격하시키는 사람은 한 사람도 없다. 내가 본 이들 중 이에 가장 가까운 이들은 축귀 사역을 행하는 자들을 위해 모범 기도문을 작성한 이들이다. 비록 내 자신이 그 일을 한 적은 없지만, 대개 이런 기도문들은 어떤 마술적인 힘을 지닌 공식으로보다 단순히 초보자나 경험이 미숙한 자들을 위한 보조 자료로 사용될 뿐이다. 그 작성자들 중 대부분이 이것을 분명하게 진술한다.

복음 전도를 무시하기보다 현대의 "영적 전쟁 망"과 "주후 이천년 연합 기도 트랙"은 집중적으로 복음 전도를 강조한다. 이미 언급한 대로 그들은 내가 말하고 있는 유의 전쟁 기도를 그 자체로 목적이 아니라 특히 원수의 세력 아래 압제 당하고 있는 미전도 종족들을 위한 세계 복음화를 촉진시키는 수단으로 간주한다.

보편적으로 영적 전사들은 거룩을 전투에 가담하기 전에 우선 갖추어야 할 선결 조건으로 간주한다. 신디 제이콥스는 당신이 하나님의 전신갑주를 입을 수는 있으나, 개인적 거룩이 없다면 당신의 갑옷에 구멍이 뚫리게 될 것이라고 말한다. 순결과 성령의 열매의 부족은 원수의 반대 공격을 효과적으로 유도한다.

성령에 의해 인도되지 않는 어떤 가르침도 영적 전쟁에서 명백하게 위험하다. 가장 경험이 풍부한 전방의 전사들이 특별히 많은 시간 동안 기도하며 그들과 아버지 하나님과의 친밀성을 확고하게 하는 이유가 바로 여기에 있다. 원수의 능력에 대한 사실적인 평가가 그들이 이것을 하지 않을 수 없게 한다. 성령 충만하지 않은 채 또 각 경우에 따른 방법과 시간에 관한 성령의 구체적인 인도를 구함도 없이 싸움터에 가는 것은 어리석은 일일 뿐이다. 그들은 기록된 하나님의 말씀을 면밀하게 연구하고, 또 성령이 그들에게 주시는 특별한 인도의 말씀을 주의 깊게 듣는다. 성령의 검은 하나님의 말씀이다(엡 6:17).

하나님의 말씀에 대한 성숙한 지식과 성령 충만으로 무장될 때, 전방 전투를 위해 부름 받은 이들은 예수님이 그들에게 주신 권세를 행사하며, 하늘에서 매는 것을 땅에서 매고, 정사와 권세들과 효과적으로 싸우며, 하나님의 나라가 확장되는 것을 보고, 예수님의 지상 명령이 성취되는 것을 볼 수 있다.

제6장

성경적 관점

톰 화이트(Tom White)

    1980년대 초반부터 교회와 선교 분야에서 영적 전쟁에 적극적으로 관여하는 것을 강조하는 사역 전략이 개발되어 오고 있다. 이 술어 자체가 크게 유행을 타고 있다. 예수 그리스도를 따르는 자들은 "세상과 육신과 마귀와" 싸움을 한다. 대부분의 그 싸움은 실제 사실에 있어 육신과 잘못된 가치들과 이루어진다. 악한 자를 필요 이상으로 믿으려는 사람은 아무도 없다. 그런데도 많은 사람이 악을 대적하는 것을 신학적인 말로만 다루는 데서 나아가 그것을 위한 공동 전략이 있어야 한다고 확언하기에 이르렀다.

    남은 교회 시대 동안, 우리는 예수님의 "이미-그러나-아직은-아닌"(already-but-not-yet)의 악에 대한 승리의 긴장 속에 산다. 그것이 "이미"인 것은 그가 마귀와 그의 일을 멸하셨고(히 2:14; 요일 3:8) 정사와 권세를 폐하셨기 때문이다(골 2:15). 그러나 "아직은-아닌" 것은 사탄과 그의 군대가 세상의 끝이 되어서야 비로소 최후로 결박되기 때문이다(마 13:37-43). 신자들이 해야 할 일은 "악한 자를 이기는 것"이다(요일 2:12-14). 악의 존속은 구원받은 자들과 구원받지 못한 자들 모두를 시험하는 토대를 제공한다.

개인적으로 그리스도인이 악을 극복하며, 진리를 따라 살며, 죄와 사탄으로부터 다른 이들을 자유롭게 하는 일에 관여하며 살아야 하는 부르심은 분명하다. 그러나 악의 지배 세력들을 대적하는 방법은 그렇게 분명하지 않다. 나는 우리가 "마법의 총알"과 같은 사고방식을 유발하는 성경 외적인 방법론들을 진작시키는 것을 경계해야 한다고 생각한다. 이 글에서 나는 악의 정사와 권세들을 식별하고 공략하고 정복하는 몇몇 성경적 지침들과 방법들을 제시하고자 한다.

어려운 질문하기

종종 신자들이 악의 현상들에 대해 그리 심각하지 않게 혹은 너무 늦게 반응하는 것은 슬픈 사실이다. 보다 적극적인 정신 자세가 시급히 요청된다. 오늘날 뉴 에이지 주장들과 인본주의적 철학들이 광범위하게 발달하고, 제의와 밀교 영성주의가 번성하며, 호전적인 이슬람교가 재기하고, 뻔뻔스러운 사탄 숭배가 놀랍게 흥기하고 있다. 동시에 성령은 교회에 새로운 용기를 불어넣으며 전쟁을 위해 전열을 가다듬고 있다. 우리는 신학화와 이론화에 지나치게 탐닉해 왔었다. 이제 우리 중 더 많은 이들이 참호에 가야 할 때가 되었다.

복음 전도에 있어 우리는 문화적 장벽과 지적인 저항과 종교적 신조들을 익숙하게 다루어 왔다. 그러나 한 영혼이 진리를 아는 것을 방해하는 불가시적인 영적 세력을 식별하는 데 우리는 얼마나 숙련되어 있는가? 그 세력과 우리는 어떻게 싸우는가? 어떤 도시와 지역의 분위기를 오염시키는 영적 세력들을 우리는 어떻게 밝혀 낼 수 있는가? 이런 것들은 다루기 힘든 질문들이다.

씨 뿌리는 자 비유를 생각해 보라. 몇몇 경우에 진리의 말씀이 뿌려질 때 "공중의 새"가 와서 그 씨앗을 삼켜 버린다. 예수님의 말씀에 따르면, 이 새들은 구원의 진리를 받아들이는 것을 빼앗는 사탄의 세력이다(마 13:4, 19). 바울은 우리에게 불신자들은 아직 "불순종의 영"에게 복종하며(엡 2:2), 이 세상의 신이 "믿지 아니하는 자들의 마음을 혼미케 하여 그리스도의 영광의 복음의 광채가 비취지 못하게" 한다고 말한다(고후 4:4). 우리는 이런 구절들을 충분히 진지하게 취급하지 않았다.

에베소서 6장은 우리가 악의 세력들에 맞서 "씨름"하기 위해 하나님의 전신갑주를 입어야 하는 것을 말한다. 그 "씨름"이란 정확하게 무엇을 의미하는가? 그 본문의 배경에서 볼 때, 바울이 기술하는 것은 육탄전임을 알 수 있다. 그러나 이 말씀의 해석에 살을 덧붙여 보다 현실감을 줄 필요가 있다.

강한 자의 결박과 약탈을 예로 들면서 예수님이 설명하신 것은 무엇인가(눅 11:21-22)? 그는 사탄의 왕국을 정복하는 것에 대해 말씀하시고 있다. 이것은 단순히 축기를 할 필요기 있는 귀신 들린 사람들을 언급할 뿐인가? 아니면 영토적 요새를 대담하고 공격적으로 공략하는 것도 포함할 수 있는가? "교회로 말미암아 하늘에서 정사와 권세들에게" 어느 정도 구속의 비밀이 알려지고 있다고 말하는 에베소서 3장 10절이 함축하는 바는 무엇인가? 예수님이 사울에게 준 "(저희를) 어둠에서 빛으로, 사단의 권세에서 하나님께로 돌아가게 하라"는 명령은 어떠한가(행 16:18-19)? 이 돌아섬이 단지 개인들과 진리를 나누는 것에만 국한되는가? 아니면 진리에 대해 반응하는 것을 방해하는 어둠의 세력의 마수를 적발하고 약화시키는 것과도 관계하는가?

나는 하나님의 권세를 보다 공격적으로 적용하는 것이 추수의 효율성을 높이는 데 필요하다고 믿는다. 그러나 분명히 할 것이 있다. 이것은 권세들과 노골적으로 맞서는 것보다 하나님의 보좌 앞에서 중보하는 것과 더욱 많이 관계한다. 수십 년 전 신학자 맥밀란(J.A. MacMillan)은 이 권세를 적용하는 지도자들의 역할을 이렇게 설명하였다:

> 보좌에 참여하는 것은 의심의 여지없이 그것이 나타내는 권세에 참여하는 것을 의미한다. 실로 그들은 하나님의 계획에서 바로 이 목적을 위해 지위가 높아졌으며, 이제 그들은 공중의 권세 잡은 자들과 나아가 인류의 마음과 환경들에 대한 끊임 없는 조작으로 그들이 땅 위에 야기시키는 모든 상황들까지 지배하는 권세를 행사할 수 있다.[1]

---

1) J. A. MacMillan, "The Authority of the Believer," The Alliance Weekly 지에서 재판함.

그리스도의 사신들인 우리는 악의 세력들 자체와(눅 10:17-20) 그들이 사람들에게 미치는 여러 영향들을 제압하는 권세를 받았다. 이것은 우리를 흥분시킨다. 그러나 중요한 것은 그 권세를 행사하는 것이다.

1980년대 초 힌두교의 구루(교부) 바그완 쉬레 라예니쉬(Baghwan Shree Rajneesh)가 오리건 중심부에 땅을 사고 그의 제자들을 위해 한 도시를 건설하기 시작하였다. 오천 명이 넘는 신자들이 명백하게 반기독교적인 그의 가르침을 받기 위해 찾아 왔다. 그 지방의 주민과 경찰과 법률 시행자들은 그 집단을 오레곤에서 쫓아내기 위해 수년 동안 여러 가지 수단을 사용하였으나 모두 허사였다. 1985년과 1986년, 나는 전략적 기도를 인도하는 헌신된 중보자들의 두 기도 집회에 참여하는 기회를 가졌다. 그들은 주님께 라예니쉬 공동체 뒤에 있는 영적 세력의 힘을 약화시키도록 간구하였다. 이 두 번의 집회가 끝날 무렵, 참여자들은 바그완을 제거하는 것이 시간문제이라는 것을 느꼈다. 나는 다윗의 강력한 간청, "여호와여 나와 다투는 자와 다투시고 나와 싸우는 자와 싸우소서"(시 35:1)의 기도를 생생하게 기억한다.

1987년 그 공동체 지도자들 중 몇 명이 법적 문제로 기소되고, 수 주 후에 그 구루마저 추방되었으며, 추종자들은 뿔뿔이 흩어졌다. 여호와의 원수들을 흩은 것은 성도들의 힘있는 기도였다.

두 가지 질문 형태로 그 문제를 비꾸이 말해 보겠다. 첫째, 익의 고위층 통치 세력들을 정복하기 위한 공격적인 전략을 고안하고 수행하는 것이 성경적으로 건전하고 인간적으로 안전한가? 성경은 이

단과 거짓 교사들을 적발하고, 악의 영들의 손아귀로부터 개인들을 구원하며(눅 10:17-20), 사탄의 압제에 대항하여 방어적인 자세를 취하고(엡 6:20), 개인적으로 악한 자를 "이기도록"(계 12:11) 분명하게 명령한다. 그러나 교회가 그 싸움을 확대하는 것이 정당한가? 그것이 우리의 입장인가? 이 질문에 답하고자 할 때, 나는 어느 정도 개인적인 주저를 시인하지 않을 수 없다. 우리가 여기에 설 수 있기 위해서는, 음부의 권세를 뒤흔들기에 앞서 성경적 입장을 토대로 성령의 분명하고 확실한 인도를 받아야 한다.

종말론적으로 고려해야 할 사항들도 있다. 예수께서 그의 거룩한 천사들과 다시 오셔서 악인들을 심판하고 사탄의 세력을 결박하시기 전에(살후 1:5-10), 우리가 어느 정도까지 현실적으로 영토 영들의 어둠의 권세를 약화시키고 말살할 수 있는가? 추수 때까지 알곡과 가라지가 섞여 있는 것이 불가피하지 않을 것인가? 비슷하게, 왕 중의 왕이 그들의 제거를 명하실 때까지 오염된 정사들이 하늘에 두루 퍼져 있지 않겠는가?

두 번째 질문은 실제적이다. 만약 우리가 다소 근거를 가지고 첫 번째 질문에 "예"라고 답할 수 있다면 그와 같은 공격적인 전략은 어떤 것이어야 하는가? 그것은 반드시 하나님이 주도하시고 기도와 찬양의 효력이 스며 있는 초자연적인 전략이어야 한다. 그런데도 그것이 이해하기 어려운 신비적인 것이 될 수는 없다. 그것은 붙잡을 수 있고 수행될 수 있어야 한다. 그리고 그것은 성경적 제한과 양립해야 한다. 그렇지 않다면 그것은 전혀 수행될 수 없기 때문이다. 여기서 그 모험은 크다. 그 위험들도 분명히 지적되어야 한다. 비록 사탄이 "가짜 왕"일지라도 그는 여전히 인간과 육적인 노력을 이용할 수 있는 권세를 지닌다. 나는 이제 우주 차원의 영적 전쟁에 대한 소명을 느끼는 이들을 위해 안전하고 건전한 방향을 제시해 보고자 한다.

겉치장 제거하기: 우리가 대적하는 것은 무엇인가?

회심하기 전에 개인적으로 뉴 에이지 가르침을 연구해 본 적이 있는 나는 바울이 말한 "정사와 권세들"을 이해하는 데 많은 관심을 가졌었다. 그리고 1975년 애즈베리 신학교(Asbury Seminary)의 나의 석사 논문에서 이 문제에 답해 보고자 하였다. 그 연구의 결과를 여기서 충분히 상술할 수는 없을지라도, 그 결론의 일부를 나열하는 것은 적절해 보인다. 우리가 "씨름"하는 상대가 누구인가? 이 "정사와 권세들"은 누구이며, 혹은 무엇인가?

에베소서 1장 21절과 6장 12절과 골로새서 1장 16절과 2장 15절의 본문에서 볼 때, 우리는 이들이 사탄의 영토 안에서 활동하며 하나님의 구속 목적을 반대하는 고위급의 타락한 천사들이라는 것을 추측할 수 있다. 신구약 성경을 연구하고 일부 외경 본문들의 증거를 고려할 때, 타락한 천사들은 두 범주로 나뉘어지는 것으로 보인다: 1) 본래 루시퍼의 반역 당시 그와 함께 떨어진 천사들—그들은 모든 인류를 속이고 괴롭히는 일에 여전히 적극적이다; 2) 창세기 6장 2절의 "하나님의 아들들"(천사들)—그들은 "사람의 딸들"(여자들)과 너무도 혐오스러운 부도덕을 범하여 "큰 날의 심판까지 영원한 결박으로 흑암에 가두어졌다"(유 6).

바울은 다양한 활동 수준에서 타락한 천사들을 설명함으로써 그 주제에 빛을 던진다: 주관자들/정사들(archai), 권세들(exousia), 능력들(dunamis), 악의 영들(kosmokratoras). 비록 이 나열이 권세의 정도를 하향 순으로 기술하고 있다는 의견이 합리적으로 보일지라도, 그것을 확증할 만한 본문의 증거는 없다. 개인적인 연구를 통해 나는 다음과 같은 해석을 옹호한다. 구약성경의 다니엘 10장 13절과 20절은 "정사들"을 지구상의 민족들/지역 위에 군림하는 높은 계급의 사탄적인 임금들로 언급한다. "권세들"이란 낱말은 정부의 초자연적인 부분과 자연적인 부분들 모두를 함축한다. 다시 말해 타락한 권세들과 지상의 권세들 사이에 어떤 연결점이 있다. "능력들"은 인간 활동의 어떤 국면들을 통제하기 위해 나라와 문화들 내에서 활동하는 것으로 추측된다. "악의 영들"은 흔히 인류를 괴롭히는 많은 유형의 악령들, 예를 들면, 사기, 점, 정욕, 반역, 두려움, 연약 등의 영들일 수 있다. 일반적으로 대부분의 축귀 사역에서 쫓겨나는 악의 세력들이 바로 이것들이다. 심지어 그들 중에도 서열이 있어, 보다 약한 영들이 "강한 자들"에게 복종한다(마 12:29). 심판의 날까지, 하나님은 이 세력들이 그들의 불순종에도 불구하고 하늘에 남아 있도록 허용하신다. 따라서 인류는 이미 승리하였지만 구속받은 자들이 아직 악과 맞서 계속 싸워야 하는 일시적이며 과도기적인 상황의 긴장 가운데 산다. 이 음흉한 세력들은 인간의 정부와 종교를 통해 계속 역사하며, 그들이 선택한 인물들을 이용하여 예수 그리스도 안에 있는 진리를 아는 것을 막는 종교적 법규와, 사회 조직, 도덕적 협정으로 사람들을 계속하여 옭아 맨다. 그들의 역할은 인류의 마음을 속이고 그들의 의지를 더럽혀 그들을 구속에서 멀어지게 하는 것이다.

수년 전에 우리는 새로운 한 회심자와 함께 기도를 하였다. 그는 1930년대 후반에 서 베를린에서 성장하였다. 그의 할아버지와 삼촌은 둘 다 나치 운동에 가담하였었다. 그는 자기의 집에서 열렸던 독일 정부 관리들의 비밀 회의들을 기억하였다. 식별과 기도로 우리는 이 새 그리스도인 안에 어둠의 요새를 적발하였다. 그것은 히틀러의 극악무도한 계획들을 발상시킨 바로 그 세력과 관련된 것으로 보였다. 비록 그 지상 운동이 마침내 실패하였을지라도 유대인들에 대한 증오와 마술의 영적 세력들은 여전히 존재하고 있다. 이 사람의 삶은 특별한 전략적 영향을 지녔다. 그래서 우리는 우리 형제의 자유를 위해 일 년이 넘게 싸웠다. 그 마지막 순간에 한 강력한 어둠의 영이 자신을 밝히며 직접 나의 생명을 위협하였다. 믿음 안에 굳건히 서서 성령의 검으로 다른 네 명의 목사와 나는 이 남자에 대한 사탄의 주장을 파기하는 데 성공하였다. 그것은 큰 효과가 있었다. 오늘날 그와 그의 아내는 자유롭게 주님을 섬기며, 다른 포로들을 자유롭게 하기 위해 하나님의 은혜를 간증한다.

보다 고위층 악의 세력들을 적발하고 다루는 것은 대개 우리가, 예를 들어, 어떤 공동체의 복음회나 개인적인 축귀 사역이나 어떤 도시나 지방을 위한 권위 있는 중보기도에 참여하는 것과 같이, 왕국 사역을 적극적으로 수행할 때 일어난다. 개인의 영혼들을 어둠의 권세에서 자유롭게 하는 과정에서, 우리는 특별하게 목표가 되어 온 사람들을 자주 만난다. 어떤 의미에서, 이들은 그 귀중한 "체스 말들"(chessmen)이다; 그들을 하나님의 나라로 인도하는 것이 주목을 끌고 악의 요새를 유지하기 위해 상당한 노력을 투자한 세력의 분노를 야기시킨다. 그와 같은 세력들이 하나님의 사람들에게 물러나도록 두려움과 위협을 가한다면, 그때 우리는 견고히 서서 예수를 위해 그 영혼의 소유권을 주장하고 어둠의 세력에 대한 심판을 선포해야 한다. 그러나 성령의 인도를 따르면서, 우리가 이런 수준의 싸움을 찾아 나서는 것이 아니라 그것이 우리를 찾도록 해야 한다는 것은 영적 전쟁의 필수적 요지이다.

(우리가 이런 차원에서 악을 말할 때, 우리는 세상에서 인간의 삶을 속이고 파괴하는 주된 활동을 책임지는 고위급의 CEO들[최고 경영 책임자들]이 있다는 것을 인정한다. 어떤 의미에서 그것은 "지옥의 이사 회의실"을 설명하는 것과 같다. 뉴 에이지 물리학의 발달, 사탄 숭배 의식의 흥기, 마약의 생산과 공급, 성적 변태, 포르노 등을 촉진시키는 정사들이 있을 수 있다. 이들은 사람의 마음을 혼미케 하며[고후 4:4] 불신 세상의 생명들을 결박하는[요일 5:19] 타락한 악의 세력들의 보기들이다. 문제는 이것이다: 예수 그리스도의 사신들이 이 종말 시대에 흥기하는 어둠의 세력에 맞서 과연 어떻게 싸워야 하는가?)

나는 우리가 먼저 "밑에서부터 위로" 악을 정복하는 일을 신실하게 수행해야 한다고 생각한다. 우리는 개인과 가정과 지역 교회 공동체로서(엡 6:10-18) 마귀의 궤계에 맞서야 한다. 그러나 우리 중 일부는 보다 전략적으로 어둠과 맞서도록 하나님께 부름 받고 준비되기도 한다. 나의 견해로 이 활동은 흔하지도 규범적이지도 않다. 그것은 하나님 자신이 주도하시며 그의 능력으로 유지되어야 한다.

악의 세력과 교전:
구약성경의 선례들

성경에서 우주 차원의 전쟁의 선례를 찾기 위해서는 개인 대 개인의 조우를 넘어 악을 대적한 보기들을 찾아야 할 것이다. 구약성경은 하나님의 목적을 반대하는 자로서 적대자 사탄의 실체를 보여준다. 그러나 아직 그와 그의 수하 세력들과 맞서 싸우는 개념은 발달되지 않는다. 하지만 뱀에 대한 여호와의 심판이란 후대의 신학적 발전의 씨앗이 될 개념이 창세기 3장 15절에서 보인다: "내가 너로 여자와 원수가 되게 하고 너의 후손도 여자의 후손과 원수가 되게 하리니 여자의 후손은 네 머리를 상하게 할 것이요 너는 그의 발꿈치를 상하게 할 것이니라"

아담과 이브가 사탄의 유혹에 굴복한 결과, 하나님은 인류와 사탄이 서로 적대하게 하신다. 그 적대는 뱀을 짓밟을 권세와 능력을 가진 메시아의 출현으로만 해결될 수 있다. 창세기 3장 15절이 함축하는 의미들은 구약의 계시에서 더 이상 발전되지 않는다. 욥기 1장과 2장, 다니엘 10장, 스가랴 3장 1절에서 우리는 사탄이 배후에서 고소자로 역할하는 것을 본다. 그러나 악의 영들과의 직접적인 대결은 없다.

우리는 인류의 관심과 아부를 얻으려고 다투는 거짓 신들을 본다. 첫 번째 계명 "나 외에는 위하는 신들을 네게 있게 말지니라"는 (신 5:7) 한 분 참 하나님과 경쟁하는 다른 신들이 있다는 것을 암시한다. 이스라엘이 할 일은 여호와와 그들의 언약적 관계를 헌신적으로 유지하는 것이다. 여호와의 역할이 "용사"일지라도(출 15:3), 초자연적인 세력들과 맞서 싸우라는 명령은 없다. 특히 시편과 잠언서에는 우상 숭배와 악을 행하는 자들을 멀리하라는 권고들이 주어진다. 악은 사람과 장소와 이방 민족들로 상술된다.

모세가 바로와 맞서다. 구약성경에서 최초 고전적인 전략적 "세력 대결"은 여호와가 이스라엘을 그 땅에서 떠나게 하라는 명령과 더불어 모세를 바로에게 보내신 때 일어난다. 모세는 이미 이스라엘이 그의 말을 듣지 않으리란 두려움과 씨름하였다. 그런데 이제 그는 이집트의 권세자에게 대항하기 위해 가야 한다: "모세가 여호와 앞에서 고하되 '나는 입이 둔한 자이오니 바로가 어찌 나를 들으리이까?' 여호와께서 모세에게 이르시되 '볼지어다 내가 너로 바로에게 신이 되게 하였은즉 네 형 아론은 네 대언자가 되리니'"(출 6:30-7:1).

모세는 그가 그 일을 할 수 없다는 것을 알았다. 그는 그 불가능한 일을 하기 위해 하나님의 권세와 능력을 직접 부여받아야 할 필요가 있었다: "내가 너로 바로에게 신이 되게 하였은즉" 여호와는 전략적 목적으로 한 복속 왕을 선택하셨다. 그의 임무는 한 민족을 지배하는 세력의 그 핵심을 강타하는 것이었다. 바로가 그 도전을 받아들여 기적을 요구하였을 때 아론의 지팡이가 뱀으로 변하였다. 그러나 이집트의 마술사들도 같은 기적을 만들어 냈다. 여호와는 그의 뱀이 그들의 뱀을 삼키게 함으로써 그의 우월한 능력을 입증하셨다. 우리는 나머지 재앙들과 홍해에서의 구원에 대해서도 읽는다.

모세는 주권적인 선택에 의해 보내어졌다. 그는 이집트의 세력들과 부딪히는 것을 구하지 않았으며 원하지도 않았다. 두려움 때문에 그는 하나님의 뜻에 희생적으로 순종하는 것을 주저하였다. 바로와 맞설 때 모세와 아론은 오직 "여호와께서 자기들에게 명하신 대로"만 행하였다(출 7:6). 모세는 분명하게 하나님의 음성을 들었다. 그다음 그는 성공을 보증하는 기름부음 받은 권세를 부여받고, 바로에게 "신과 같이" 되었다. 마침내 그는 하나님의 뜻에 순종하기로 마음먹었다.

여기에 심오한 요지가 있다: 우리는 감히 전략적 세력 대결을 찾아 나서서는 안 된다. 누구든지 주님의 음성을 듣고 그에 의해 파송되어야 한다. 이것을 분명히 하지 않은 채 이런 차원의 영적 전쟁에 뛰어드는 것은 어리석고 위험한 짓이다.

엘리야와 바알 선지자들. 갈멜 산에서 바알 선지자들과의 대결은 (왕상 18:16-46) 구약성경에서 악의 세력과 맞서는 하나님의 사람의 또 다른 보기이다. 먼저 엘리야가 그 문제를 제기하였다: 여기서 누가 실제로 하나님이냐(21절)? 그 대결에는 주권자로서 여호와에 대한 이스라엘의 복종이 걸려 있었다. 그는 바알 선지자들에게 그들의 신의 능력을 입증하도록 도전하였다. 그리고 그는 비난과 조롱으로 그들의 신의 약함을 폭로하였다(27절). 그는 거룩하고 확신에 찬 담대함으로 그들을 궁지에 몰았다(개인적으로 나는 그 조롱은 성령으로부터 나왔기보다 엘리야 자신으로부터 나왔다고 생각한다. 나는 이것을 우리가 따라야 할 모범으로 추천하지 않는다). 그러고 나서 엘리야는 하나님을 기쁘시게 하는 언약적 방법에 따라 희생 제물을 준비하였다. 그러나 그 대결의 성공의 열쇠는 그의 대담무쌍한 기도에 있었다: "아브라함과 이삭과 이스라엘의 하나님 여호와여 주께서 이스라엘 중에서 하나님이 되심과 내가 주의 종이 됨과 내가 주의 말씀대로 이 모든 일을 행하는 것을 오늘날 알게 하옵소서. 여호와여 내게 응답하옵소서, 내게 응답하옵소서, 이 백성으로 주 여호와는 하나님이신 것과 주는 저희의 마음으로 돌이키게 하시는 것을 알게 하옵소서"(왕상 18:36-37).

　엘리야의 대담성은 하나님의 명령의 확실성과 그것에 대한 신뢰에 근거하였다. 그는 그 도전을 수행할 준비와 각오가 되어 있었다. 전능하신 하나님께서 백성의 마음을 그에게 돌이키기 위해 자신을 계시하셨다. 엘리야는 특별하게 준비되었고 권능을 부여받았다. 그는 하나님으로부터 "가서 하라"는 틀림없는 명령을 받았다. 순종하는 종의 신실하고 뜨거운 기도에 의해 전능자의 권능이 베풀어졌다.

　이 수준의 대적에서 여전히 지불해야 할 개인적 대가가 있다. 아합과 이세벨에 의해 생명의 위협을 받고서 엘리야는 두려워하여 도망하였다(왕상 19:3). 인간적으로 그는 이런 유의 중대하고 긴박한 전투 뒤에 의례 따르는 일로 긴장이 풀렸으며 정서적으로 소진하였다. 또 우리는 바알 숭배와 관련된 영적 세력들이 분노하여 복수할 길을 찾고 있었다고 추정할 수 있다. 인간적 침체란 무방비 순간에 아합과 이세벨을 통해 역사하는 악의 세력들이 그의 약점을 쳤다. 그와 같이 심오한 승리를 위하여는 치러야 할 대가가 있었다.

다니엘과 사탄적인 임금들. 다니엘의 보기는 우주 차원의 영적 전쟁이 화제가 되는 거의 모든 대화에서 인용된다. 모세와 엘리야와 더불어 다니엘은 그의 백성을 위한 하나님의 보다 높은 목적들을 밝히는 데 참여하도록 특별하게 준비되고 선택된 복속 왕이었다. 다니엘은 환상을 통해 그의 백성의 역사와 열방과 메시야의 오심에 대한 세세한 점들을 말해 주는 계시를 받았다. 페르시아 왕 고레스 삼년에 힘들고 지연된 금식 기간 중 또 다른 계시가 다니엘에게 주어졌다. 성육신 하시기 이전의 그리스도일 것 같은 한 신적인 존재가 환상을 이해하기를 원하는 다니엘의 기도에 응답하여 그에게 왔다. 이전에 다니엘에게 계시들을 전한 가브리엘이 주님과 함께 있다는 증거도 있다. 나는 관련된 영적 전쟁을 계시하는 이가 바로 그라고 믿는다: "그런데 바사국 군(君)이 이십일 일 동안 나를 막았으므로 내가 거기 바사국 왕들과 함께 머물러 있더니 군장 중 하나 미가엘이 와서 나를 도와주므로"(단 10:13).

히브리어에서 "바사국 군"은 계시가 밝혀지는 것을 막는 임무를 띤 사탄의 강력한 영토 영들인 것이 분명하다. 예수께서 임재하신다는 확실한 증거가 있다(참고, 겔 1:25-28; 계 1:9-18). 다니엘은 이 인물을 "내 주여"라고 부른다(10:10-17). 만약 그렇다면 여기서 한 가지 놀라운 점이 지적된다. 그리스도께서 전능한 하나님의 군대의 사령관으로서 그 싸움을 감독하시나 그런데도 그는 그 전쟁의 책임을 천사장

제6장 성경적 관점 205

들에게 위임하신다. 세력 대결이 있으며 그것의 결과는 천사들과 충실한 봉사와 기도하는 하나님의 사람의 믿음에 달려 있다. 20절은 이 군대(정사)와 싸우는 것이 가브리엘과 미가엘의 임무인 것을 말해 준다. 다니엘은 그 차원의 전쟁과 아무것도 직접 관련하지 않았다. 그의 역할은 기도하는 것과 하나님의 뜻에 겸손히 순종하는 것이었다. 그 위에서 또 그 주변에서 보이지 않는 전쟁이 최고급의 천사들에 의해 수행되었다. 그러나 다니엘의 관심의 초점은 하나님과 이스라엘을 위한 그의 계획에 있었다. 그는 영적인 세력들이 관련되어 있다는 것을 날카롭게 지각하였을 것이나 온 힘을 다하여 오직 기도에만 전념하였다.

이 특별한 구약의 세력 대결들을 살펴 본 후, 나는 이 사람들은 하나님에 의해 친히 전략적 전쟁을 수행하도록 파견된 사람들이었다고 결론짓는다. 그들은 복종의 문제와 씨름하였다. 기도와 하나님의 뜻에는 연관성이 있다. 이는 그와 같은 대결은 하나님에 의해 친히 전략적으로 주도되기 때문이다. 이 차원의 초자연적인 싸움의 성공은 오로지 그의 힘과 주권자로서 그에 대한 그의 백성의 복종에 의해서만 이루어진다.

악의 세력과 교전:
신약성경의 선례들

구원자 예수. 예수 그리스도의 성육과 부활은 전체 묵시적 역사의 초점을 이룬다. 그는 뱀의 머리를 상할 권세와 능력을 가진 창세기

3장 15절의 약속된 후손이다. 오직 그만이 귀신의 결박으로부터 사람들을 해방시킬 수 있다. 세례 요한에게 세례 받으신 후 유대 광야에서 그는 사탄과 대면하게 되며 하나님의 말씀의 힘에 의지함으로써 승리하게 된다(마 4:1-11). 이 만남 후에 그의 사역은 화목의 메시지를 선포하며 병자들을 고치고 귀신들을 쫓아내는 권세와 능력으로 폭발한다. 그는 악을 제어하는 그의 권세를 먼저 열두 제자들에게(눅 9:1-2), 후에는 칠십 인에게 위임하신다(눅 10:1). 그것은 마귀의 권세에서 사람들을 구해 내고 그 이름들이 생명 책에 기록되게 하기 위함이다. 그는 이 권세가 "원수의 모든 능력을 제어할" 것이라고 말씀하신다(눅 10:17). 예수님은 사탄 자신과 대결하고 그를 물리치셨다. 그러나 그것은 오직 그가 공격을 받을 때만이었다. 우리는 그가 그 적대자를 찾아 먼저 공격을 시작하시는 것을 결코 보지 못한다. 심지어 그 교활한 자가 베드로를 충동하여 그의 관심을 십자가에서 돌리려 할 때조차 주님은 그를 꾸짖어 "사단아 내 뒤로 물러가라"고 하신다(마 16:23). 그는 세력 대결을 위해 마귀를 찾지 않으셨다. 나는 예수님이 귀신을 내어 쫓으신 것은 그의 화목의 메시지에 응답하는 자들을 위해서였다고 믿는다. 그는 우리에게 그 산 진리가 앞으로 사탄을 "거짓의 아비"로 폭로하는 데 충분한 힘을 발휘한다는 것을 보여주신다(요 8:31-47).

누가복음 11장 21-22절에는 "강한 자"를 공격하고 정복하는 데 대한 예수님의 설명이 나온다. 그는 방금 한 사람에게서 벙어리 귀신을 쫓아내었는데, 몇몇 사람들은 그가 바알세불을 힘입어 이것을 하였다고 참람하게 말한다. 그에 대해 예수님은 스스로 분쟁하는 나라는 설 수 없다는 요지를 설명하신 후에, 강한 자 이야기를 사용하셔서 그의 권세가 사람에 대한 사탄의 속박을 끊고 그의 소유를 약탈하기에 충분하다는 것을 예시하신다. 그 단락은 어떤 사람에게서 귀신이 나갔다가 그가 재침범을 막기 위해 성령을 받지 않았기 때문에 그에게 되돌아오는 이야기로 끝난다. 강한 자 설명의 초점은 개인에게서 귀신을 쫓아내는 데 있다. 영혼을 자유하게 하는 것이 하나님 나라의 도래를 증거한다. 이 구절을 발사대로 사용하여 그 갈등을 영토 차원으로 고양시키는 것은 그리 정당하지 못하다. 하나님 나라는 사로잡힌 자들이 해방되는 데서 현시된다. 한 가지 분명한 것은 예수 그리스도의 제자는 구속의 기능으로서, 또 마귀가 주는 괴로움에서 벗어나게 하는 부차적인 목적을 위해, 개인들로부터 귀신들을 쫓아내는 권세를 가진다는 것이다.

바울 사도. 사울은 그리스도 안에 계시된 하나님의 목적을 격렬하게 반대하였다. 그는 하나님의 주권으로 구원을 얻게 되고, 이방인들로 하여금 "그 눈을 뜨게 하여 어두움에서 빛으로, 사단의 권세에서 하나님께로 돌아가게 하고 죄 사함과 나를 믿어 거룩케 된 무리 가운데서 기업을 얻게" 하도록 파송되었다(행 26:17-18). 여기에 다시 영혼들의 자유와 하나님의 영광을 위해 악과 대적하도록 선택된 사람이 나온다. 다시 세력 대결의 초점은 개인 영혼의 구원에 있다. 하늘에서 더러운 악의 세력을 제거하는 것을 목적한 거룩한 전쟁과 같은 것은 이 사명에서 전혀 암시되지 않는다. 그의 소명은 교회 설립의 기적적인 신비와 관련된다. 에베소서 3장 1-13절에서 바울은 그의 역할을 "예수 그리스도의 죄수"로 말한다. "하늘에서 정사와 권세들에게" 알려져야 하는 것은(3:10) 사랑과 연합으로 그리스도의 몸이 세워지는 것이다. 이것은 악의 공허함과 속임을 폭로하는 거룩한 공동체의 구체적인 증거이다.

에베소서 6장 10-18절에서 바울의 말은 무엇보다 개인으로 또 공동체로 악의 무자비한 공격에 대항하는 그리스도인의 투쟁을 설명한다. 그 갑옷은 성격상 일차적으로 방어적이다. 여기서 추측할 수 있는 것은 사탄이 공격적이며 우리는 그에 맞서야 한다는 것이다. 그렇다면 악을 공격적으로 폭로하고 선을 확장시키는 것은 어디에 있는가? 그것은 오직 진리("레마," 성령의 검, 말로 표현된 말씀)를 권위 있게 제시하고 기도의 능력을 행사하는 데 있다. 이것은 정확히 바울이 구브로에서 박수 엘루마와 맞설 때 한 일이었다: "마귀의 자식이요 모든 의의 원수여!"(행 13:10). 엘루마는 악의 영들과 어울렸을 것이다. 그러나 바울은 성령의 인도를 받아 그 사람의 악에 대해 심판을 선포하였다.

사도는 로마의 성도들에게 보낸 그의 편지에서 중요한 것을 진술한다. 교회에 분쟁과 갈등을 일으키는 자들을 살피도록 경고한 후 그는 다음과 같은 대담한 말을 덧붙인다: "평강의 하나님께서 속히 사단을 너희 발 아래서 상하게 하시리라"(16:20) 사탄은 그리스도의 몸의 발 아래 곧 짓밟힐 것이다. 다시 그 모든 일의 주역은 하나님 자신이다.

신약성경의 자료들에서 우리는 어떤 결론을 이끌어 낼 수 있는가? 예수의 대리자들로서 우리는 화목의 메시지를 전하며, 제자들을 만들고, 병든 자를 고치며, 귀신들을 쫓아내는 등, 그 자신이 하신 일을 하도록 부름받는다(요 14:12). 그렇다. 우리는 축귀 사역에 보다 용감하게 관여해야 한다. 그렇다. 우리는 악을 식별할 수 있을 때 그것을 폭로해야 한다(엡 5:11). 그런데도 그를 빛으로 인도하려는 소망 가운데 그 악을 행하는 자를 축복해야 한다(마 5:44; 롬 12:17-21). 교회는 악의 도모가 드러날 때 그것을 대적하고 멸해야 한다(엡 6:10-18). 그리고 그와 같은 도모에 미혹되지 않도록 깨어 있어야 한다(고후 11:3; 벧전 5:8). 성경은 마귀가 도망할 때까지 그를 어떻게 대적해야 하는지를 실제적으로 교훈한다(약 4:6-10). 그와 같은 저항을 위한 조건의 핵심은 하나님과의 개인적인 관계를 강화하는 것이다. 우리는 사랑의 비밀을 행하며 그리스도 안에서만 가능한 신비로운 연합을 입증하며 살도록 부름받았다(엡 3:1-13). 우리는 정부의 높은 지위에 있는 사람들을 위하여 간절히 기도해야 한다(딤전 2:1-2). 이는 우리가 복음으로 살고 또 그것을 진작시키기 위함이다. 빛의 자녀들을 통해 자발적으로, 그리고 성령의 인도함을 받아 진리가 전파되는 것은 하나님 나라의 확장을 위한 규범적인 방법이다. 이것은 오직 담대하고 거룩한 순종을 통해서만 일어난다.

만약 이것들이 하나님의 백성을 위한 규범적인 전략이라면 우리는 이제 어둠 가운데 빛을 확장하는 특별한 수단은 무엇인가 하고 물을 수 있다. 우리 시대의 악의 홍수와 맞서 하나님은 이 시기에 그의 백성을 보다 강한 악의 세력들을 보다 잘 식별하고 그들의 영향을 방어적으로 제약하도록 인도하시는 것으로 보인다. 앞에 진술한 성경의 선례들에 근거하여 나는 다가 올 시대의 영적 토양에 그의 몸을 세우는 일에 있어 그리스도와의 보다 충실한 협력을 가능케 하는 왕국 확장의 한 모델이 건조될 수 있다고 믿는다.

하나님은 이 싸움을 밀고 나갈 개척자들과 중보자들을 계속하여 부르시며 준비시키고 있다. 정사들과 맞서 그들을 적발하고 기도하는 일에 대담한 사람들이 있다. 나는 보다 충돌적이고 공격적인 접근을 시도하는 사람들을 비판하려는 것이 아니다. 이곳과 8장에서 나는 악의 정복을 위해 하나님이 계시하신 방법을 우리가 최선으로 이해하고 그것에 일치하는 한 모델을 만들어 보고자 한다.

제7장

우주적 차원에서
사탄은 어떻게 역사하는가?

존 랍(John Robb)

예수님은 말씀하셨다. "내가 너희에게 뱀과 전갈을 밟으며 원수의 모든 능력을 제어할 권세를 주었으니 너희를 해할 자가 결단코 없으리라"(눅 10:19). 그의 제자들은 악의 세력과 첫 대결을 치르고 돌아와서 기쁨으로 외쳤다. "주여 주의 이름으로 귀신들도 우리에게 항복하더이다"(눅 10:17). 그리고 사도 요한은 우리에게 "너희 안에 계신 이가 세상에 있는 이보다 크심이라"고 격려한다(요일 4:4). 그와 같은 진술에도 불구하고 우리는 마치 어두운 다락방에 들어가기를 두려워하는 아이들처럼 우리의 원수와 그의 궤계를 전혀 모른 채 살기를 원할 수 있다. 또는 반대로 하나님의 말씀의 빛과 그의 인도와 보호에 대한 믿음과 더불어 우리가 어둠의 세력을 기쁨과 승리로 다룰 수 있기 위해 예수님이 그의 제자들에게 주신 능력과 권세를 새로운 방법으로 찾아 보고자 할 수도 있다. 이 장에서 우리는 우리의 원수와 보다 효과적으로 싸울 수 있기 위해 그가 역사하는 방법과 우리가 그의 궤계를 정복하는 방법을 성경과 세상에 흩어져 있는 하나님의 종들의 경험을 통해 좀 더 자세히 살펴 보고자 한다.

사탄의 전체 계획

사탄은 인간을 파괴하는 데 전념하는 매우 조직적이고 지적인 영적 존재이다. 그것은 인간이 그가 깊이 미워하는 창조주의 형상으로 지어져 있기 때문이다. 그는 속임의 명수이며, 우상 숭배를 조장하고, 하나님에 대한 믿음을 훼파하고, 가치들을 왜곡시키고, 거짓 이념들을 만들어 냄으로써 온 세상을 그의 지배 아래 두고자 한다. 그는 제도와 정부 행정과 대중 매체와 교육 체계와 종교적 집단을 통해 이것을 한다. 그는 인류로 하여금 창조주를 예배하는 데서 돈과 명성과 권력과 쾌락과 과학과 예술과 정치와 종교의 우상들을 추구하는 데 관심을 돌리게 한다. 그가 하려는 세 가지 주된 일은 속임과 지배와 파괴이다. 그의 으뜸가는 목표 중 하나는 민족과 정부들을 지배하여 그들이 서로 전쟁하게 함으로써 파멸되게 하거나 그들 속에서 내분이 일어나 스스로 파멸되게 하는 것이다. 히틀러와 스탈린과 사담 후세인의 민족 말살 범죄나 많은 사회에서 크게 증가하고 있는 낙태를 통한 대량 학살과 같은 것이 바로 그것에 속할 것이다.

사탄은 지배 영들을 통해 역사한다. 사탄은 전지하거나 전능하지 않다. 그러나 조직망의 명수로서 그는 인류가 하나님의 나라와 만나는 것을 훼방하기 위해 서로서로 교통하고 어떤 의미에서 협력하는 거대한 영적 존재들의 조직을 사용한다. 이 목적을 위해 그들은 정부 지도자들과 법률과 교육 제도들과 종교적 운동들에 영향을 행사하려 한다. 성경은 이 영들이 어떻게 조직되며 어떻게 활동하는지를 분명하게 말하지 않는다. 그러나 몇몇 시험적인 결론들을 끌어내기에 충분한 근거들은 찾을 수 있다. 이스라엘과 초대 교회 모두 하나님이 그의 천사들에게 인간사 경영에 있어 특별한 역할을 부여하셨다고 생각하였다. 70인역은 신명기 32장 8절을 "그가 하나님의 천사들의 수효에 따라 민족들의 경계를 정하셨다"고 번역한다. 성경학자 F. F. 브루스는 이렇게 말한다:

> 세계의 천사적 정부에 대한 성경의 증거는 일찍이 신명기 32장의 모세의 노래에서부터 나온다. … 이 번역은 여러 다양한 민족들의 행정이 권세 있는 천사들의 수효와 일치하여 나누어졌다는 것을 함축한다. 다니엘에서 이 권세들은 선하고 악한 두 부류의 존재들로 드러난다. 군장 미가엘은 이스라엘 백성을 책임지고 있는 대군이며, 역사의 전개에서 그들의 이익을 위해 싸운다(단 12:1). 가브리엘로 추측되는 주의 사자는 그가 대항하여 싸워야 하는 페르시아의 임금에 의해 지체된다. 헬라 군(君)도 역시 언급된다. 이 악의 두 고위급 천사 세력들은 하나님의 백성 이스

라엘의 미래에 관해 다니엘에게 주어질 계시를 막고자 하였다.[1]

신학자 월터 윙크는 어떻게 이 악의 존재들이 하나님의 사자를 이십 일이나 지체시킬 수 있었는지 그 권세를 놀라와 한다: "민족을 주관하는 천사들은 그들 나름의 뜻을 가지며 하나님의 뜻을 저항할 수 있다. 하나님은 전능하시지만 아마 하나님 자신의 자기 한계 때문에 반항하는 세력들에 대해 신적인 뜻을 부과하실 수 없는 것 같다: 하나님은 피조물들의 자유를 침해하지 않으신다."[2]

일부 천사들이 어떻게 그리고 왜 그들의 창조주 하나님을 대적하게 되었는가? 우리가 그 이유를 정확히 알 수는 없지만, 추측할 수 있는 것은 그들이 사탄의 반역 시에 그와 동조하였으리란 것이다. 그리고 그때 이래 그들은 하나님과 인류의 적이 되었다. 그들은 인류를 돕기보다 훼방한다. 구약성경의 대부분에서 우리는 그들의 해로운 영향을 열국의 거짓 신들에서 본다—이집트, 아모리 족속, 가나안 족속, 에돔 족속 등의 신들. 만약 이스라엘이 그들을 섬긴다면, 그것은 압제와 노예와 외국의 침략과 가난을 초래할 것이었다(삿 6:6; 10:6-16). 하나님은 모세 아래서 이집트의 신들에게 심판을 행하시고 (출 12:12), 정복 시대에 이스라엘 앞에서 "열국과 그 신들을" 쫓아내

---

1) F. F. Bruce, *The Epistle to the Hebrews* (Grand Rapids, Mich.: Eerdmans, 1964), 32-33.

2) Walter Wink, *Unmasking the Powers* (Philadelphia: Fortress, 1986), 90-91.

셨다(삼하 7:23). 물론 견줄 데 없는 창조주 여호와에 비해, 그들은 실제로 신이 아니며 단지 우상을 매개로 숭배되는 신들로 분장한 귀신들일 뿐이다. "만방의 모든 신은 헛 것이요 여호와께서는 하늘을 지으셨음이로다"(시 96:5) 여호와는 "크신 하나님이시요 모든 신 위에 크신 왕이시로다"(시 95:3) 후에 사도 바울은 이 영적 존재들이 실재하는 것과 그들이 속임으로 이방인들(열방)을 지배하는 것을 말한다. 이방인들은 본질상 하나님이 아닌 자들에게 종노릇하였으며(갈 4:8), 그들의 제사하는 것은 귀신에게 하는 것이다(고전 10:20). 그러므로 성경은 이 타락한 천사들이 루시퍼와 더불어 열방을 속여 그들이 참 하나님을 알지 못하게 한다는 것을 보여준다.

그들이 하려는 일은 지배권을 얻는 것이다. 사도 바울이 그들을 "정사와 권세와 보좌와 주관들"로 부른 대로(엡 6:12), 이 악의 신들의 주된 목적은 지배와 통치에 있다. 그들은 인간과 인간 사회를 지배하는 권세와 영향력을 획득하고자 하는 망상에 사로잡혀 있다. 이 특성은 바로 그들의 이름에서도 드러난다. 예를 들어, 암몬 족속의 신 몰렉의 의미는 "통치자"이다. 그는 암몬 족속을 지배하여 그들이 그들의 장자를 그에게 화제(火祭)로 바치게 하였다. 모압의 민족 신 그모스는 "정복자"를 의미할 수 있다. 아마 그것은 그가 이민족들과의 전쟁시 모압에게 가져다 준 승리 뿐 아니라, 모압 민족에 대해 그가 행사하는 지배권도 반영할 것이다.

오늘날의 선교사들 역시 이런 영적 존재들이 이방 민족들에 대해 지배력을 가지는 것을 증언한다. 타이(Thailand)의 흐몽 족에게 처음 선교사역을 하였던 고(故) 어네스트 헤임바흐(Ernest Heimbach)의 설명에 따르면, 그 부족의 우두머리 영은 질병과 사망과 악의 영들에 의한 공격과 아편 중독의 두려움을 사용하여 수 세기 동안 그 부족을 그의 손아귀에서 벗어나지 못하게 하였다.

그러나 우리는 이 악의 신들이 정사와 권세들이 단지 우리와 멀리 떨어진 이교도 족속들 가운데서만 활동한다고 생각하지 말아야 한다. 이것은 우리가 우리 자신의 사회를 보다 진지하게 살펴볼 때 곧 입증된다. 귀신의 속임을 보다 분명하게 보여주는 찰스 맨슨과 짐 존스와 브랜치 다비드 교도들 뿐 아니라, 우리 자신의 민족 정책과 문화는 어떤가? 신학자 월터 윙크는 우리가 우리의 민족 정책의 심부에 자리잡은 악마적 세력들을 분별해야 한다고 촉구한다. 그들은 미국이 보다 약한 민족들을 정치적으로 경제적으로 계속하여 지배하는 것을 뒷받침하는 CIA와 정부 행정과 군대에 침투해 있다. 너무도 많은 시민들이 그들의 민족적 이익에 맹목적으로 충성하는 것을 지적하면서 그는 말한다.

> 민족주의가 그토록 유해하고 치명적이며 참람하게 되는 것은 그것의 불가피해 보이는 우상숭배적 경향 때문이다. 이 우상의 이름으로 온 세대가 불구가 되고 학살되고 추방되고 우상숭배자들이 된다. 20세기에 들어 지금까지 천만의 생명들이 이 몰렉의 제단 위에 바쳐졌다.[3]

---

3) Wink, *Unmasking the Powers*, 50-52.

윙크와 벌코프 및 다른 이들은 그 악의 세력들이 여전히 우리와 함께 있으며, 문화와 대중 의견과 이념에 그들의 영향을 주입하고, 우리의 생각과 세계관과 가치와 행동을 변질시키는 것을 지적한다. 벌코프는 우리 사회에서 어둠의 세력들의 활동을 바르게 식별하기를 원하는 그리스도인들로서 "교회가 물어야 하는 중요한 질문은 항상 어느 권세가 지금 생명을 그들의 지배 아래 두려고 하는가이다"고 말한다.[4]

그들이 "영토 영들"인가? 우리가 이 영적 세력들을 최근에 크게 유행되고 있는 용어로서 "영토 영들"로 불러야 하는가? 성경이 지리적 영토 성격에 따라 그들의 영향을 설명하는 것은 분명하다. 예를 들어 이스라엘에게 계속하여 두통거리가 되었던 가나안 족의 신 바알의 경우에 바알 베올, 바알 갓, 바알 헤르몬 등 여러 지방이 그의 이름을 따서 불려졌다. "어원을 연구할 때, 바알이 특별한 지역의 소유자로 간주되었다는 것을 추측할 수 있다…이 지역 바알들은 농사와 짐승과 인류의 다산을 지배한다고 믿어졌다. 그들의 호의를 사는 것은 매우 중요하였다."[5]

이것은 매춘 의식과, 자녀 희생과, 다른 가증스러운 활동들을 통

---

4) Hendrik Berkhof, *Christ and the Powers* (Scotsdale, Pa.: Herald, 1977), 63.

5) *Zondervan Pictorial Encyclopedia* (Grand Rapids, Mich.: Zondervan, 1975), vol. 1, 431-32.

해 이루어졌다(삿 2:17; 렘 7:9; 19:5). 하나님은 선지자들을 통해 그들이 그들의 땅에 남아 있기를 원한다면 그와 같은 이방 신들을 섬기지 말아야 할 것을 계속하여 이스라엘에게 경고하셨다. 그렇지않으면 하나님은 열국을 불러다가 그들을 심판하시며 "이 땅과 그 거민과 사방 모든 나라를 쳐서 진멸하여…땅으로 영영한 황무지가 되게" 하실 것이었다(렘 25:9-11). 마침내 그들에게 심판이 임하였을 때, 하나님은 그 심판의 주된 이유를 "그들이 그 미운 물건의 시체로 내 땅을 더럽히며 그들의 가증한 것으로 내 산업에 가득하게 하였기" 때문이라고 설명하셨다(렘 16:18). 그들의 영토에 거짓 신들을 모시는 죄를 범한 다른 민족들 역시 그의 진노를 초래하였다. 선지자 스바냐는 하나님께서 "세상의 모든 신을 쇠진케 할" 때(습 2:11) 그가 모압과 암몬 족속들에게 놀람과 두려움이 될 것을 말한다. 블레셋 방백들은 만약 그들이 언약궤를 이스라엘에 돌려준다면, 여호와가 "그 손을 너희와 너희 신들과 너희 땅에서 경하게 하실까 하노라"는 말을 듣는다(삼상 6:5). 여호와의 선지자들은 "신들"과 땅이 서로 연결되는 것을 보았다. 그것은 사람들의 섬김에 따라 촉진되거나 강화되었다.

신약성경에서 지리적 영토 성격은 단지 암시만 될 뿐이다. 거라사 광인의 입을 통해 말한 귀신 떼는 예수님께 그들을 그 지방 밖으로 내어 보내지 말도록 간청하였다. 그것은 아마 그곳이 그들이 할당받은 영토였기 때문일 것이다(눅 8:26-39). 사도행전 19장 35절에서 에베소 시 서기장은 소리치는 군중을 잠잠케 하기 위해 이렇게 말하였다: "에베소 성이 큰 아데미와 및 쓰스에게서 내려온 우상의 전각지기가 된 줄을 누가 알지 못하겠느냐?" 비록 성경이 이런 분석을 하지는 않을지라도 그 군중이 보기 드문 합창으로 두 시간 동안이나 "크다 에베소 사람의 아데미여"를 외쳤던 사실은 "영토 영"에 의한 일종의 집단적 홀림을 나타낼 수 있다.

몇몇 다른 도시들도 사탄이나 악마적 신들과 관련을 가진 것으로 설명된다. 계시록의 일곱 교회 중 하나가 있는 버가모는 "사탄의 위(位)가 있는" 곳이자 "사탄이 거하는 곳"이었다(계 2:13). 그 도시는 고대 세계에서 로마의 신을 숭배하는 중심지로 알려져 있었다. 황제에게 충성을 다짐할 때 시민들은 그의 동상의 발 아래 분향하였다. 또 초목 신 디오니소스와 치료의 신 아스클레피오스도 지역적으로 숭배되었다. 뱀과 파충류에 대한 태도 역시 이 두 신들의 제의와 관련되었다. 버가모에서 나온 한 고대 동전에는 황제 카라굴라가 한 나무를 두르고 있는 큰 뱀 앞에 서서 후에 나치의 경례법으로 알려지게 되는 바로 그 방식으로 그것에게 경의를 표하고 있는 모습이 그려져 있다.

영적인 영토성은 아마 도시 형태를 띨 것이나, 그것보다 더욱 미묘한 형태가 영적 전쟁 운동에서 발견된다. 최근에 한 미국인 복음주의자가 했던 것과 같이 우리가 뉴욕 시를 지배하는 영을 "탐욕"으로, 워싱턴 시를 지배하는 영을 "권력"으로, 또는 로스앤젤레스를 지배하는 영을 "포르노"로 부를 수 있는지는 매우 의문이다. 이것들이 단지 그 지역에 사는 일부 사람들의 죄가 아닌가? 탐욕이 뉴욕뿐 아니라 로스앤젤레스에도 마찬가지로 적용될 수 있지 않은가? 또는 포르노가 로스앤젤레스 뿐 아니라 워싱턴에도 적용될 수 있지 않은가? "영토 영들"에 대한 대부분의 식별은 지나치게 단순하거나 고지식해 보인다.

그들이 계급적으로 조직되어 있는가? 정사와 권세들이 조직되어 있는 방식에 관해 우리가 함부로 근거 없는 추측을 하지는 말아야 한다. 그와 같은 추측에서 가장 빈번히 등장하는 것은 그들이 피라미드식으로 조직되어 있다는 것이다. 그 경우 사탄은 맨 꼭대기에 위치하며 여러 등급의 영적 존재들이 하향 순으로 서열을 이룬다. 그 피라미드의 맨 밑을 구성하는 부류는 개인들 속에 사는 "지상-차원의 영들"이다. 이와 같은 계급 조직에 대한 사상은 정사와 권세들에 대한 사도 바울의 설명을 해독하려는 시도에서 유래한다. 벌코프는 사도 바울이 지상의 사건들에 영향을 미치는 높고 낮은 계급의 천사들의 부류에 대한 사상을 담고 있는 유대교의 묵시 문학의 영향을 받았다고 지적한다. 그는 또 바울 시대의 근동의 자연 종교들 역시 하나님과 세상 사이에 여러 수준에 걸쳐 있는 악마적 존재들의 계급을 믿었다고 지적한다. 그러나 벌코프는 권세들에 대한 바울의 기술에서 명확한 계급 조직을 밝히려고 하지는 않는다. 그것은 바울이 사용하는 여러 용어들("정사", "권세", "보좌", "주관들")의 기능과 이름이 결코 명료하게 파악될 수 있는 것이 아니기 때문이다: "우리는 바울이 여러 가지 표현을 사용함으로써 그 세력들의 수와 다양성을 광범위하게 암시하고자 한다는 인상을 받는다."[6] F. F. 브루스는 이

---

6) Berkhof, 14-16.

것에 동의한다. 그는 골로새서 1장 16절을 주석하면서 이렇게 말한다: "그들은 아마 최고 높은 서열의 천사들을 나타낼 것이다. 그러나 그 호칭들이 신약성경에서 다양하게 결합되어 있는 점은 우리가 그것들로 어떤 고정된 계급 조직을 재구성하려고 시도하는 것을 경고한다."[7]

월터 윙크는 그 세력들을 설명할 때 바울이 사용한 용어들은 신약성경에서 인간적 권세를 설명하는 데 사용된 것과 동일하다는 것을 증명한다.[8] 인간적 권세가 일반적으로 계급적으로 조직되어 있기 때문에 아마 바울은 영의 세계 역시 계급적으로 상상하였을 것이다. 그러나 우리는 이것을 사실로 단정짓지는 말아야 한다. 그들의 조직을 보다 잘 이해할 수 있게 하는 다른 모델이 있는가? 타락한 영적 존재들로서 그들의 무질서한 자기중심성과 전적인 부패성을 고려한다면 그들이 오히려 일단의 게릴라나 도시 갱에 더 가깝지 않을까? 그들은 공포를 조장하며 약탈하고 파괴하고, 같은 일을 할 수 있는 다음 기회를 찾아 어디든지 달려간다. 이 경우 그들은 항상 전개되는 상황을 이용하기 위해 대원을 배치하거나 재배치할 것이다. 테러리스트나 약탈자의 활동이 군인이나 경찰의 도착에 영향을 받듯이, 이 떠돌아다니는 악령 무리들도 그의 백성의 기도에 응답하여 하나

---

7) F. F. Bruce, *Commentary on the Epistle to the Colossians* (Grand Rapids, Mich.: Eerdmans, 1965), 198

8) 이 술어들을 광범위하게 분석한 것으로는 Wink, *Naming the Powers*를 보라.

님이 간섭하실 때 도망치게 된다. 이런 설명이 사도 베드로가 사탄을 "우는 사자같이 두루 다니며 삼킬 자를 찾나니"(벧전 5:8-9)라고 설명한 것에 더 적합하지 않을까?

영의 세계의 신학을 이교도적 신앙 체계들에 기초하여 구성하는 것이 바람직한 일은 아닐지라도 영들의 계급 조직에 대한 가능성은 정령 숭배자들이 가진 인식들에서도 입증될 수도 있다. 정령 숭배자들은 대개 멀리 있는 미지의 한 최고 신을 우두머리로 한 계급 조직과 우월한 영들로서 광범위하게 큰 능력을 행사하는 보다 낮은 신들의 존재를 믿는다. 이들 아래 보다 낮고 보다 가까운 그들의 조상의 영들과 마지막으로 악의 영들이 있다. 버마인들은 자연 현상과 마을과 지방과 국가들을 지배하며 계급적으로 조직되어 있는 초자연적 존재들인 나치(nats)를 믿는다. 북동부 타이인들이 섬기는 수호 영들은 마을과 지방 영들 모두를 포함하며 마을 영들이 지방 영들에게 종속된다. 인도에서 힌두교의 여신들은 마을이나 지방의 "수호자들"로 역할을 한다. 그들은 종종 질병이나 갑작스런 죽음이나 재난과 관련된다. 파괴의 여신인 칼리(Kali)는 서부 벵갈과 벵갈족에 영향력을 행사하는 것으로 널리 알려진 지방 신이다.

타이의 한 선교사는 그가 그 나라 전체를 다스리는 민족적 정사의 실체를 밝혔다고 말하였다. 그것은 프라 사얌 데바드히라예(Phra Sayam Devadhiraj)인데, 그 뜻은 "시암의 최고 수호 천사"이다. 사람들은 이 신이 타이가 침략자들에게 점령당하는 것을 막아 준다고 믿는다. 왕과 왕후가 이 신에 대한 왕실의 충성을 다짐하는 의례를 집전하며 전 국민이 그것을 예배하는 데 참여한다. 그것의 우상이 왕궁의 한 보좌 위에 놓여 있다.

하인리히 슐리에르는 사도 바울이 영적 세력들의 조직과 활동을 숙고하는 데 전혀 관심이 없었다고 주장한다(아마 그것은 우리에게도 마찬가지로 경고가 될 수 있다). 그는 바울이 그 세력들에게 붙인 이름들은 "상당히 상호 교환 가능하다"고 본다. 즉 정사, 영, 귀신, 신, 군들이 모두 상호적으로 사용되고 있다. 슐리에르는 그들 사이에서 단 한 가지 차이만이 강조된다고 본다. 귀신이든 영이든 정사이든 그들은 모두 사탄에 종속되며 그의 능력을 나타낸다: "그 무수한 세력들이 모두 사탄으로 불리는 하나의 근본적인 힘에 속해 있다; 그들은 그 힘의 감화와 영향으로 간주될 수 있다."[9]

그가 맞을지 모른다. 아마 사탄과 귀신들은 보다 밀접하며 보다 상호 의존적인 관계를 지닐 것이다. 시공간 차원의 한계에 구속 받지 않는 그들의 자유를 고려한다면 그들은 동시에 많을 수도 있고 하나가 될 수도 있을 것이다. 그렇지 않다면 어떻게 육천 명(로마 군대의 크기)이나 되는 귀신들이 그 거라사 광인 속에 살면서 한 소리로 말할 수 있었겠는가?: "내 이름은 군대니 우리가 많음이니이다"(막 5:9).

사탄이 영적 존재들의 방대한 조직을 통해 지배권을 행사하는 것은 분명해 보인다. 그러나 그와 그의 영적 부하들이 망상 조직으로

---

9) Heinrich Schlier, *Principalities and Powers in the New Testament* (New York: Herder & Herder, 1962), 14-15.

활동하는지, 계급 조직으로 활동하는지, 또는 보다 자유로운 대형으로 활동하는지는 성경에서 분명하지 않다. 확실히 그들은 "영토적"이다. 그러나 지배권 획득이 그들의 목적의 본질이며, 그들이 일차적으로 지리적 영역에 대한 지배를 구하는 것이 아니라 무엇보다 사람과 정치적으로 제도적으로 문화적으로 종교적으로 사람들과 관련된 모든 것에 대한 지배를 구하기 때문에, 나는 "지배하는"이란 용어를 선호한다. 다시 말해 그들은 부동산에 관심이 있는 것이 아니라 그것을 소유하고 거기 사는 사람들에 대해 관심이 있다. 다수인 동시에 하나로서 그들은 예수께서 본래 거짓말쟁이요 살인자로 말하였던 그 자의 파괴적인 계획을 수행한다. 이 이유만으로도 우리가 그들이 개인과 사회에 대해 어떻게 지배력을 얻는지를 보다 잘 이해해야 할 필요는 충분하다.

사탄은 인간의 적극적인 동의를 통해 지배력을 얻는다

첫 인간들이 사탄에게 속아서 비극적으로 그들에 대한 지배를 허용하였던 에덴동산의 사건 이래(창 3), 인류의 전역 사는 인류가 개인과 사회를 지배하고자 하는 사탄과 그의 악령들의 노력에 기꺼이 협동한 것을 보여준다. 실로 한 신학자는 천사들의 타락의 책임을 거꾸로 인류에게 두기도 한다: "천사들의 타락을 인간의 죄와 별개로 보아서는 안된다…그 둘은 서로 얽혀 있다. 천사들은 그의 영혼을 여호와 이외의 권세들에게 팔 준비가 되어 있는 인간을 보고 유혹

받았기 때문에 타락하였다."¹⁰⁾ 다시 말해 우리는 "마귀가 나로 하여금 그렇게 하도록 하였다."가 아니라 "우리가 마귀로 하여금 그렇게 하도록 하였다."로 바꾸어 말할 필요가 있다.

이스라엘 민족은 그들의 하나님을 잊었을 뿐 아니라 다른 민족의 신들인 바알과 아스다롯을 섬겼으며, 하나님의 선지자들의 말을 듣기를 거부하였고, 그의 법규와 언약을 무시하였으며, 사탄이 그들의 사회를 점령할 수 있는 문을 고집스럽게 열어 놓았다. 성경은 그 잘못의 책임을 솔직하게 사탄에게보다 이스라엘 민족 자체에게 돌린다:

> 이 일은 이스라엘 자손이…그 하나님 여호와께 죄를 범하고 또 다른 신을 경외하며…이방 사람의 규례와…율례를 행하였음이라. 이스라엘 자손이…또 악을 행하여 여호와를 격노케 하였으며 또 우상을 섬겼으니 이는 여호와께서 행치 말라 명하신 일이라. 저희가 듣지 아니하고 그 목을 굳게 하기를…저희 열조의 목같이 하여 여호와의 율례와 여호와께서 그 열조로 더불어 세우신 언약과 경계하신 말씀을 버리고 허무한 것을 좇아 허망하며…그 하나님 여호와의 모든 명령을 버리고…하늘의 일월 성신을 숭배하며…복술과 사술을 행하고 스스로 팔려 여호와 보시기에 악을 행하여 그 노를 격발케 하였으므로(왕하 17:7-17).

---

10) Rob Van der Hart, *The Theology of Angels and Devils* (Notre Dame: Fides, 1972), 87.

존 다우슨은 같은 원리가 오늘도 작용한다고 본다. 그는 말한다. "사탄은 우리의 영토에서 활동하는 침략자이며 정복 자이다. 하나님은 귀신들에게 당신의 도시를 지배하는 권세를 주시지 않았다. 귀신들은 인류의 창조가 있기 전부터 지금까지 지구 위에 만연해 왔으나, 그들은 사람들이 범죄할 때만 그들의 지배를 도시나 제도 위에 확대할 수 있다."[11]

마우리타니아(Mauritania)에서 봉사하던 한 그리스도인 사역자는 그곳의 사람들이 일부다처제와 간음을 통해 "이혼 영"에게 문을 열어 놓았다고 말한다. 그 비극적인 결과는 자녀 유기로서 많은 어린이들이 심한 영양실조로 죽어 가고 있다. 소수의 그리스도인들의 영적 성장을 방해하는 주된 장애는 이혼과 간음을 통한 유혹이다. 그 나라의 스무 명의 유명 인사들 중 세 명의 신자들이 이미 이 이유 때문에 믿음에서 떨어졌다. 국외로 추방된 그리스도인들의 결혼 역시 문제가 되고 있다. 이차 대전 이후 독일 목사들은 그들의 조국에 닥쳤던 사건들에서 악령들의 역할을 이렇게 말한다: "당신은 우리가 귀신의 세력에 홀렸다는 것을 이해하지 못한다면 독일에서 일어난 일을 이해할 수 없다. …우리는 스스로 귀신이 들리게 하였다."[12]

사회-정치적 시각에서 월터 윙크는 귀신들이 "히틀러 청년단의 정치적 형태와 SS(히틀러의 보디가드)와 비밀경찰(Gestapo)과 교회의

---

11) Dawson, 79.

12) Wink, *Unmasking the Powers*, 54.

부지불식간의 협력과 아리안 인종의 순결 이념과 북유럽 신화의 부활 등에 나타난 나치주의의 실제 영성이 되었다."고 믿는다. 그는 또 근대에 유행되고 있는 것으로 인류가 한 무리가 되어 악에게 굴복할 때 "악령들이 군중 정신 이상 형태로 나타나는" "집단적 홀림"에 대해서도 언급한다.[13]

전술한 것의 역도 사실이다. 맥캔들리쉬 필립스는 "하나님과 그의 말씀에 대한 신실성은 악령들의 권세를 깨뜨리고 사탄의 활동을 저지하는 방벽을 세운다. 이것은 개인의 삶 뿐 아니라 가정과 국가에도 해당될 수 있다."고 말한다. 그는 1926년 신지학(神知學) 학회가 미국에서 모든 종교들을 하나로 결합하고 미국 문명에 혁신적인 변화를 일으키도록 "세계적 교사"로서 힌두교 구루인 크리쉬나무르티의 돌풍을 일으키려 하였으나 실패하였던 이야기를 한다. 그 구루가 뉴욕 항구에 도착하였을 때, 그는 "강렬한 전기 환경"에 대해 불평하면서 그가 성공적으로 명상을 할 수 있을지 의심스럽다고 말하였다. 곧 그가 인도에서 그를 위해 역사하던 영들의 도움을 받지 못한 채 일관성을 잃어버리자 전국에 걸쳐 강연하려던 계획이 취소되었고, 그는 그것을 "이 땅에 만연한 나쁜 환경 조건들" 탓으로 돌렸다. 그는 결국 은둔하게 되었고 새 메시야로서 그의 주장을 포기하였다. 하나님은 그의 백성의 신실성과 그의 길을 따르려는 보다 광범위한 사회의 일반적 열심을 통해 미국 주변에 울타리를 쳐 놓으신 것이

---

13) Wink, *Naming the Powers*, 54.

분명하였다.[14]

지금도 여전히 우리 사회에서 이런 일이 일어난다면 어떨 것인가! 그러나 불행하게도 우리 사회는 하나님의 법에 대한 대부분의 불성실과 불순종과, 다양한 형태의 동방 신비주의와, 뉴 에이지 운동과, 특히 정직과 성실과 성적 순결과 관련된 도덕적 기준의 타락을 통해 문자 그대로 악령들이 침입할 수 있는 길을 활짝 열어 놓았다.

사탄은 기만적인 사고 양식들을 통해 지배력을 얻는다

세상을 지배하기 위한 사탄의 주요 전략은 대중을 속이는 것이다. 그것은 거짓말쟁이요 거짓의 아비인 그의 특성과 잘 조화한다. 그는 "믿지 아니하는 자들의 마음을 혼미케 하여 그리스도의 영광의 복음의 광채가 비취지 못하게" 한다(고후 4:4). 그는 사람들의 마음을 목표로 가장 유해한 공격을 시도하며, 그것을 위해 "자기를 광명의 천사로 가장한다"(고후 11:14). 〈타임 지〉는 영화 〈엑소시스트〉에 대해 거기 제시된 악마는 "쉬운 악마"였다고 평한다. 훨씬 더 위험하고 파괴적인 것은 수천만의 사람들이 실재에 대한 잘못된 개념을 가지는 것이다. 바울은 갈라디아와 골로새 교회 성도들에게 기만적인 철학들에 의해 "노략"당하고 다시 "초등 학문"(elemental spirits)의 종이 되

---

14) McCandlish Phillips, *The Spirit World* (Wheaton, Ill.: Victor, 1979), 21-24.

는 것에 대해 경고한다(갈 4:3; 골 2:8-9). 계시록은 최후의 아마겟돈 대전쟁을 위해 모든 민족들을 소집하는 범세계적인 사탄의 속임수도 기술한다(계 16:12-14).

짐바브웨(Zimbabwe)의 한 교회 지도자 리치먼드 치운디자는 그 나라의 악마적 세력들이 과거에 그 부족의 대 영웅들이던 느한다와 차미누카에 관한 전설을 어떻게 타락시켰는지를 설명한다. 지금 짐바브웨 정부 관리들은 이 영웅의 영들에게 점을 친다. 다른 귀신들은 동물 제사와 축제와 그들의 뜻을 전하는 개인을 통해 그 부족의 삶에 영향을 끼치고 있다. 부족원들은 이 영들의 허락 없이 부족 영토를 떠나는 것을 두려워하며 보호를 위한 부적을 지녀야 하고, 그들이 어디에 살게 되든지 날마다 그 영들을 달래고 만족시켜야 한다.[15]

고린도전서 10장 3-5절을 언급하면서 프랜시스 프랜지페인은 말한다. "나라와 공동체들 위에 사탄의 요새들이 있다. 교회와 개인들에게 영향을 미치는 요새들이 있다. 요새가 어디에 있든지 사탄의 활동의 본거지가 되는 것은 생각들로 만들어진 집…악마적으로 유도된 사고 양식이다.[16]

문화는 수 세대에 걸쳐 발전되고 사회가 작용하는 규범적인 방식으로 후손에게 전수된 많은 공통된 사고 양식들로 이루어져 있다.

---

15) Richmond Chiundiza, "High-Level Powers in Zimbabwe," in Wagner, *Engaging the Enemy*, 123.

16) Francis Frangipane, *The Three Battleground* (Marion, Ill.: River of Life Ministries, 1989), 21

예를 들어 많은 일본인들은 비록 외적으로 고도의 기술을 자랑하고 물질주의적으로 보일지라도 여전히 밀교 사상에 매여 있다. 인구의 삼분의 이가 신도 사당을 찾으며 대부분의 학교 아이들이 부적을 지니고 다닌다. 그리고 새 건물을 지을 때마다 신도 사제들이 봉헌 식을 거행한다. 최근에 있었던 새 일 왕 즉위식에는 그 나라의 민족 신인 태양 여신과의 성교 의식도 포함되어 있었다.

말리(Mali)의 보조(Bozo) 족은 영들의 축복으로 풍성한 수확을 얻기 위해 동물들과 백피증(선천성 색소 결핍증)의 사람과 같은 불구자들을 희생 제물로 바친다. 쌍둥이가 태어나면 그들은 그들 둘 다나 하나를 죽인다. 그것은 두 사람이 한 영을 공유할 수 없다는 이유 때문이다. 소말리아의 정령 숭배자들인 반투(Bantu) 족은 인간의 피가 없이는 그 땅이 풍성한 수확을 내지 않을 것이라고 믿는다. 따라서 토지의 비옥성을 보장하기 위해 모든 남자들이 마을 중앙에 모여 방망이로 난투를 벌인다. 좋은 수확을 가져오기에 충분한 피를 공급하기 위해 무수한 사람들이 다치고 죽는다. 중보기도 인도자로 잘 알려진 신디 제이콥스는 "서구적 정신 구조"의 특징을 이렇게 설명한다:

> 사탄은 초자연적 존재들을 부인하고 실재를 과학적으로 입증될 수 있는 것이나 물리적 의미로 알 수 있는 것에 귀속시키는 미국과 및 다른 나라들의 문화 속에 요새를 건축하였다. 그 결과 서구 교회는 영토 영들의 일을 믿지 않으며 따라서 사탄의 왕국은

불신 그리스도인들의 공격으로부터 안전하게 보호된다.[17]

실로 이것은 마귀의 가장 효과적인 속임수에 속한다. 그것은 교회로 하여금 그 사회의 다른 모든 사람들이 견지하는 비성경적이고 물질주의적인 세계관을 용납하게 함으로써 사탄의 활동 방식에 대해 전혀 무지하게 한다.

사탄은 어떻게 그의 지배를 유지하고 강화하는가?

정령 숭배적인 관행을 통해. 정령숭배는 "모든 비성경적 종교들의 기본 토대"를 이루는 것으로,[18] 그 요지는 인간들이 영의 세계를 조종할 수 있는 힘의 원천을 찾는 것이다. 그것의 목적은 사람들이 그들의 환경과 운명에 대한 지배권을 얻어 그들이 그들 자신의 신이 되고자 하는 데 있다(cf. 창 3). 거의 모든 종교와 문화들에서 정령 숭배자들은 비를 오게 하거나, 풍성한 수확을 거두거나, 새 일자리를 얻거나, 병을 고치거나, 자녀를 낳거나, 또는 학교 시험에 합격하기 위하여 영적 존재들을 조종한다. 무당이나 부적이나 의식들을 사용하여 그들은 질병과 저주와 재난과 마법으로부터 보호 받기를 구한다. 고대의 바알 숭배자들과 근대의 뉴 에이지 운동가들은 비슷하게 영

---

17) 1990년 11월 Cindy Jacobs가 필자에게 보낸 미공개 메모 중에서.

18) Phillp Steyne, *Gods of Power* (Houston: Touch, 1989), 17, 46.

들과 관계하고 그들을 조종함으로써 성공과 행복과 안전을 구한다. 그러나 대개 그들 자신이 조종 당하고 있다는 것은 깨닫지 못한다.

인간 중개자들을 통해. 사탄은 전체 사회를 위한 그의 계획을 수행하기 위해 정치적 지도자들을 사용한다. 여로보암과 같은 이스라엘의 지도자들은 "이스라엘을 몰아 여호와를 떠나고 큰 죄를 범하게" 하였다(왕하 17:21-22). 여로보암이 만들어 낸 금 송아지 제의는 북이스라엘 왕국이 내리막길로 치닫고 결국 앗시리아의 침략으로 멸망 당하는 주된 요인이 되었다. 또 널리 알려진 사실로 필리핀의 페르디난드와 이멜다 마르코스는 날마다 점쟁이에게 점을 침으로써 밀교와 깊이 관련되었고, 코리 아키노는 그들이 살던 궁에 악령들이 있는 것으로 느껴지기 때문에 그곳에 살기를 원하지 않았다. 마르코스가(家)가 그들 자신의 백성을 착취하여 무려 수 십억 달러를 모았다는 것도 그리 놀라운 일이 아니다. 그들은 수백만 사람들의 가난과 고통을 더욱 가중시켰다. 폴 팟(Pol Pot)은 자신의 동족인 캄보디아 백성을 이백만이 넘게 처형하였다. 히틀러, 스탈린, 사담 후세인, 요나스 사빔비, 슬로보단 밀로세빅 등 많은 다른 이들 역시 그러하다.

영적 중개자들은 사탄의 "청부 살인자들"로서, 그가 어떤 사회에서 그의 지배를 확장하고 그의 통치를 강화하는 수단으로 사용하는 인간 도구들이다. 마술사 시몬은 사마리아 사람들을 지배하는 사탄의 도구였다. "낮은 사람부터 높은 사람까지 다 청종하여 가로되 이 사람은 크다 일컫는 하나님의 능력이라 하더라. 오래 동안 그 마술에 놀랐으므로 저희가 청종하더니"(행 8:10). 박수이자 거짓 선지자 엘루마는 그의 영향력을 사용하여 바울이 바보의 총독에게 복음을 전하는 것을 방해하고 총독이 그리스도를 믿는 것을 막으려 하였다(행 13:6-11).

피터 와그너는 나이지리아의 이전 고위급 밀교 지도자의 경우를 말한다. 그는 "성 토마스 신"으로 알려졌었는데, 사탄은 그에게 열 두 영을 지배할 수 있게 하였고 그 각각은 또 육백 명의 귀신들을 지배하여 합계 칠 천 명 이상의 악령들이 그의 아래 있었다고 한다.[19] 밀교 사제들은 히틀러와 나치즘의 발흥에도 기여하였다. 에릭 하누센(Erik Hanussen)은 "밀교의 왕궁"(The Palace of the Occult)을 경영하던 점성술가였으며 나치즘의 발전에 기여한 그의 영향 때문에 "제삼제국(나치)의 선지자"로 알려졌었다.[20] 필리피노 무당들이나 바빌란은 영들과 관련된 일의 전문가들이다. 그들은 자신들이 고치거나 죽이는 능력과 악령들을 쫓아내고 축복을 받는 부적을 만들 수 있는 능력을 지니고 있다고 주장한다.

신디 제이콥스는 서구 식의 영적 중개자들인 사탄 숭배자들과 마녀들은 목사와 교회 지도자들을 유혹하기 위해 의도적으로 사람들을 보낸다고 말한다. 그들은 주로 주문과 미약(媚藥)과 부적들을 사용한다. 그들은 "사람의 영혼을 사냥하고자"(겔 13:17-23) 마법을 사용한

---

[19] C. Peter Wagner, "Territorial Spirits," in C. Peter Wagner and F. Douglas Pennoyer, eds., *Wrestling with Dark Angels* (Ventura, Calif.: Regal, 1990), 76

[20] Phillips, 27.

다. 그들은 또 그리스도인들을 괴롭히는 악마적 능력을 베풀기 위해 부정한 방법의 중보와 금식도 사용한다. 그들은 그들의 주인에게 매우 헌신되어 있으며, 두려움이나 능력을 얻고자 하는 바람에서 그를 섬긴다. 사탄의 조직 안에서 그들이 섬기는 영의 서열이 높으면 높을수록 그들은 더 많은 악마적 능력을 행사한다. 그 영들과 협력하여 그들은 사람들에게 저주를 내릴 수 있으며 심지어 신체에 이상을 야기시킬 수도 있다. 에드 실보소(Ed Silvoso)는 아르헨티나의 한 영매자 집단이 어떤 교회를 파괴하기 위해 그 교회 지도자들 사이에 분규가 일어나도록 기도하였던 사건을 말한다. 내가 사는 곳인 캘리포니아의 우플랜드에서는 뉴 에이지 제의와 관련된 영매자들이 지역교회 회중에게 해를 입히고 그들을 분열시키기 위해 교회와 그 목회자들을 저주하였었다.

다행히 기도하는 그리스도인들의 임재가 영매자들과 그들을 지배하는 밀교 영과의 관계를 차단하고 파괴하는 증거가 점점 더 뚜렷해지고 있다. 내가 선교사로 봉사하던 말레지아의 한 소도시에서는 영매자들이 축제를 벌이고 그들의 영들이 그들에게 강림하도록 기원하고 있을 때 한 중국인 크리스쳔 여성 사역자가 그 축제 마당 바깥에서 버스를 기다리고 있자 그 일을 이룰 수가 없었다. 결국 그들은 바깥으로 나와 그녀에게 그곳을 떠나 주도록 호소하였다. 가나(Ghana)의 한 목사는 나에게 그들이 복음을 전하던 지역에서 그리스도인들이 합심하여 그 지역을 위해 기도하기 시작하자 그 지역의 주술사가 그의 능력을 잃어버렸다고 말하였다. 이런 유의 기도의 능력에 대해서는 후에 더 말할 것이다.

영들의 출몰을 위해 구별된 장소나 사물들을 통해. 타이 선교사 조이 보에스(Joy Boese)는 그녀가 사는 소도시에 "영 기둥들"이 세워졌을 때 복음에 대한 그 나라 국민의 설명하기 어려운 냉담성과 영적 압력이 점점 증가하는 것을 느꼈다고 말한다. 그녀는 한 편지에서 이렇게 쓰고 있다: "지역 사람들로부터 나는 많은 도시들이 어떤 공인된 기둥에 거하는 보호와 지배 영을 가지고 있다는 것을 알았습니다. 그 지방의 도지사는 그의 도시나 지역을 보호해 줄 영을 초청하기 위해 기둥을 세우곤 합니다."

티벳 불교도들 사이에서 사역하는 또 다른 선교사 팜 시워드(Pam Seaward)는 그녀가 그 사람들을 위해 기도하고 있을 때 한 티벳 불교의 "신"이 그녀에게 나타났다고 말한다. 그녀는 그 추한 형상을 꾸짖었으나, 그것은 "내 물건들이 여기 있다."고 말하면서 떠나지 않았다. 시워드는 그녀의 하숙집 주인이 그 방의 벽장 속에 넣어 두었던 티벳 불교도의 종교적 비품을 발견하였다. 그녀가 그 귀신의 "물건들"을 제거하지 않았을 때, 그것은 떠나려 하지 않았다.

피터 와그너는 "귀신들은 숫자와 종류에 관계없이 제조품과 자연물 뿐 아니라, 동물, 우상…나무, 산, 건물에도 달라붙는다"라고 말한다.[21] 영적 존재는 우리가 경험하는 것과 같은 공간적 한계에 구속되지 않기 때문에, 이 목적을 위해 구별된 사물이 있기만 하다면, 그들이 동시에 여러 사물들에 달라붙는 데는 조금도 어려움이 없다.

---

21) Wagner, *Warfare Prayer*, 79.

하나님께서 모세를 통해 이스라엘에게 "가증스러운 물건"들은 그것들이 그들에게 미칠 파괴적인 영향 때문에 어떤 것이라도 그들의 집에 들여오지 말도록 명령하신 것은 지극히 당연하였다. 이런 시각에서 볼 때 요시아 왕과 같은 개혁자들이 그 땅에서 이방 신들을 섬기는 데 사용된 산당과 사당과 다른 밀교 물건들을 제거하였을 때 그 행동이 무자비하였던 것도 충분히 이해할 만하다(신 7:25-26; 왕하 23).

때로 인간 제물을 포함한 숭배 의식들을 통해. 영들은 그들을 숭배하는 의식들을 통해 그들의 힘을 강화한다. 서부 아프리카의 일부 지역에서는 때로 영들로부터 보다 강력한 능력을 얻기 위해 인간 제물이 사용되고 있다. 세네갈의 레부(Lebu) 족은 해변에서 좀 떨어진 한 섬에서 그와 같은 제사를 지내는 것으로 전해진다. 그 결과 다른 부족 집단들은 그들이 엄청난 정치적, 경제적, 영적 능력을 지닌다고 본다. 말리의 디온카(Dionka) 부족은 살해의 신 코모를 섬긴다. 그 지역의 크리스천 사역자들은 일부 지방에서 낯선 사람들이 잡혀 이 신에게 제물로 바쳐지기도 하였다고 말한다.

우리는 우리 사회가 보다 진보되어 있다거나 이런 관습들로부터 멀리 떨어져 있다고 안일하게 생각하지 말아야 한다. 그 한 예로 40개 이상의 지부를 가진 미국의 국민적 조직인 OTO(Ordo Templi Orientis)와 연결된 사탄 숭배자들의 일당 데빌피쉬(Devilfish)가 있다. 그들의 책 「OTO의 비밀 의식들」에는 사탄적인 능력을 증가시키기

위해 인간 제물을 바치는 방법이 기술되어 있다.[22]

로스앤젤레스의 전(前) FBI 국장 테드 군더슨(Ted Gunderson)은 밀교와 관련된 범죄에 관한 한 세미나에서 FBI가 십만이 넘는 "행방불명자" 명단을 가지고 있는데 그 중 반이 밀교 제사의 희생 제물로 추정된다고 밝혀 참석자들을 경악하게 하였다.[23] 만약 그의 추측이 단지 십%만 맞다 하더라도 그것은 중대한 관심을 불러일으킬 만하다.

하나님의 백성의 간섭을 막음으로써. 앞에서 이미 살펴보았듯이 선지자 다니엘이 정치적 영역과 그들의 미래 상호작용에 있어 그들의 목적과 계획을 노출시키는 계시를 받으려 하였을 때, 정사와 권세들에 속하는 강력한 영들은 그가 그것을 받지 못하도록 방해하였다. 그 계시는 그의 민족 이스라엘에게 장차 있을 속임과 박해의 위험을 경고할 뿐 아니라, 이 모든 미래 사건들이 하나님의 주권하에 있다는 것을 나타내기도 하였다(단 10-12).

에베소를 지배한 정사 아데미는 은장색 데메드리오와 그의 동업자들을 선동하여 폭동을 일으키게 함으로 진리가 전파되는 것을 방해하였을 수 있다. 또 사탄 자신이 바울의 선교 계획을 방해하고(살전 2:18), 그리스도인들을 감옥과 환난에 던지기도 한다(계 2:10). 베드로

---

22) Dianne Core, "We Are in the Middle of Spiritual Warfare," *The New Federalist*, October 1989, 15.

23) 1990년 캘리포니아 온타리오 경찰국이 주관한 밀교 범죄에 관한 한 토론회에서.

전서 5장은 그를 모든 하나님의 백성에게 고난을 가져오는 우는 사자로 묘사한다.

프린시프/사오 톰(Principe/Sao Tome)의 한 선교사는 그가 "악마적 군(君)"과 만난 것을 보고하였다. 이 영은 자기 영토에서 선교 활동을 하는 것을 막기 위해 그와 이제 막 발돋움하는 교회를 위협하였다. 그리고나서 콜레라가 발생하여 그의 첫 회심자들 중 몇 명의 목숨을 비극적으로 앗아갔다.

아리조나의 한 목사 헥토 토레스는 사탄은 낙담과 연약함을 통해 성도들을 지치게 하고, 사역자들과 사역들의 평판을 떨어뜨리고, 특히 교회와 가족 관계에 분열을 야기시킴으로써 하나님의 백성을 무기력하게 만들기를 꾀한다고 말한다. "사탄의 계략은 하나님이 제정하신 세 제도를 파괴하는 것이다. 그 셋은 가정과 교회와 국가이다." 토레스는 특히 가정이 "모든 관계의 기초"이기 때문에 가정에 대한 사탄의 공격을 강조한다.[24]

사탄과 그의 궤계를 정복하는 방법

많은 성경 주해자들이 여호수아서를 교회가 영적 영역에서 해야 할 바를 물질적 영역에서 설명하는 것으로 해석한다. 여호수아와 이스라엘 백성이 하나님이 가나안 땅에서 그들에게 주신 영토를 취하

---

24) 1990년 11월 Hector Torres가 필자에게 보낸 미공개된 메모 중에서.

였듯이, 오늘날 하나님의 백성 역시 사탄과 어둠의 세력들로부터 "영토"를 되찾아야 한다. 예수님은 우리에게 "내가 돌아오기까지 장사하라"고 말씀하셨다(눅 19:13). 이것은 우리가 이웃에서나 직장에서나 어디에서든지 그를 위해 영향력을 발휘해야 한다는 것을 뜻한다. 여호수아의 질문은 우리에게도 역시 던져질 수 있다: "너희가 여호와께서 너희에게 주신 땅을 취하러 가기를 어느 때까지 지체하겠느냐?" 그리스도인으로서 우리가 사탄과 그의 계략들을 정복하고 그의 지배로부터 영토를 탈환할 수 있는 방법은 여러 가지가 있다:

중보기도를 통해 잃었던 영토를 재점령하라. 성경과 교회 역사 모두에서 하나님이 개인과 사회를 지배하려는 사탄의 세력들을 정복하기 위해 성령의 능력을 통한 기도를 사용하신다는 증거는 풍부하다. 이스라엘이 대부분 악신들을 의지하였던 가나안 족속들을 정복할 때, 여호수아의 승리의 한 비결은 그가 모든 결정적인 전투들에서 이스라엘을 위해 하나님이 간섭하실 것을 믿고 기도한 점이었다. 하나님께서 블레셋 사람들에게 우뢰를 내려 어지럽게 함으로써 그들을 이스라엘 앞에서 패하게 한 것은 사무엘의 중보기도 때문이었다. 그 결과 하나님의 백성은 인접 지역 뿐 아니라 이전에 블레셋 사람들에게 빼앗겼던 영토까지 탈환하였다(삼상 7:7-14). 기드온과 같은 사사들과 다윗, 여호사밧, 히스기야와 같은 왕들 역시 기도를 통해 하나님께 의지함으로써 하나님의 구원과 영토 회복을 경험하였다.

성령의 능력 안에서 하는 기도는 항상 초대 교회의 선교 사역을 결속하고 확장하였다. 사도행전에서만 기도가 삼십 번 이상 언급되는데 대부분 그것은 기독교 운동이 확장되는 과정에서 주요 돌파구들을 형성하였다. 기독교 역사를 회고하면서 로버트 글로버는 "선교 연대기의 봉우리들을 이루는 모든 강력한 영적 부흥들은 기도에 그 뿌리를 두었다."[25)]고 말하였다. 중국 선교사 조나단 고포트는 금세기 초에 한국과 중국에서 수십만의 사람들을 그리스도께로 돌아오게 한 강력한 영적 각성들을 설명하면서, "1907년 오만 명의 한국인들을 그리스도께 돌아오게 한 부흥의 깊은 동기는 강렬한 믿음의 기도에 있었다. 우리가 경험한 중국의 모든 성령 운동들 역시 기도에서 그 자취를 찾을 수 있다."고 말하였다. 한 선교사는 이렇게 덧붙였다: "주님이 우리의 적은 기도로 그토록 큰 일을 하셨는데, 만약 우리가 우리가 해야 할 만큼 충분히 기도하였더라면 그가 과연 어떤 일을 하셨을까요?"[26)]

웨슬리 듀웰(Wesley Duewel)은 인도에서 그의 선교 사역 초기 이십 오 년 동안 교회를 설립하는 일이 얼마나 힘들고 느렸던가를 설명하였다. 선교사들의 갖은 노력에도 불구하고 겨우 일 년에 한 교회 씩 탄생할 뿐이었다. 철저한 원인 분석의 결과 그 선교사들은 그들의 본국에서 그 사역을 위해 하루 십 오 분 씩 기도할 천 명의 사람들을

---

25) Robert H. Glover, *The Bible Basis of Missions* (Chicago: Moody, 1946), 180.

26) Jonothan Goforth, *By My Spirit* (New York: Harper & Brothers, 1930), 184-85.

모집하기로 하였다. 결국 이 기도의 노력이 대세를 바꾸어 놓았다. 그다음 두어 해만에 25개에 불과하던 교회가 550개로 불었고 신자들은 2,000명에서 73,000명으로 늘어났다. 후에 그 나라의 한 국민 지도자가 그에게 말하기를 "이것은 우리가 상상하지도 못한 일입니다."라고 하였다.

1800년대 중반 인도의 텔루구 천민들 사이에서 일어났던 대 부흥은 옹골(Ongole) 시를 내려다보는 한 고지대 "기도회 언덕"(Prayer Meeting Hill)에서부터 시작되었다. 1853년 그들의 선교회가 결실의 부족으로 그 사역을 포기하려는 시점에서 한 선교사 부부와 세 명의 인도인 동역자들이 텔루구 주민들을 위해 그 언덕에서 밤을 지새우며 기도하였다. 그 밤의 씨름 끝에 그들은 그들의 기도가 이겼다는 확신을 다 같이 느끼게 되었다. 마침내 복음에 대한 반대가 무너지고 성령의 부으심이 일어나자, 육 주 사이에 팔천 명의 사람들이 그리스도께로 돌아 왔다. 어느 날은 하루에 이천 명이 세례를 받아 그 지역의 교회가 당시에 세계에서 가장 큰 교회가 되기도 했다.[27]

오늘날 세계 최대 교회를 담임하는 조 다윗 목사는 그가 처음 사역을 시작하였을 때 그 마을을 지배하던 마귀의 압제를 설명한다. 영적 속박을 깨뜨리는 열쇠는 수개월 동안 지속된 기도였으며, 그것은 칠년 동안 중풍으로 누워 있던 한 여인에게서 귀신을 쫓아내는 데서 절정에 달하였다. 그녀의 병고침과 구원과 더불어 교회는 폭발적으

---

27) Glover, 181.

로 성장하였다. 그가 말하는 대로 "그 마을의 하늘이 환히 열려서 하나님의 축복이 부어지기 시작하였다."[28]

왜 하나님은 우리의 기도를 요구하시는가? 성경은 중보기도가 지상의 백성들을 위한 하나님의 은혜로운 목적을 성취하는 데 열쇠라고 가르친다. 그는 우리를 불러, "내게 구하라 내가 열방을 유업으로 주리니 네 소유가 땅 끝까지 이르리로다"(시 2:8)라고 말씀하신다. 에스겔은 하나님이 그 땅을 위해 "성 무너진 데를 막아 설" 사람을 찾고 계신다고 말한다(겔 22:30). 이사야는 하나님이 예루살렘 성벽 위에 파수꾼들을 세워 두셨다고 말한다. 그들은 "종일 종야에 잠잠치 않으며," "여호와께서 예루살렘을 세워 세상에서 찬송을 받게 하시기까지" 그들 자신들도 쉬지 않고 하나님도 쉬지 못하게 하는 자들이다(사 62:6-7).

왜 전능하신 하나님이 그의 백성의 기도에 의존하는 것으로 자신을 제한하시는가? 사실 그것은 신비로운 문제이나 나는 그것이 그가 인류에게 땅을 다스리는 권세를 주셨기 때문이라고 믿는다. 우리가 본 대로 이 권세는 인간의 타락과 동시에 사탄과 그의 졸개들에게 양도되었다. 그러나 그리스도의 구속을 통해 이 권세는 회복되고 있다. 그리고 기도를 통해 우리는 그의 구속 받은 백성으로서 세상에

---

28) Paul Yonggi Cho, "City Taking in Korea" in Wagner, *Engaging the Enemy*, 117-18.

대해 하나님이 우리에게 주신 권세를 재확언하며, 모든 권세와 능력에 탁월히 뛰어나신 그리스도와 더불어 다스리고 통치한다(엡 1:21; 2:6). 믿음의 기도를 통하여 우리는 하나님이 우리의 괴로운 세상을 간섭하실 수 있는 문을 연다. 성령은 우리에게 어떻게 기도하는지를 보여주시며 사실 하나님의 뜻을 따라 우리를 통해 기도하신다(롬 8:26-27). 예수님은 우리에게 기도의 능력과 관련하여 백지 수표를 주신 것과 다름없다. 그것은 다른 신자들과 함께 합심하여 기도함으로 사용될 때 무한한 능력을 발휘할 수 있다: "진실로 다시 너희에게 이르노니 너희 중에 두 사람이 땅에서 합심하여 무엇이든지 구하면 하늘에 계신 내 아버지께서 저희를 위하여 이루게 하시리라"(마 18:19)…"너희가 내 이름으로 무엇을 구하든지 내가 시행하리니…내 이름으로 무엇이든지 내게 구하면 내가 시행하리라"(요 14:13-14).

마가복음 9장에서 악한 영을 쫓아 내어야 했을 때, 예수님은 제자들에게 "기도 외에 다른 것으로는 이런 유가 나갈 수 없느니라"고 말씀하셨다(29절). 만약 이것이 적어도 몇몇 귀신 들린 개인들에게서 사실이라면 그것이 사회에 대한 영적 압제에 있어서도 사실이지 않겠는가? 바로 여기에 도시와 국가에 대한 마귀의 속박을 깨뜨리기 위해 하나님의 백성이 합심하여 중보기도하는 것이 그토록 중요한 이유가 있다. 이것과 관련하여 헨드릭 벌코프는 그의 백성이 기도할 때 하나님이 그들에게 주시는 영 분별의 은사를 말한다: "이것은 특히 어떤 구체적인 시간과 장소에서 사람들의 마음과 행동을 지배히는 권세들을 분별하는 것을 포함한다."29)

딕 이스트만은 「그리스도를 위한 모든 가정」이란 책자를 배포할 때 집중 기도가 어떤 효과를 가져왔는지를 설명한다. 그들이 기도 없이 책자를 배포한 한 마을에서 그들은 10%의 반응을 얻었을 뿐이었다. 그러나 직원들이 전체 마을을 위해 기도한 다른 장소에서는 55%의 반응을 얻었다. 그런데 직원들이 책자를 배포하는 각 가정을 위해서 기도하였을 때 열 가정 중 여덟 가정이 반응하였다(80% 반응).30)

주의와 비평의 말. 우리가 중보기도를 할 때 영을 분별하는 것은 매우 중요하다. 특히 우리의 기도가 정사와 권세들을 공격하는 것이나 그들을 "결박"하는 것에 초점을 맞출 때 우리는 매우 주의해야 한다. 성경은 우리에게 이것을 하도록 결코 분명하게 가르치지 않으며, 예수님이나 바울이나 성경의 다른 인물들의 사역에서도 이런 보기를 찾기는 어렵다. "국민 기도 대사관(National Prayer Embassy)"의 B. J. 윌하이트는 이렇게 말한다:

> 사도들이 사람들에게 이런 보이지 않는 세력들에 관해 가르치는 데 많은 시간을 쓴 것 같지는 않다. 베드로나 바울이나 야고보

---

29) Berkhof, 47.

30) 1991년 Dick Eastman이 "영적 전쟁 망" 협의회에서 구두로 제시한 것 중에서. 이것은 1994년에 출판될 그의 책 「여리고 시간」(The Jericho Hour)에 언급될 것이다.

나 요한 등이 그리스도인들이 이런 영적 세력들을 밝혀 내고 그들에게 명령함으로 그들을 결박해야 한다고 가르친 적은 한 번도 없는 것 같다…초기 제자들이 이 영역에 그다지 관심을 쏟지 않은 것을 우리는 어떻게 설명해야 하는가? 예수님이 그들에게 그와 같은 것들에 관해 전혀 가르치지 않으셨는가? 그들이 너무 미숙하여 성령이 이런 성질의 것을 그들에게 계시하지 못하셨는가? 또는 그들이 아마 사탄의 능력이 예수님의 십자가에 의해 멸망되었다고 믿었는가?…그들이 한 사람이 예수께 돌아왔을 때 사탄의 능력은 그 사람의 삶에서 무력하게 되었으며 한 도시가 부흥을 경험하였을 때 사탄은 더 이상 그 도시를 지배할 수 없다고 믿었는가?[31]

우리가 생각하기로 그토록 중요한 문제는 신약성경에서 보다 공개적으로 가르쳐지고 분명하게 입증되었어야 할 것이나, 오히려 예수님과 초기 제자들은 주로 개인들 속에 있는 귀신들이 자신들을 밝혀서 그것을 다루어야 했을 경우를 제외하고는 그들의 모든 열정을 사람들에 대한 사역에 쏟은 것으로 보인다. 그들은 결코 귀신 들린 사람들에게 의도적으로 초점을 맞추지 않았다. 귀신을 쫓아내는 것은 부수적인 일이었을 뿐 그들의 주된 사명은 언제나 하나님 나라의 복음을 선포하는 데 있었다. 바울은 기도의 주요 주제가 사람들이 되도록 특히 왕이나 높은 지위에 있는 모든 사람들을 위해 기도하도록

---

31) B.J. Willhite, "Dangers and Pitfalls of Spiritual Warfare," 1990, 11월 30일에 있었던 "영적 전쟁 망" 협의회를 위한 미공개 자료에서.

권고하였다. 그것은 하나님이 모든 사람이 구원을 받으며 진리를 아는 데 이르기를 원하시기 때문이다(딤전 2;2, 4). 그리고 이런 유의 기도는 영적 부흥과 개인과 사회 전체가 어둠의 지배에서 회복되는 일에 있어 놀라운 결과들을 가져왔다.

  근래에 자신들이 우주 차원 또는 "전략적" 차원에서 활동하고 있다고 생각하는 서구 특히 미국의 기도 인도자들이 주창하는 바 힘들게 수고하지 않고 손쉽게 "영토 영들"을 도망가게 하는 방법은 주제넘으며 위험할 수 있다. 그것이 주제넘은 것은 우리가 우리의 기도와 구체적인 정치적 혹은 역사적 변화를 터무니없이 일대일로 상호 관련짓고 그 변화의 공로를 우리 것으로 돌릴 수 있기 때문이다. 그러나 실제로 그와 같은 모든 변화에 관련된 하나님과 인간과 마귀적 요소들 사이의 역동적인 상호작용은 훨씬 더 복잡하고 불가해하다. 그리고 그것이 위험한 것은 영적 교만의 가능성 때문이다. 그것은 바로 루시퍼가 범한 죄이기도 하다. 예를 들어, 일부 미국의 중보기도자들이 붉은 광장에서 열린 특별한 기도 집회 기간 동안에 러시아를 지배하는 영토 영을 결박하였다고 선언하였고 이제 러시아 대부흥이 가능하게 되었다는 암시를 강하게 주었다. 이런 유의 흥분을 일으키는 이야기들이 종종 겉치레 뿐인 선교 보고지에 장황스럽게 등장한다. 그러나 거기에 설명된 활동들은 기껏해야 그와 같은 사건이 일어난 이유의 일부에 불과하다. 이는 수천의 다른 사람들 역시 그 같은 일을 위하여 종종 오랜 기간 동인 기도해 왔기 때문이다.

  (나는 이전 소련의 공산주의 붕괴와 수백만 사람들의 놀라운 영적 각성은 스탈린의 강제노동 수용소에 투옥된 채 고통 당하며 수십 년

간 기도한 수많은 러시아 그리스도인들의 기도에 대한 하나님의 주권적 응답이라고 확신한다. 이들 그리스도인들 중 한 사람인 파스토르 니콜라이는 햇빛도 들지 않는 감방에서 성경이나 읽을 책도 없이 많은 세월을 보내야 했다. 내가 그에게 어떻게 그 시간을 보냈는지 물었을 때, 그는 "나는 이 도시를 위하여 기도하였어요."라고 대답하였다. 그가 마음을 쏟아 중보기도한 그 도시가 이제 영적 부흥의 진원지가 되는 것이 어찌 이상한 일이겠는가?)

물론 주님은 그의 백성 중 누구의 기도든지 사용하시는 것처럼 미국의 제트족(비행기로 다른 나라에 가서 중보기도 집회를 인도하는 사람들을 비꼰 말 — 역주)의 기도도 사용하실 수 있고 또 사용하실 것이다. 그러나 영적 속박을 끊는 일을 과도하게 단순화하는 우를 범하지는 말자. 편리위주의 미국 문화와 일치하여 우리는 즉각적이고 손쉬운 해결책을 제시하기 좋아한다. 그러나 해당 지역의 신자들은 여러 해 동안 피땀 흘려 기도해 왔을 뿐 아니라 큰 고통도 감내해 온 사실을 잊지 말아야 한다.

우리는 또 "영광을 훼방하는" 이들에 관한 작은 책 유다서의 큰 경고에도 주목해야 한다(8절). 심지어 천사장 미가엘도 "감히 훼방하는 판결을 쓰지 못하고" 사탄에게 공손하게 말하기를, "주께서 너를 꾸짖으시기를 원하노라"고 하였다(9절). 만약 하나님께서 우리를 인도하여 기도로 악의 정사들을 결박하게 하신다면, 우리는 주의깊고 공손하게 그것을 해야 한다. 분명한 성경의 증거가 없는 때 우리가 취할 수 있는 가장 안전한 자세는 그 천사장을 본받는 것이다. 그와 같이 주님께 결박하고 꾸짖으시기를 간구하자. 오직 그만이 "만군의 주"이시며, 사탄과 귀신들이 실제로 두려워하고 순종하는 유일한 분이시다.

그리스도의 복음 선포. 복음서는 예수님의 사역의 으뜸 된 목적이 여러 곳을 순회하며 하나님 나라의 복음을 선포하고 입증하는 것이었다는 점을 분명하게 보여준다. 그가 제자들에게 "내가 이를 위하여 왔노라"고 말씀하신 대로, 그는 항상 서둘러 아직 그의 메시지를 듣지 못한 다른 마을들로 옮겨가셨다(막 1:38-39). 그가 귀신의 영역에 손을 대신 것은 단지 복음을 전하는 과정에서와 그 희생자들에 대한 동정심에서였다. 그의 축귀 사역은 대개 귀신들이 실제로 자신들을 나타내었을 때 그것에 대한 반응으로 행해졌으며, 그 목적은 속박되어 있는 자들을 자유롭게 하기 위함이었다. 그의 초점은 고위급의 어둠의 세력들과 대결하는 것이 아니라 사람들을 자유롭게 하는 데 있었다.

"친구 선교사 기도 단(Friends Missionary Prayer Band)"의 한 인도인 지도자는 그들의 선교사들이 귀신 들린 자를 찾으러 나서는 것이 아니라 그들이 열심히 복음을 전하고 있으면 귀신이 그들을 찾아낸다고 말하였다. 항상 그렇듯이 귀신들이 그들을 대적할 때 그들은 그것을 자신의 전도 사역의 일부로 다룬다. B.J. 월하이트도 여기에 동의한다:

> 이 싸움은 무엇에 관한 싸움인가? 그것은 사탄에게 포로된 영혼들을 되찾는 싸움이 아닌가? 우리는 사탄에게 명령하는 것으로 그들을 풀어 주지 못한다. 그러나 우리가 그들에게 예수에 관한

진리를 말할 때 우리는 그들을 풀어 준다. …나는 그와 같은 영들을 결박하는 것을 추수의 선결 조건으로 내세우는 것은 위험하다고 생각한다. 예수님은 그의 제자들에게 온 세상에 가서 마귀의 모든 세력들을 결박하도록 말씀하지 않으셨다. 그는 모든 사람에게 복음을 전하라고 말씀하셨다.32)

사도 바울도 비슷한 자세로 사역에 임하였다. 그는 에베소에서 두 해 동안 설교하며 가르침으로써 마침내 "아시아에 사는 자는 유대인이나 헬라인이나 다 주의 말씀을" 듣게 하였다(행 19:10). 이것은 사람들을 어둠의 세력에서 구해 내어 많은 이들이 그들의 마술 책과 비품들을 공개적으로 불사르게 되었다. 그 후에 데메드리오와 다른 장인(匠人)들이 위협을 느끼고 그리스도인들을 대항하여 폭동을 일으키게 되었을 때, 비로소 "고위급의 영"과의 대결로 생각될 만한 일이 일어났다(23-41절). 사도의 관심은 그리스도의 복음과 그에 관한 지식을 모든 곳에 전파하는 것이었다. 그에게 있어 영적 전쟁은 인간들의 영혼과 마음을 위한 싸움으로, 그들이 구원받고, 어둠에서 빛으로 옮겨지고, 하나님의 그들을 위해 예비하신 것이 그들에게 이루어지는 것을 의미하였다(행 26:17-28; 고후 2:12-15). 이 일을 수행함에 있어 바울의 가르침의 목표는 "요새" 즉 사탄의 속임에 의해 그의 청중이 지니고 있는 잘못된 사고방식을 파하는 것이었다(고후 10:3-4). 그것은 그들을 하나님의 진리로 설복시키는 것이었다.

---

32) Willhite, 5.

미국의 대 부흥사 찰스 피니(Charles Finney)는 종종 기도와 그리스도의 진리를 나누는 것이 결합될 때 하나님은 그것을 사용하여 영적 부흥을 일으키신다고 말하였다. 하나님은 악의 세력들을 제한하기 위해 우리의 기도를 사용하시고 그들이 떠나고 남은 빈 공간을 채우기 위해 그리스도에 관한 복음의 가르침을 사용하신다. 정사와 권세들이 폭로되는 것은 복음의 가르침을 통해서이다. 이는 그 복음이 인간을 지배하는 그들의 수단—속임—을 파괴하기 때문이다. 벌코프가 말한 대로 "가면이 벗겨지고 그들의 본성이 폭로되면서, 그들은 인간에 대한 그들의 강력한 지배력을 상실하였다. 십자가가 그들을 무장 해제시켰다. 그것이 전파되는 어디에서나, 그 권세들은 가면이 벗겨지고 힘을 잃어버린다. 비록 그들이 여전히 존재할지라도 그리스도가 선포되고 신앙되는 곳에서 그들은 제한적으로밖에 그들의 일을 하지 못한다."[33]

리치먼드 치운디자는 우리의 초점을 사람들에게 두어야 한다는 데 동의한다. 그는 "교회가 때로 범하는 실수는 영토 영들의 조직과 구조를 공격하는 것이다"라고 말한다. "교회는 자유케 하는 복음을 먼저 전하고, 그다음 그것에 따르는 세력 대결에 관여해야 한다."[34]

하나님의 법에 순종. 하나님과 그의 기준들에 순종하는 것은 영적 전쟁에 있어 매우 중요하다. 우리는 영적 전쟁을 너무 좁은 의미

---

33) Berkhof, 39, 43.

34) Chiundiza, 126.

에서 정의하는 경향이 있다. 그러나 사실상 성경은 매우 넓고 전체적인 시각을 취하는 것으로 보인다. 사도 바울은 그의 전생을 "선한 싸움을" 싸우는 그리스도의 종으로 회고하였다(딤후 4:7). 그는 하나님을 섬기는 그의 싸움을 이렇게 묘사한다:

> 많이 견디는 것과 환난과 궁핍과 고난과 매 맞음과 갇힘과 요란한 것과 수고로움과 자지 못함과 먹지 못함과 깨끗함과 지식과 오래 참음과 자비함과 성령의 감화와 거짓이 없는 사랑과 진리의 말씀과 하나님의 능력 안에 있어 의의 병기로 좌우하고 영광과 욕됨으로 말미암으며 악한 이름과 아름다운 이름으로 말미암으며 속이는 자 같으나 참되고…징계를 받는 자 같으나 죽임을 당하지 아니하고…아무것도 없는 자 같으나 모든 것을 가진 자로다(고후 6:4-10).

바울에게 있어 영적 전쟁은 이 모든 것을 포함하였다. 왜냐하면 사람들을 그리스도께로 돌아오게 하기 위해 어둠의 권세와 맞서 싸우는 그의 싸움에는 그 모두가 필요하였기 때문이다. 사도는 여기 고린도 후서와 그의 다른 서신들에서 그의 싸움의 다양한 국면들을 상세히 기술한다. 이런 것들은 참된 영적 전쟁을 위해서는 대가를 치러야 함을 입증하는 것으로 최근의 일부 미국 기도 인도자들이 보급하고 있는 편협된 생각과는 큰 차이를 지닌다. 그들의 접근은 본질로 "소란도 없고 법석도 없는" 방식이다. 그들은 영적 전쟁에 필요한 것은 단지 우주 차원에서 영들에 대항하여 기도하는 것뿐으로 생각한다. 그러나 그것은 영적 전쟁의 문제를 지나치게 단순화하고 또 지나치게 영적인 면에 국한시키는 위험을 내포한다.

　이스라엘이 계속하여 기억해야 했던 것은 여호와께 순종하며 신실하게 그의 도를 지키는 것이었다. 그렇게 하면 그가 그들의 원수를 맡으실 것이었다. "내 백성이 나를 청종하며 이스라엘이 내 도 행하기를 원하노라. 그리하면 내가 속히 저의 원수를 제어하며 내 손을 돌려 저희 대적을 치리니"(시 81:13-14; cf. 출 14:14; 신 1:30). 맥칸들리쉬 필립스는 그리스도인이 마귀를 막을 수 있는 주된 방벽은 하나님과 그의 말씀에 순종하는 것이라고 말한다. 그는 사탄이 한 민족을 접수하는 과정은 첫째로 그들이 하나님과 그의 말씀을 믿는 믿음에서 떠나며, 둘째로 그들이 점점 죄에 탐닉하게 되고, 셋째로 우상 숭배와 초자연주의로 옮겨가다가, 넷째로 폭정과 독재로 옮겨가는 것이다고 본다. 그는 미국이 지금 제삼단계에 와 있다고 암시한다. 우리가 그리스도인들로서 하나님의 도를 따라 사는 것은 얼마나 중요한가! 그것은 우리가 매우 유력하게 행할 수 있는 영적 전쟁의 한 방식일 수 있다. 슐리에르는 그것을 이렇게 말한다:

> 정사들과의 싸움은 근본적으로 내 자신과 더불어 그리고 내 자신 속에서 시작된다. 만약 내가 마귀의 힘을 약화시키는 정도가 아니라 그를 대적하고 몰아내고자 한다면, 그 싸움은 그에 대해 나 자신을 부인하고, 내가 진리와 정의와 평화와 소망을 선택하고 그 안에 거하는 것으로써만 수행될 수 있다…그 악한 자는 우리가 경건한 삶과, 필요하다면 그리스도의 대의를 위해 죽음으로 우리 자신을 제물로 드릴 때, 그의 힘을 전혀 사용할 수 없

다.[35]

사회 개혁을 위해 일함: 정의를 행하고 인자를 사랑함. 앞에서 언급한 대로 성경은 영적 전쟁에 관해 상당히 광범위한 시각을 취하는 것으로 보인다. 그것은 악의 모든 모양들과 맞서 싸우는 싸움이다. 악의 세력들이 분노하는 대상이 인간이기 때문에 우리는 가난하고 약한 자들의 착취 등 불의가 있는 곳에서 그들의 활동을 찾아내야 한다. 시편 82장은 우리에게 말한다. "가난한 자와 고아를 위하여 판단하며 곤란한 자와 빈궁한 자에게 공의를 베풀지며 가난한 자와 궁핍한 자를 구원하여 악인들의 손에서 건질지니라"(3-4절).

이스라엘이 가진 문제는 오늘날 많은 미국 복음주의자들이 가진 문제와 동일하였다. 그들은 하나님에 대한 헌신을 어떤 규정된 종교적인 의무들만 수행하면 되는 것으로 생각하였다. 그들은 그들의 사회에서 일어나는 인간의 고통에 눈을 감았다. 하나님은 선지자 이사야를 통하여 그들의 이 편협된 시각의 영성을 규탄하고 그가 기뻐하시는 금식은 "흉악의 결박을 풀어 주며 멍에의 줄을 끌러 주며 압제 당하는 자를 자유케 하며 모든 멍에를 꺾는 것"이며 "또 주린 자에게 네 식물을 나눠 주며 유리하는 빈민을 네 집에 들이며 벗은 자를 보면 입히는 것"이라고 말씀하셨다(사 58:6-7).

아모스 선지자를 통하여 하신 말씀도 그 의미가 비슷하다: "내가

---

35) Schlier, 61-62.

너희 절기를 미워하여 멸시하며 너희 성회들을 기뻐하지 아니하나 니…네 노래 소리를 내 앞에서 그칠지어다…오직 공법을 물같이 정의를 하수같이 흘릴지로다"(암 5:21-24).

불의와의 싸움도 영적 전쟁에 속하는가? 부정(不正)하고 착취적인 사회 구조들을 개혁하는 것도 영적 전쟁의 일부인가? 보다 전체적인 의미에서 이해한다면 그것은 확실히 그렇다. 왜냐하면 이런 유의 싸움에 관여하는 자들은 사회 구조들 속에 구현된 영적인 어둠의 세력과 싸우고 있기 때문이다. 윙크는 악에 대한 사회적 항거를 사회가 집단적으로 홀려 있을 때 "축귀의 한 형태"로 이해한다. 그는 1960년대 민권 운동들과 마틴 루터 킹 목사의 노력을(특히 셀마[Selma] 다리 행진) "전세계가 볼 수 있도록 합법성과 문화의 막을 벗겨 버리고 인종차별 귀신을 폭로한 것"으로 말한다. 그는 독일의 목사들과 교회들이 나치의 죽음의 수용소 밖에서 "항거 의식"을 거행하였더라면 무슨 일이 일어났을 것인지 질문한다. 역사가 바뀌어질 수 있었을 것인가? 그는 원래 목적에서 벗어난 어떤 제도에서 귀신(집단적 홀림)을 쫓아 내는 성경의 보기로서 예수님이 성전을 청결케 하신 사건을 든다(마 11:11-19). 윙크는 이런 관점에서 이해된 축귀는 "이념의 맹목성 문제에 해답을 준다."고 단언한다. "우리와 악의 관련은 악에 대한 우리의 의식적인 의지적 참여를 훨씬 넘어선다. 우리가 알고 있는 것보다 훨씬 더 심하게 우리는 불의한 질서의 가치와 권세들에 홀려 있다."[36] 바로 이것이 개인으로서 우리 각자가 우리 사회가 음식과 옷과 거처와 의료 혜택과 공정한 대우와 같은 약한 자들의 필요에 어떻게 응하는가에 대해 책임을 져야 하는 이유이다.

우리 미국인들이 이런 유의 "이념적 맹목성"으로 고통을 느끼는가? 세계 인구의 6%밖에 되지 않는 우리가 그 자원의 40%를 소비하는 사실을 생각해 본 적이 있는가? 우리의 탐욕스런 다민족적 회사들은 우리의 소비를 위한 값싼 상품 생산과 환금작물 재배를 위해 다른 나라의 천연 자원과 값싼 노동력을 이용해 왔다. 예를 들어, 미국의 햄버거 체인들은 남미의 가난으로 찌들린 일부 지역에서 가장 좋은 땅을 사 지역 주민들은 기아 직전에 있음에도 불구하고 미국 시장을 위해 소를 살찌우고 있다. 다음 번에 당신이 햄버거를 먹을 때 그것을 생각해 보라!

전세계에서 이천 오백만 내지 삼천만의 집 없는 어린이들이 도시 지역에서 유리하고 있다. 대략 이억의 사람들이 비위생적인 노동자 착취 공장에서 하루 열 여덟 시간 동안 거의 노예처럼 일한다. 무수한 다른 사람들은 매춘과 포로노를 위해 이용되고 있다. 세계 인구의 약 십억이 적절한 음식과 옷과 거처가 없이 절대 빈곤에 시달리고 있다. 하루에 사만 명의 어린이들이 영양실조와 쉽게 예방될 수 있는 질병으로 죽고 있다. 인류의 대부분을 압제하는 무서운 상황들과 맞서 싸우는 것이 영적 전쟁이 아닌가? 우리가 이런 일들에서 어

---

36) Wink, *Unmasking the Powers*, 64-65.

둠의 권세들의 활동을 감지하지 못하는가? 텔레비전과 라디오 등에 의한 원격 통신의 발달로 세계는 "지구촌"이 되었으며 그것은 세계가 겪고 있는 고통을 더욱 깊이 자각하고 그들을 사랑하고 돌볼 뿐 아니라 그들을 압제하는 세력들과 맞서 싸워야 하는 더욱 큰 책임을 우리에게 부여하고 있다. 이것은 중보기도와 그리스도의 복음 선포와 하나님 나라의 가치들을 실천할 뿐 아니라 비폭력적 사회 항거와 정치적 지도자들에게 압력을 가하는 것과 개발과 원조 활동에 참여하는 것도 포함할 수 있다.

1979년 캄보디아의 극심한 기아에도 불구하고 베트남 당국자들이 원조 부대가 그들의 땅을 지나가는 것을 허용하지 않았을 때, 서로 다른 많은 교파의 그리스도인들이 함께 협력하여 거센 항의 바람을 일으켰다. 우리는 기도하였고, 정치적 대표자들에게 로비 활동을 하였고, 어떤 이들은 UN에서 시위하였고, 캄보디아 점령군에게 압력을 가하기 위해 베트남과 러시아 영사관에 수천 장의 탄원서를 뿌렸다. 하나님은 그 상황을 바꾸기 위해 많은 다른 이들의 수고와 함께 이런 모든 노력들을 공동으로 사용하셨다. 캄보디아를 점령한 베트남군의 기세가 누그러졌고 원조 부대는 통과가 허용되었다. 무려 이백만 명의 사람들이 아사를 면할 수 있었다. 이것은 확실히 성경이 그리는 보다 넓은 의미의 영적 전쟁에 속한다. 우리가 순수하게 "영적인" 실재에 편협하게 초점을 맞추기보다 보다 넓은 시각에서 그리스도 왕국의 확장을 위한 그리스도인들의 모든 노력을 포괄하는 영적 전쟁을 수행하는 것이 얼마나 필요한가!

C.S. 루이스의 「나르니아의 이야기」(The Chronicles of Narnia)에서 네

아이들이 다소 겁을 먹은 채 한 옷장을 지나 완전히 새로운 차원의 세계로 들어간다. 그것은 악한 백 마녀(White Witch)가 지배하는 세상으로, 그 마녀는 두려움이라는 찬 바람으로 그 세계의 모든 피조물들을 속박한다. 그 네 아이들 역시 처음에는 그녀의 지배에 공포를 느낀다. 그러나 후에 그들은 위대한 사자 아슬란이 무궁한 힘을 지니고 있으며, 그들의 친구이자, 그들을 구원하고, 그들이 그와 함께 그 마녀와 그녀의 졸개들과 맞서 싸울 수 있도록 그들에게 능력을 줄 수 있다는 사실을 깨닫는다.[37] 루이스의 상상의 이야기들에 나오는 그 어린이들처럼 우리도 두려워할 것이 전혀 없다. 이는 우리 주님이 "하늘과 땅의 모든 권세를" 가지고 이 세상의 어둠의 세력과 맞서 싸우는 자들에게 능력과 은사를 주시려고 오시기 때문이다. 악한 자의 계략에도 불구하고 무한한 능력과 지배권을 가지고 있는 자가 누구이며 참 승리가 어디에 있는지는 너무도 분명하다. 우리가 바른 분별과 어린아이 같은 담대함으로 하나님이 우리에게 주신 이 무기들을 마음껏 쓸 수 있기를 기원한다.

할렐루야! 그리스도는 승리자이십니다.

---

37) C.S. Lewis, *The Lion, the Witch, and the Wardrobe* (New York: Collier, 1950).

제8장

하나님 나라의 확장

톰 화이트(Tom White)

최근에 여러 지역에서 소위 요즈음 유행하는 술어로 영적인 "특수 기동대"(SWAT Teams)이 생겨나고 있다. 악의 우월성을 인식하고 그것과 맞서 싸워야 함을 느끼는 그리스도인들이 원수의 진으로부터 공격을 막을 뿐 아니라 동시에 그것을 적극적으로 공략하기 위한 전략을 개발하고 있다.

내가 사는 도시에서 나는 지난 십이 년 동안 기도 모임들을 인도하며, 사람들에게서 귀신을 쫓아내고, 점술과 마술로 인기 있는 장소인 근처의 산꼭대기에서 우리나라의 모든 도시들을 위해 기도해 왔다. 외국의 도시나 지방에서 사역하도록 요청이 들어오면, 나는 성령에 의해 이미 감동된 많은 성도들에게 보다 깊은 수준에서 영혼들을 위한 싸움을 시작하도록 요청한다. 우리는 주님께 우리의 도시와 국가들에서 악의 조류를 저지하도록 성령을 부어 주시기를 간구한다. 이런 것들은 크고 장기적인 간구들이다.

나는 우리가 그의 권세를 위임 받은 그의 나라의 대표자들로서 예수 그리스도께 순종하여, 악의 궤계들을 적발하고, 권세 있는 기도로 마귀의 세력들과 대적하고, 개인과 교회와 기독교 조직들에서 어둠을 쫓아내는 데 적극적이며 가시적이고 명령하는 입장을 취하도록 부름 받았다고 믿는다. 더 나아가 우리는 도시와 지방과 민족과 나라들에 끼치는 악의 세력들의 영향을 억제하고 저지하는 일에도 헌신해야 한다. 이와 같은 영적 전쟁을 위해 많은 방법론과 양식들이 소개되고 있다. 그러나 영적 전쟁을 위한 어떤 활용 모델을 제시함에 있어 우리가 반드시 이해해야 할 중요한 원리들이 있다. 먼저 우리는 음부의 권세와의 싸움에 돌입하기 전에 성경적인 기본 원리를 우리의 확고한 거점으로 하는 것부터 분명히 해 두자.

원리와 시각들

영적 군사는 악도 하나님의 주권 하에 있다는 높은 시각을 확립하고 유지해야 한다. 욥과 함께 우리는 "주께서는 무소불능하시오며 무슨 경영이든지 못 이루실 것이 없는 줄 아오니"를 확신해야 한다 (욥 42:2). 대체로 우리는 하나님이 인간 역사를 주권적으로 다스리신다는 것을 믿는다. 그러나 나는 개인적인 수준에서 영혼들을 얻거나 잃는 전쟁들도 있으며, 그것은 우리가 얼마나 성령께 순종하는지와 얼마나 효과적으로 복음을 전하는지에 달려 있다고 믿는다. 예수님이 그의 제자들에게 말씀하신 대로(눅 10:17-20), 우리는 언제나 하나님 나라의 핵심은 생명 책에 이름이 기록되는 데 있다는 것을 명심해야 한다. 결코 우주 차원의 전쟁이 급선무가 되어서는 안 된다. 세상에서 악의 요새를 제거하고자 하는 거룩한 십자군의 위험이 바로 여기에 있다. 만약 음부의 권세를 급습하려는 특공대 활동이 잃어버린 자들에 대한 하나님의 아픈 마음에 공감하는 것을 앞선다면 우리는 지상 명령의 요지를 놓쳐 버린다.

우리는 영적 전투들을 계획하고 수행하는 것을 하나님의 군대의 사령관이신 예수 그리스도께 전적으로 맡겨야 한다. 교만과 능력에 대한 매력이 전사의 장막 가까이 기어 든다. 우리는 진정으로 전능자를 의지함으로써 세속적 열정에서 나올 수 있는 모든 열광을 적발하고 저지해야 한다. 이세 펜-루이스(Jesse Penn-Lewis)가 지적한 대로 크리스천 지도부의 봉우리들 위에 맴돌며 교만과 능력과 자만을 자극하는 악마적 "독수리들"이 있다.[1] 영적 전쟁에서 과장은 있을 수 없다.

시험을 거치지 않은 사람은 이 사역에 적절하지 않다. 이 사역을 위해 부름 받은 사람들은 정욕과 분노와 교만과 사기와 야망과 같은 죄에서 성령의 거룩케 하는 은혜를 경험해야 한다. 더 나아가 그들은 취약성의 틈들을(두려움, 그릇된 죄책감, 우울) 봉하는 정서적 치유와, 이 특수한 사역을 위해 성령의 능력 주심을 경험해야 한다.

---

1) Jesse Penn-Lewis, *War on the Saints* (New York: Thomas E. Lowe, 1987), 부록

또 그들은 다른 사람들로부터 성숙하고 안정되고 순종하며 어떤 희생에도 이타적으로 헌신하는 영적 "아비들"로 인정받아야 한다(요일 2:12-14). 가능한 한 재해를 최소화하기 위해, 그 동기가 불순한 자들 뿐 아니라 열심은 있으나 경험이 없는 초심자들도 단도직입적으로 선별해 내야 한다.

  이런 유형의 싸움을 위해서는 두 가지 뚜렷한 방향성이 필수적으로 요청된다. 그 첫째는 하나님을 향한 것이다. 그것은 그 근원 되시는 분 안에 거하고 그를 경청하며, 예수 그리스도 자신으로부터 분명한 표시와 지시를 받는 것을 뜻한다. 정기적인 찬양과(엡 5:19-20) 간구와 평화와 권능 주심을 호흡함으로써(빌 4:6-7) 기도 생활이 고양된다. 두 번째는 사탄을 향한 것이다. 그 싸움은 권세에 근거하고 기도로 활성화되고 객관적인 진리로 무장된 싸움이어야 한다. 이 싸움은 그 자체로는 "기도"가 아니다. 그것은 만나고 대결하고 "씨름하는" 것이다. 우리는 마귀를 향해 기도하지 않는다. 우리는 천상의 무기로 그와 싸운다. 이런 이유로 우리 중 많은 이들은 우리 사역의 이런 면을 "세력 대결"로 부른다.

  전략적 기도를 성공적으로 수행하는 데는 여러 가지 필요한 요소들이 있다. 먼저 "명분"에 있어서 뿐 아니라 서로가 서로에 대해 헌신하는 참여자들 사이의 진정한 마음의 일치가 필요하다(행 1:14; 4:32). 하나님의 마음을 얻기 위해서는 그의 뜻과 목적에 따라 예수의 이름으로 합심하여 간구해야 한다(행 18:18-20; 행 4:30). 또 그 모임의 신앙 수준이 확고하고 비전이 있어야 한다(막 11:22-25). 그리고 사탄의 왕국을 향해 진군할 때는 반드시 시험이 닥치리란 것도 충분히 이해해야 한다. 우리는 박해와 시련과 심지어 죽음도 견디어야 한다 (눅 18:1-8).

나는 세력 대결에 있어 악의 정사들에게 녹 아우트 펀치를 먹여 그들을 영토 밖으로 몰아 낸다는 식의 접근을 찬성하지 않는다. 오히려 "씨름"이란 보다 깊고 오랜 기도를 통해 하나님을 감동시키고 그로 하여금 행동하시게 하는 것으로 이해되어야 한다. 그것은 동료 신자들과 하나가 되기를 뜨겁게 소원하고 성육신 진리를 담대하게 실천하는 것이다. 그것은 악의 능력을 약화시킨다. 예를 들어 인종적 편견을 불식하고 가난한 자들을 돕고 공동체에서 낙태 시술 전에 상담을 시행하는 것과 같은 실질적인 화해 사역은 복음의 능력이 우월한 것을 객관적으로 입증할 수 있다. 이것을 위해서는 인내와 영적 용기와 하나님 나라의 가치를 따라 살려는 철저한 헌신이 필요하다. 에베소서 3장 10절에서 볼 때 하나님은 "그리스도의 비밀"을(교회를 세우는 데서) 정사와 권세들에게 알리고 계신다. 이것은 교회가 성령의 역동적인 코이노니아 안에서 일상의 삶 가운데 예수의 주 되심을 드러내며 살 때 이루어진다.

이것은 깜짝 놀랄 만한 무슨 일이 아니다. 대부분의 현란한 계획들은 사람들에게서 난 것이다. 하나님은 약한 자를 들어 지혜로운 자들을 부끄럽게 하시는 역설을 행하신다. 우리가 진리를 따라 살 때 역동적이며 영원한 어떤 것이 천상의 영역에서 일어난다. 그것은 대개 즉시로 분명하거나 측정 가능하지 않다. 시련을 통해 연단된 그리스도인의 특성은 예수의 도의 우월성을 증명하고 악을 제압한다.

세력 대결을 통한 하나님 나라 확장의 작업 모델 제시

세력 대결 사역은 교회의 전체 복음 전도와 제자화 사명의 한 차원일 뿐이어야 한다. 이 개요는 예비적인 것이며 그 목적은 지상 명령과 관련하여 영적 전쟁 전략이 어떻게 실행될 수 있는지를 소개해 보는 데 있다. 이것은 단계적인 접근으로서 삼년의 실험 기간을 요구한다. 그러나 그 시간의 길이는 영적 저항의 강도와 지역 교회의 건강과 믿음의 수준과 같은 변수들에 따라 변할 수 있다.

이 모델의 요소들은 조정 가능하며 각 상황에 맞게 수정되어야 한다. 이 개요는 선형(線形)이며 서구적인 정신 구조와 일치한다. 그러나 현실적으로 싸움의 시작은 거의 예견이 불가능하며, 때로 여기서 제시된 방법과는 전혀 다른 방식으로 싸워야 할 수도 있다. 이것은 단순히 시작을 위한 한 틀에 불과하다. 무엇보다 성령의 인도를 따르라.

I 단계: 준비(6개 월)

핵심 그룹을 구성하라. 어떤 특별한 개인이나 소그룹이 성령의 감동을 받아 보다 적극적인 사역 자세를 취하게 되는 것이 필요하다. 이것은 성경 읽기나 기도나 원수를 대적함에 있어 느낀 실망이나 절망이나 전략적 전쟁의 주제를 취급한 책이나 기사를 읽는 것을 통해 이루어질 수 있다. 그 작은 핵심 그룹(최소 3~4명)이 상호간에 책임을 가지고 말씀과 기도를 통해 서로서로 하나님의 은혜를 나누는 그리스도의 몸의 삶을 정기적으로 실천하기 시작해야 한다. 이 그룹의 이상적인 형태는 그것이 지역의 지도자들, 즉 "도시의 장로들"로 구성되는 것이다. 이 핵심 그룹은 당연히 교파와 지역적 경계들을 넘어서야 한다.

필수적인 사역들을 수행하라. 은사와 소명과 역할들에 따른 사역이 반드시 유지되어야 한다(즉 목회, 가르침, 복음 전도, 제자화, 상담 등). 정사들을 추격하는 것이 초점이 되어서는 안 된다. 복음을 전하고, 그 내용을 가르치며, 마귀의 직접적인 속박에서 영혼들을 자유롭게 하며, 도움을 필요로 하는 자들의 몸과 영혼을 치유하며, 제자를 삼는 것과 같은 하나님 나라의 영적인 사역들을 지속하라(사 61:1-3; 마 9:35-10:8). 세력 대결은 기존의 사역들과 병행하는 영적 권세의 한 특수한 적용이라는 것을 명심하라.

주님의 보호를 적절히 사용하라. 하나님의 전신 갑주로 충분히 무장하고(엡 6:10-18), 그리스도의 보혈과 성령의 방패되심과 천사들의 사역을 통해 보호를 받으라. 이것은 자동적이 아니다. 강하게 악을 대적하는 데 있어 그 군사는 거듭거듭 그 자신과 그의 가족들을 위해 보호와 능력을 요청해야 한다. 어둠의 권세를 지닌 자들이 고의적으로 당신의 길에 악을 보낼 수 있다는 것을 기억하라. 저주는 실제적이다. 순진과 무지는 그와 같은 영적 공격들 앞에서 우리를 위태롭게 할 수 있다.

자원을 개발하라. 핵심 그룹은 권세와, 성령의 은사, 기도, 복음 전도, 식별, 축귀 과정, 중보기도 등의 주제들에 관한 가장 좋은 책과 논문들과 카세트와 비디오 테이프를 읽고 듣고 연구하는 일을 주도하고 후원해야 한다. 영적 전쟁에서 승리하기 위해 우리는 정신적으로 영적으로 최상의 능력을 갖추어야 한다.

1. 연구 위원회를 구성하고 감독자를 임명하여 이용 가능한 자료들 중 가장 좋은 것을 찾아내고 확보하게 하라.

2. 매월 한 번에 두 세 시간 정도 자료들에 대한 "그룹 내" 비판을 검토하라. 참된 것에 대해 일치된 의견을 가질 수 있도록 성령의 인도를 간구하라. 알곡은 모으고 쭉정이는 버린다. 당신의 그룹에 맞는 성경적, 신학적, 방법적 지침들을 개발하라. 핵심 그룹의 비전과 실천이 장기적으로 유지되기 위해서는 이 수준에서 일치가 반드시 필요하다.

조사를 시작하라. 일반적으로 어떤 주어진 문화나 인간 집단에는 마귀에게 계속적인 지배를 허용하는 이념과 종교적 관행과 특별히 고쳐지지 않는 죄와 다른 요소가 있다. 또는 어떤 도시와 지역은 특별한 유형의 영적 분위기를 지니기도 한다. 조사가 철저할수록 그것은 한 국가나 지역이나 도시가 처음 생겨났을 때 원래 상황이 어떠하였는지도 밝혀 준다. 이 사람들 또는 이 장소가 일반적으로 탐욕과 폭력과 부도덕과 근친상간과 밀교와 범죄로 특징지워지는가? 예를 들어 타이완의 흐신추에 있는 한 장로교 성경 대학에서 학생들은 밤에 기숙사에서 영들이 혼란스럽게 등장하는 것을 경험하였다. 후에 그 대학이 한 불교 신자의 무덤 위에 건축된 사실이 밝혀졌다. 이 발견 이후 기도로 그 영향이 제거되었다.

주님께 원수의 요새를 계시해 주시도록 간구하라. "계시"라는 낱말에 주목하라. 통찰과 정보는 반드시 확증과 더불어 성령께로부터 받아야 한다. 질문: 정사들이 사람들을 속이고 속박하기 위해 사용할 수 있는 구체적인 요새와 인간의 제도와 이념과 문화적 죄들은 무엇인가? 이곳에서 반기독론적 계획을 주도하는 구체적 모형들(또는 악마적 원형들)은 무엇으로 보이는가? 성령은 여러 수단들을 사용하여 이런 자료들을 우리에게 주실 수 있다.

(1) 성령의 은사들. 그 팀에 영 분별 또는 투시의 은사가 있는 사람이 적어도 한 명은(이상적으로는 여러 명) 있어야 한다. 예언의 은사(성령으로부터 나온 암시)와, 지식의 말씀(사역을 위한 가르침들), 지혜의 말(응용된 성경의 진리), 믿음 역시 성령이 인도하는 통찰의 주요 자원으로 역할하거나, 또는 식별을 확증하거나 부정할 수 있다.

요한은 그의 편지에서 신자들이 거짓된 가르침과 진리를 구별할 수 있게 하는 "성령의 기름부음"을 받았다고 쓴다(요일 2:20). 성령이 내주하는 사람은 누구나 이 기름부음을 받고 있으며, 따라서 어떤 특별한 내용이나 환경이나 사람이 진리에 속하지 않을 때 대개 그것을 감지할 수 있다. 이것은 그리스도인이 지니는 "표준적인 장비"이다; 나는 그것을 일반적 식별로 부른다. 또 영 분별로 불릴 수 있는 특별한 은사가 있다(고전 12:10, *diakrisis*, 복수형에 주목하라). 그 같은 낱말이 히브리서 5장 14절에서 사용된다: "단단한 식물은 장성한 자의 것이니 저희는 지각을 사용하므로 연단을 받아 선악을 분변하는 자들이니라"(pros diakrisn, "분변하는"). 그것은 예리한 판단을 배양하는 과정이다. 영 분별의 은사는 신자로 하여금 어떤 능력의 원천이 인간인지 사탄인지 하나님인지를 구체적으로 판단할 수 있게 한다. 그 능력은 실제 경험과 성령에 대한 깊은 민감성에 의해 서서히 개발된다.

그런 은사를 받은 사람은 악의 영들이 역사하는 힘 뿐 아니라 교만과 속임과 통제와 비판과 비통으로 오염된 인간 영의 타락적인 힘까지도 읽을 수 있다. 그 은사는 과거의 피상적인 일들을 보고, 무언가가 잘못 되어 있다는 사실 뿐 아니라 바로 무엇이 잘못 되어 있는지도 밝혀 낸다. 이것은 그리스도의 몸을 위조와 타락으로부터 보호하고, 사람들을 그리스도 안의 진리에서 멀어지게 하는 공동체나 나라 안의 악의 세력의 근원을 탐지해 내는 데 결정적인 은사이다(사도행전 13:4-12에서 바울이 엘루마를 다룬 것을 보라).

그와 같은 구체적인 식별과 관련하여 우리는 두 종류의 방법론을 지적할 수 있다. 그 중 하나나 혹은 두 방법 모두를 통해 정확한 영적 진단을 내릴 수 있다. 첫째 것은 소위 영감적 귀납법(inspirational induction)으로서 성령의 직접적인 계시 사역에 크게 의존하는 방법이다. 이 방법은 구체적인 계시에서(성경이나 성령이 인도하신다는 느낌을 통해) 외적인 상황으로 옮겨간다. 그것은 "영 분별"의 은사과 "지식의 말씀"의 은사와 아마 "예언"의 은사도 포함한다. 이 접근에는 큰 이점과 동시에 큰 위험도 있다. 그 이점은 만약 지각된 것이 진짜로 하나님으로부터 온 것이면 그것은 의심의 여지없이 신뢰할 수 있는 정보이며, 그것을 바르게 적용할 때 구속의 열매를 얻는다는 점이다. 그러나 만약 그 지각이 하나님으로부터 온 것이 아니면 하나님을 앞서가거나 전혀 하나님 없이 행하는 위험이 있다. 여기서 성공의 열쇠는 겸손하게 기도하며 하나님을 기다리는 자세이다.

두 번째 것은 관찰적 연역법(observational deduction)으로 불릴 수 있다. 이것은 일종의 "검증된 과학적 접근"에 더 편안함을 느끼는 논리적인 사고방식의 성도들이 사용하는 방법이다. 성경의 진리와 단단히 결합되어 이 방법은 일반 계시의 관찰에서(환경, 현상, 마귀적 현시들) 추정되는 원인으로(어떤 영토 영) 거슬러 올라간다. 이 접근은 축귀 사역의 결과와 어떤 도시나 지역이나 나라에서 그리스도인들과 비그리스도인들 모두를 얽매는 영적 속박의 유형에 대한 관찰과 어떤 특정 환경에서 핵심 지도자들과의 면담을 통해 자료들을 수집한다. 이 방법의 이점은 순수한 영감적 귀납보다 훨씬 더 안전하다는 것이나, 결점은 엄청나게 더딜 수 있다는 것과 관찰상의 세세한 문제에서 궁지에 몰릴 수 있다는 점이다.

(2) 관찰. 명백한 것들에 주목하라. 이 지역이나 나라에서 현저하게 부정적인 영적 영향을 보여주는 것은 무엇인가? 보기들(이것들은 필자 자신의 경험과 개인적 식별에서 나온 것이다):

  a. 동성애(샌프란시스코 만 지역)

  b. 형이상학(시애틀: 뉴 에이지 가르침과 교사들을 위한 주요 중심지)

  c. 우상들을 달램(타이완의 절과 조상 숭배 풍토)

d. 호색/마술(보고타, 콜롬비아)

e. 종교적 투쟁(이스라엘: 이스라엘 파괴를 목표한 이슬람의 "Intifada")

f. 폭력/두려움(로스앤젤레스)

g. 절망(인도: 카스트 제도와 힌두 철학이 주는 좌절감)

다음을 질문하라: 사람들의 삶에서 내가 본 바와 직관적으로 내가 느낀 바에 근거할 때, 그들의 태도와 행위에 영향을 미치는 것으로 보이는 영적 세력들은 무엇인가?

(3) 성경에 대한 지식. 전략 차원의 전쟁을 수행할 때 초자연적 세력에 대해 이미 성경이 계시하고 있는 바를 충분히 아는 것이 매우 중요하다. 섣불리 어떤 타락한 세력의 정체를 추측하는 대신에, 우리는 먼저 말씀을 보아야 한다. 예를 들어 성경을 대충 살펴보아도 다음과 같은 주요 어둠의 "영들"이 있다는 것을 알 수 있다: 다곤(삿 16:23), 몰렉(레 20:2), 하늘 여신(렘 44:17), 아스다롯(왕상 11:33), 아데미(행 19:24-35), 쓰스(행 14:11), 허메(행 14:11), 다니엘 10장의 "왕들"과 아볼루온(계 9:11).

우리가 다루는 것은 불멸하는 천사적 존재들이며 해 아래 새 것은 없다. 오늘날 우리가 부딪히는 초자연적 세력들은 옛날 이스라엘이 맞서 씨름하였던 바로 존재들과 동일하다. 그들은 단지 그들의 이름을 바꾸고 근대의 세련성에 맞게 새로운 "활동 전선"을 구축하였을 뿐이다. 요지는 이것이다: 우리는 이것을 인간의 이성으로 추측하지 말아야 한다. 예를 들어 계시록 17장에 등장하는 말세의 "큰 음녀…

큰 바벨론"은 사실상 역사 초부터 존재한 밀교적 종교의 최종적 현시이다. 우리는 지옥 회의실의 주요 이사들이 누구인지 밝히려고 애쓸 필요가 없다. 그들은 이미 계시를 통해 정체가 드러났다.

*(4) **핵심** 지도자들과 면담하라.* 이곳에서 사역에 종사해 온 지도자들에게 질문하라. 이들은 적어도 한 곳에서 오년 정도 생활한 목회자들로서, 주민 목회자나 외국에서 온 복음 전도자들, 초교파 집단의 지도자들 등이어야 한다. 보다 구체적으로, 다음과 같은 것을 질문하라:

- 가장 빈번하게 발생하는 도덕적, 영적 문제는 무엇인가?
- 당신이 사역할 때 공략하기 어려운 것으로 느껴진 어떤 영적인 "담"이나 저항의 근원이 있는가?
- 저항의 근원이 된 사람들이나 조직들은 무엇인가?

(주목: 대부분의 제삼세계 문화적 배경에서 원주민들은 그들이 흔히 알고 있는 것들로서 그들에게 영향을 끼치는 영적 세력의 근원을 쉽게 밝힐 수 있다. 예를 들어 어떤 수호 영, 부족이나 신전의 신, 무당, 초보적 영 등이 있다.)

*(5) **압제의 양식들에 주목하라**.* 성도들이 겪는 영적인 압제와 싸움의 종류로는 어떤 것들이 있는가? 질병과 우울과 극도의 낙심과 사역 팀의 기능 장애가 종교적 축제나 부정적인 영의 권세를 부여받은 자들과의 만남과 동시에 일어나는가? 구체적 영향들을 추적함으로 원인을 찾아내는 것이 가능할 수 있다.

공동 회개를 격려하라. 고백되지 않은 죄는 사탄에게 사람들을 압제할 수 있는 근거를 제공하며 부흥의 주요 장애가 된다. 진영 내에서 스스로 죄에 대해 책임을 지기까지 효과적인 진군은 불가능하다. 어떤 도시의 핵심 팀과 목회자들이나 선교사 지도자들이 하나님보다 앞서 가서 그 백성의 죄를 규명하고 고백하고 성령께 확신과 죄사함을 주시도록 간구하는 것이 필요하다. 대개 이런 유의 기도는 원수의 진을 직접적으로 공격하는 일에 선행되어야 한다(죄에 대한 책임을 함께 나누는 중보기도의 모델로는 느헤미야 9장과 다니엘 9장을 보라.)

교회나 선교 기관의 지도자들 사이에서 죄가 발생하였음에도 불구하고 그것이 회개나 징계를 통해 해결되지 않았을 때 그와 같은 타협은 사탄에게 이로운 문을 열어 놓을 수 있다(고후 2:11). 하나님의 축복이 떠나고 사탄의 압제가 시작될 수 있다. 종종 사탄의 계략에 대한 무지나 신학적 회의주의를 통해 사탄의 세력이 교회에 침투할 수도 있다. 사람들은 그 중압감을 지각할 수 있다: 예배와 기도의 방해, 관계의 파기, 하나님의 뜻 분별에서 일어나는 혼란, 교역자들 사이에 빈번한 질병의 발생, 또는 전체적인 낙담의 영. 만약 그와 같은 "틈"(엡 4:27)을 의심할 만한 원인이 있으면 다음의 과정을 시도해 보라:

(1) 그 죄를 다루라. 만약 그것이 최근의 것이거나 재발하는 것이면, 마태복음 18:15-17에 따라 그것을 해결하라. 만약 그것이 과거의 것이면, 핵심 지도자들은 "열조의 죄"에 대해 공동으로 회개하고 주님의 축복이 회복되기를 구해야 한다(참고, 레 26:40-42).

(2) 특별한 금식과 기도 기간을 정하라. 사람들이 새롭게 하나님

의 얼굴을 구하고 그에게 영적 장애물을 제거해 주시기를 간구하도록 격려하라.

(3) 건물과 부지를 깨끗이 하라. 지도자들과 분별과 믿음의 은사를 가진 이들은 건물을 구석구석 다니며 각 방마다 하나님의 사용권과 영광을 주장하고, 예수의 이름을 부르며, 그의 피의 권세로 그 부지를 깨끗이 하고, 모든 원수의 압제가 깨어짐을 선포하고, 악의 영들에게 떠나도록 명령해야 한다. 하나님 나라 일을 위해 구별된 그 장소을 거룩하게 하고 충만케 하시도록 성령을 초청하라.

(4) 저주와 밀교적 압제를 제거하라. 기도에서 얻은 권위로 그리스도의 보혈을 구체적으로 이전 지도자들에게 혹은 일반적으로 교회에 내려진 모든 저주의 잔재를 깨뜨리는 데 직접 적용하라:(이것은 목회자와 선교사들로부터 충분히 입증된 것으로 결코 "주문을 외우는 것과 같은 편집증"이 아니다.)

중보기도와 함께 전진하라. 마태복음 18장 18-20절과 마가복음 11장 22-25절의 원리를 따른 합심 기도로써 하나님이 다음과 같은 방향에서 성령을 부어 주시도록 간구하라:

(1) 이 지역에서 그의 종들과 지도자들을 굳게 하시고, 보호하시고, 치유하시고, 축복하시고, 그들에게 능력을 주시도록 기도하라. 여기서 초점은 핵심 되는 종들을 세우는 데 있다. 주님께서 그들에게 보호의 방패를 주시며, 은혜를 부으시고, 그 사역을 위해 능력을 주시기를 간구한다.

(2) 죄를 깨닫게 하고 회개를 촉구하도록 기도하라. 오직 성령만이 죄와 의와 심판과 관련하여 영혼에게 유죄를 증명할 수 있다(요 16:8-11).

(3) 불신자들이 복음에 반응할 수 있기 위해 그들이 더 이상 악령들의 영향을 받지 않도록 기도하라. 악령들의 권세를 제압하고, 그들의 소리를 잠잠케 하며, 사람들로부터 그들의 능력을 제거하여 그들이 진리에 응답할 수 있도록 기도한다(행 26:17-18).

(4) 사도행전 4장 29-30절에 따라 일할 수 있도록 기도하라. 하나님께 그의 종들이 담대하게 말씀을 전하며, 예수의 이름으로 손을 내밀어 기적을 행하며, 따라서 그의 말씀의 진리와 능력을 입증할 수 있도록 도우시기를 간구한다.

적극적인 세력 대결은 하나님의 인도나 사탄의 방해에 의해 이 과정의 어느 시점에서나 일어 날 수 있다. 만약 그 대결이 마귀에 의해 시작된다면 신자들이 제대로 준비되어 있지 않고 육신을 좇아 행하는 경우 실패할 수도 있다. 주님은 여기서 우리에게 인간이기 때문에 실수하고 다시 그것으로부터 배울 수 있는 기회를 허용하신다.

II 단계: 전략 구상(1년)

몸 사역을 계속하라. 지역 교회 내 팀이든 또는 교파 간의 팀이든 정기적으로 만나 사랑과 자비로써 서로를 돌아 보라. 현재 개인적 필요나 취약점을 놓치지 말라. 분쟁을 해결하라. 모든 압제적인 공격들을 다루라. 함께 모여 기도가 필요한 자들을 위해 기도하라.

사역 자료들을 수집하라. 중대한 세력 대결 경험들과 축귀 사역을 통해 얻은 통찰들과 상담 사례들에서 관찰된 영적 속박의 유형들을 문서로 정리하라.

대화를 통해 식별을 훈련하라. 관찰된 자료들을 분석하고 읽은 것을 토론하고 각자 받은 영적인 느낌들을 비교하라. 두 가지를 질문하라: 우리가 무엇을 지각하고 있는가? 그리고 그것이 옳은가?

세력의 근원을 밝히기 시작하라. 먼저 부정적인 영적 세력의 소재지로 보이는 어떤 개인이나 조직이나 문화적 관습들을 찾으라. 그들 배후에 그리고 그들을 통해서 역사하는 것으로 보이는 세력을 설명할 만한 일반적 이름을 찾아보라. 이 관찰들을 성령과 지역 교회와 사역 지도자들과의 면담을 통해 받은 느낌들과 비교하라. 잠시 이 자료들에 머무르라—성령께서 직접적으로 그 정보를 확증하거나 부인하시도록 간구하라. 개인적으로 기도한 후에 다시 모여 자료들의 정확성을 재검토하라.

실제 훈련을 시작하라. 분명하게 세력 대결 사역의 소명을 받고 은사를 받은 자들을 찾아 도제 훈련을 받게 하라. (회원 모집 광고 같은 것은 피하라. 이 사역은 능력에 매력을 느끼는 자들이나 그들 자신의 이기적 필요를 위해 어떤 "크고 중요한" 무엇에 속하기를 원하는 자들을 끌어들이는 경향이 있다.) 우리는 주님께서 친히 그 일을 위해 그에게 부름 받고 은사를 받은 자들을 일으켜 주실 것을 믿고 그것을 주님께 의탁해야 한다. 주님은 필요한 권세와 은사로 활동하기 시작한 사람들과 이미 기도와 식별과 축귀 기술에 정통한 자들을 함께 인도하실 것이다. 영적 전쟁 훈련은 교훈적인 가르침을 통해서보다 전투를 치르는 데서 더 잘 이루어질 수 있다.

전략을 규정하고 사용하기 시작하라. 이 모든 자료들을 가지고 우리가 무엇을 할 것인가? 몇몇 제안되는 전략은 다음과 같다:

(1) 정기적인 중보기도. 분명하게 골방 기도의 소명을 받은 자들이 언제나 있다. 그와 같은 기도는 무대 뒤에서 마귀와 싸우는 것이며, 가시적인 활동과 사역 계획들에 실제 능력을 부어 주시도록 하나님을 설복하는 것이다. 이 장의 끝부분에 나오는 역사적 모델들은 참된 중보의 성격과 기능을 예시한다.

(2) 후원 기도 팀을 육성하라. 또 다른 지역에서 기도로 뒤로 밀어 주며 영적 "파수꾼" 역할을 하고, 당신이 관여하는 대결을 위해 "원거리 식별"의 근원이 될 그룹을 육성하라. 이것의 가장 훌륭한 예는 선교사 사역의 영적 전쟁 차원들에 대해 계속하여 연락을 주고 받는, 그 선교사를 파송한 교회의 기도 그룹이다. 하나님은 종종 이 방법으로 인도와 경고와 격려를 주실 수 있다.

(3) 믿음의 걸음. "일어나 그 땅을…행하여" 보고 그것을 그의 소유로 주장하라는 아브라함에게 주어진 명령과(창 13:14-17) 여리고 주위를 돌라는 여호수아에게 준 명령에서 볼 때 하나님은 소그룹의 준

비된 성도들로 하여금 도시 전체를 걸어 보게 하고 적극적으로 그것을 하나님의 영광을 위한 것으로 주장하도록 인도하실 수 있다. 그와 같은 걸음에서 성령이 당신의 식별을 예리하게 하고, 당신의 믿음을 일깨우고, 그의 능력을 힘입어 어둠을 뚫도록 당신을 격려하실 것을 기대하라. 그와 같은 걸음이 쌓여 장기적인 비전을 성취해 간다는 점을 명심하라.

(4) 정의를 행함. 하나님이 가난한 자들을 돌보고 무력한 자와 고아들의 필요를 채우고 압제 당하는 자들을 위해 일하는 자들을 높이신다는 것은 성경에서 분명하다. 따라서 교도소 사역과 도시 빈민 선교 사역, 고아원, 낙태 반대, 마약이나 알코올 중독자들의 재활을 돕는 일 등에 신실하게 참여함으로써 악을 폭로하고 약화시킬 수 있다. 하나님의 일을 하는 데 있어 힘들고 희생적인 순종을 대신할 만한 것은 아무것도 없다.

(5) 복음 전도. 어떻게 당신이 성령의 뜻을 좇아 구원에 이르게 하는 진리를 듣지 못하도록 사람들을 방해하는 영적 세력들을 결박할 수 있는지 그에게 배우라. 우리는 성령에 의해 예수께 이끌려 나오는 자들에게 사탄이 더 이상 영향을 미치지 못하도록 그의 영향을 정복하고 잠잠케 하는 우리의 영적 권세를 더욱 익숙하게 행사하여야 한다. 한 사람을 구원으로 이끌 때 우리는 사탄에게 이점을 주는 특수한 영역들을 파괴하고 버리게 하는 데 더욱 철저해야 한다. 그것은 원수로부터 지위 상의 자유 뿐 아니라 보다 직접적이며 실제적인 자유를 얻게 한다.

(6) 찬양 행진 또는 집회. 이런 집회는 예수 그리스도의 주되심을 긍정적이며 가시적으로 선포한다. 이런 행진이나 집회는 직접적으로 악을 대적하기보다 예수를 왕으로 인정하는 신자들의 기쁨과 하나 됨을 보여준다. 그와 같은 보기들로는 공원 음악회, 행렬, 특별한 기도의 날 등이 있다. 최근에 어느 토요일에 캠브리지 대학교를 방문하였을 때, 나는 "예수는 주님"이란 깃발을 든 한 찬양 행렬이 악기와 더불어 노래하며 광장을 지나가는 것을 보고 매우 기뻤었다. 그것은 믿음에 대한 매우 멋있고 적절한 표현으로 생각되었다.

(7) 축귀 사역을 수행하라. 축귀 사역이 반드시 지역 교회 내에서 행해져야 할 필요는 없다. 그러나 그 일에 관련된 사람들은 반드시 지역 교회의 권위 아래 있어야 한다. 축귀 사역은 노련한 심리적 통찰과 의학적 지식과 정서적 치유의 은사가 있는 사람들의 도움 안에서 수행되어야 한다.

(8) 혼자서 감당해야 할 세력 대결도 대비하라. 당신은 어느 때나 싸움에 말려 들 수 있다. 콜롬비아에서 미전도 마을을 방문한 한 성경 번역자는 밤에 손이 그녀의 목을 누르는 듯한 느낌과 함께 숨이 막혀 깨어났다. 그녀는 예수의 이름을 소리나게 말하였다. 이틀 후에 그녀가 그 부족의 박수를 만났을 때 그는 그녀를 보면서 놀란 얼굴로 말하였다. "나는 당신을 해칠 수가 없었는데 이유가 무엇인가?" 일주일이 채 못 되어 그는 그리스도를 영접하게 되었다. 그녀의 믿음의 힘이 그녀를 해하기 위해 보내어진 영들의 힘을 파괴하였다.

(9) 특별한 세미나들. 이런 세미나들은 영적 전쟁의 실재를 깨닫게 함으로써 그 전쟁에 참여하는 신자들을 지적으로 준비시킨다. 전문가와 지도자 훈련 세미나들에서는 식별과, 중보기도, 압제를 당하는 자들과의 상담, 사탄 숭배, 조상 숭배, 성적 학대 등의 문제를 다룰 수 있다.

(10) 개혁 운동. 어떤 이들은 법적 체계를 적극적으로 대항하도록 부름을 받을 수 있다. 이런 보기들은 낙태 시술 반대를 위해 양심적으로 행동하는 것이나 포르노 생산자들의 정체를 폭로하는 것일 수 있다. 또는 폐쇄된 나라들에 성경을 밀반입하기로 작정하거나, 중국의 한 신자가 개인적으로 결혼 법에 반대하고 민주주의 운동에 참여하기로 결정하는 것도 포함될 수 있다.

(11) 문서 통신. 양질의 문서를 생산하는 것은 효과적으로 악을 적발하는 한 방법이다. 펜은 기독교 진리를 분명하게 전달할 수 있게 하는 유력한 무기이다. 지역 신문의 논설이나 정기 간행물의 기사와 책들은 신자들을 가르치고 불신자들에게 도전을 줄 수 있다. 그 한 예로 미국에서 포르노 산업을 폭로한 제임스 돕슨 박사의 글을 들 수 있다. 각 문화에 적절한 기록된 증언들 역시 강력하게 사용될 수 있다.

III 단계: 동원(Mobilization)(1년)

그리스도의 몸 생활을 계속하여 실천하고 조율하라. 핵심 팀은 대화와 말씀 나누기와 서로 서로를 돌보는 일을 위해 계속하여 정기적으로 만나야 한다. 이상적인 핵심 팀은 정기적으로 기도와 예배 모임을 갖는 지역의 목회자들과 지도자들로 구성되는 것이다. 에베소서 6장 18절의 "깨어 구하기를 항상 힘쓰며 여러 성도를 위하여" 구하라고 한 바울의 권고에 비추어 볼 때 우리가 우리의 개인적인 갈등과 또는 어떤 다른 영적 문제에서 서로를 돕는 것은 절대 필요하다. 특히 그와 같은 전략적 영적 전쟁에 관여하는 핵심 팀을 위하여 낙담과 환멸과 혼란은 반드시 믿음과 기쁨과 성령의 인도에 의한 명쾌한 생각으로 대치되어야 한다.

특히 교만과 시기, 질투, 비판, 분개와 같은 태도상의 죄들이 "그 진영 내에서" 자라는 것을 철저히 경계하라. 이 단계의 초기에 나는 회개와 고백을 통한 "전투 준비를 위해" 이틀간의 금식 수련회를 추천한다. 이는 그 악한 자가 죄를 이용함으로써 너무도 자주 중대한 사역들을 훼방해 왔기 때문이다.

또 싸움을 하는 힘든 일 가운데서도 웃음과 유쾌함을 잊지 말라. 영적 전쟁에는 항상 성취욕에 쫓기는 목표 지향적인 성격의 사람들이 가담하기 쉽다. 우리가 우리 자신과 그 싸움의 짐을 보다 덜 심각하게 여기는 시간을 가지는 것은 영적으로 치유 효과를 지니며 그 군대를 유지하는 데 필수적이다. 내가 인도하는 기도 운동에서 우리는 기쁨으로 인해 치료가 이루어지는 "거룩한 즐거움"의 시간들도 가진다.

훈련을 계속하라. 이때쯤은 원수의 진을 파하는 일에 헌신된 성도들로 구성된 네 주요 그룹이 운영되어야 한다. 그들은 비전과 행정적인 결정을 담당하는 지도격의 핵심 그룹과, 중보기도 팀과, 축귀 팀과, 여러 다양한 기능적 사역(노방 전도, 의료 봉사, 문서 통신, 청년 사역, 상담 등) 팀들이다. 세력 대결에 자신감을 가지는 이들은 다른 사람들과 훈련 관계를 맺어 성령과 권위와 은사에 어떻게 의지하는지를 보여줄 수 있다.

하나님 나라를 그려보라. 마가복음 11:22-25에서 예수님은 믿음의 기도가 산을 옮길 수 있는 것을 가르치신다. 믿음으로 우리는 우리의 특별한 사역 장소에 하나님의 나라가 임하는 것을 그려 볼 수 있다. 성령께서 어둠을 밝히고 추방하는 빛으로, 더러움을 씻어내는 정결한 물로, 거짓을 대적하는 진리의 영으로 오시도록 간구하라. 우리의 믿음이 충만할 때 하나님은 그의 나라를 확장하기 위해 그의 능력을 부어 주실 것이다. 사도행전 4:29-30의 간구를 계속하여 간구하라.

목표하는 요새를 분명히 하라. 당신의 전략적 초점을 구체적으로 두세 개의 요새들에 맞추고 당신의 식별을 재확인하라. 이것은 특별한 사람이나(정치적 인물, 뉴 에이지 참여자, 주술사), 인간적 제도(지방 행정부, 종교 집단, 사회봉사 기관), 어떤 지역에서 드러나는 사탄의 요새(성적 변태, 마술, 노름, 폭력)일 수 있다.

여기서 한 가지 심각하게 물어야 할 질문이 있다: 우리가 어떤 주어진 환경을 오염시키는 영적 영향이 원래 하늘에서 내려 온 것인지 혹은 인간의 부패한 마음에서 나온 것인지 어떻게 알 수 있는가? "영토 영들"과 직접적인 대결을 시도하기 전에 우리는 먼저 그 속박의 더욱 큰 원인이 인간의 마음 자체의 사악함에 기인할 수도 있다는 점을 반드시 고려해야 한다. 인간의 취약성이 없다면 초자연적인 속임은 성공하지 못할 것이다. 탐욕이나 정욕이나 폭력으로 가득 찬 문화는 의심의 여지없이 그 배후에 있는 어떤 초자연적인 실재 때문이라고 우리가 어떻게 장담할 수 있는가? 수년 전에 나는 샌프란시스코 만 지역의 지방과 도시들을 다스리는 통치 영들을 표시해 놓은 지도를 보았다. 산 호세와 실리콘 밸리 위에는 "자아"가 쓰여 있었다. 비록 "자아"라고 이름 붙일 만한 문제가 그곳에 있는 것이 사실일지라도 그것이 실제로 그 지역 위에 그와 같은 어떤 인격적 존재가 떠돌기 때문인가? 그것이 단지 인간의 타락성을 보여주는 표시에 불과하지는 않는가?

  요새들의 기원이 인간적이든 사탄적이든, 나는 우리가 성령의 움직임에 깨어지고 순종하고 예민해져서 주님이 우리로 하여금 행동하지 않을 수 없게 하시는 경우를 제외하고, 우리가 사탄의 요새들에 맞서는 공격적인 기도를 해서는 안 된다고 생각한다. 역사적으로 그토록 성령에 의해 주권적으로 감동된 이들은 소수에 불과하다. 이것은 전략적 전쟁이 모든 사람의 일은 아니라는 것을 시사한다.

  그러나 우리가 아는 대로 기도는 항상 해야 한다. 그렇다면 우리의 기도의 주된 초점은 회개와 부흥을 방해하는 교회 내의 요새를 적발하는 데 있어야 한다(불신, 쓰라림, 불화). 그다음 우리는 구원받지 못한 자들이 그들의 죄와 심판의 불가피성을 깨닫도록(요 16:8) 하나님께 그의 성령의 능력을 베풀어 주시기를 간구해야 한다. 중보기도가 실로 주님 자신에 의해 영감되고 인도된다면, 그것은 하나님의 손을 움직여 사탄의 요새를 폭로하고 약화시켜 교회의 부흥과 잃어버린 자들의 구원을 가속시킬 것이다.

효과적인 방법의 중보기도를 사용하라. 우리는 그의 나라의 확장을 위해 그리스도의 권세를 적용하며 악의 세력들을 공략하고 물리치고 교회의 성장과 추수를 증진시키기 위해 하나님께서 그의 성령과 천사들을 통해 역사하실 것을 믿고 간구한다.

이 수준의 기도는 비전이 있고 담대하며 힘이 있어야 한다: 기도 양식: 주님, 오직 주님만이 전능하신 분이십니다—우리는 ___를 주님이 주권적으로 다스리시는 것을 믿습니다. 믿음으로 우리는 이 (교회, 도시, 나라) 위에 예수의 승리의 이름을 쓰고, 그것이 주님께 영광을 돌리는 것이 되기를 기도합니다. 사악한 자들이 주님이 주님의 백성에게 준 땅 을 지배하지 않게 하소서. 이 싸움은 우리에게 속한 것이 아니라 주님께 속한 것입니다(대하 20:15). 주께서 이 악의 요새를(혹 이름을 안다면 그것을 말하라) 멸하여 주시옵소서. 원수를 흩으심을 감사드립니다. 주님의 신실하심으로 인해 주님을 찬양합니다.

낙태 시술 병원이나 포르노 가게나 뉴 에이지 서점에서 기도하는 것과 같은 "현장" 기도를 할 때는 반드시 성령의 인도를 따라야 한다. 또 공동체 내에서 악의 세력의 근원으로 밝혀진 어떤 사람과 정면으로 부딪혀야 할 때도 역시 성령의 인도를 받아야 한다.

반대 편의 대항을 주의깊게 살펴라. 어떤 식으로든 한 가지 분명한 것은 사탄 세력의 "반격"이다. 이것은 어떤 개인이나 지역 기관의 명백한 반대에서부터, 그 팀에 속한 사람이나 가족들이 괴로움을 당하는 것과, 정서적 약점과 늘 따라 붙는 죄와 같은 영역에 대한 보다 미묘한 공격에 이르기까지 다양하다. 그 반격을 빨리 발견하면 발견할수록 그것을 다루기가 보다 쉽다. 기름부음을 받고 권세 있는 기도로 "그것을 추적하고 적발하고 제거하라." 예수의 보혈로 의심스러운 저주들을 추방하고 그 저주를 보낸 것으로 여겨지는 사람에게 축복을 말하라(롬 12:21). 특히 사탄적인 압제를 나타내는 다음과 같은 증상들에 주목하라: 억제할 수 없는 두려움, 극도의 낙심, 팀원들 사이의 분노와 불신, 원인을 알 수 없는 불쾌감이나 질병, 하나님의 분명한 인도를 받지 못함, 수면 방해, 늘 따라붙는 죄의 영역에서의 과도한 유혹.

주의: 여기서 지나치게 행동하지 않도록 주의하라. 정상적인 삶의 문제를 귀신의 괴롭힘으로 돌리지 말라. 영적인 싸움이 요청될 때는 반드시 성령께서 당신을 인도하실 것이다. 그는 신실하시다.

IV 단계: 평가와 반향(6개월)

평가. 이 활동의 성격이 초자연적인 것을 중심으로 하기 때문에, 진보와 성공을 평가하기는 어렵다. 단순히 주관적인 느낌들에 의지해 우리의 사역을 평가하는 것은 위험할 수 있다. 우리가 올바른 방향으로 나아가고 있는지를 판단할 수 있는 어떤 객관적인 기준들이 있어야 한다. 어려운 질문들을 던지고, 성공을 기뻐하며, 실패는 정직하게 평가하라.

평가 질문들:

- 우리의 식별이 어디서 틀렸는가?
- 우리가 어떤 교리적 오류를 범하고 있지는 않는가? 성경으로 우리의 사역을 보다 강화할 수 있는가?
- 누군가가 자신의 임무가 아닌 일들을 수행하였는가?
- 뜻하지 않은 피해가 있었는가? 우리는 그것으로부터 무엇을 배울 수 있는가?

사역의 평가:

- 우리 공동체나 혹은 우리 팀 내의 신자들이 이전보다 현저하게 마음과 뜻에 있어 일치를 보이는가?
- 축귀 팀 사역이 효과적이고 적절한가? 사로잡힌 자들이 풀려나고, 계속하여 교제를 가지며, 제자화되고 있는가?
- 요새들의 파괴를 보여주는 가시적인 표시들이 있는가(포르노 가게 폐업, 부도덕한 문제들의 발생 감소, 복음에 반대하는 조직들의 붕괴, 법적 정치적 승리들)?
- 우리의 공동체나 지역 전체에 걸쳐 교회들이 괄목할 만한 성장을 보이는가? 하나님 나라가 확장되고 있으며 하나님이 영광을 받으시고 있다고 정직하게 말할 수 있는가?
- 신자들이 너욱 예수님을 사랑하는가? 혹은 사탄과 싸우는 일에 지나치게 몰두하는가?

반향. 이 무렵쯤 대개 이 영역에서 당신의 노력을 알고 있는 다른 사람들이 있을 것이다. 혹은 팀원들이 이미 다른 지역에서 사역하면서 전략적 전쟁의 원리와 실천을 가르치고 그 모델의 요소들을 나누었을 수 있다. 다음은 내가 추천하고 싶은 몇 가지 제안이다:

1. 개발된 바를 문서로 작성하고, 그것을 다른 공동체에서 비슷한 사역을 하는 팀들에게 전해 줄 수 있는 양식으로 정리하라.
2. 주님께 팀 원 중 가르치고 설교하는 은사가 있는 자들이, 다른 곳에서도 전략적 기도의 원리와 실천을 실행하도록, 다른 공동체나 지역으로 옮겨 가서(해외 지역 포함) 사역하는 것을 인도하시도록 기도하라.

역사적 모델들

그들의 골방에서 은밀히 하나님 나라를 위하여 영적 전쟁을 수행한 개개인 영혼들이나 소그룹의 신실한 성도들은 교회사 전체에 걸쳐 언제나 존재하였다. 그러나 이 기도 전사들은 대부분 그 위대한 날이 되어야 비로소 알려질 것이다. 우리는 인간적 기준들에 국한하여 우리의 성공을 평가하기 쉽다. 그러나 주님은 담대한 믿음으로 악한 자를 붙들고 그와 씨름하여 복음이 들어갈 수 있는 문을 열었던 그 개척자들을 아신다.

최근에 인도의 한 시골 지역에서 나는 오십 대 후반의 한 남자와 점심 식사 자리에 함께 있게 되었다. 그의 이름은 어거스틴이었다. 그는 먹지 않았다. 말도 거의 하지 않았다. 그는 목사관 현관의 구석에 앉아 열심히 하나님의 말씀을 읽었다. 후에 나는 그가 인도 전역을 걸어다니며 하나님께 그의 백성을 구하도록 그의 능력을 베풀어 주실 것을 간구하고 있다고 들었다. 그는 인도 지도를 펴놓고 각 지역을 위해 기도한다. 그는 호전적인 모슬렘 지역인 펀잡의 거리를 다니며 예수의 이름으로 평화를 말한다. 나는 그와 같은 "은밀한 전사들"로 인해 하나님을 찬양한다.

여기에 우리보다 앞서 갔고 흔들림이 없이 하나님의 약속을 신뢰하며 마귀를 대적한 세 사람의 보기가 있다.

조안 크리스토프 블룸하르트(Johann Christoph Blumhardt) **목사**. 비록 그의 이름이 널리 알려져 있지는 않을지라도 블룸하르트 목사는 최고 수준의 군사로 손색이 없다. 독일의 루터교 회의에 제출한 사역 보고서에서(*Blumhardt's Battle: A Conflict With Satan*, translated by Frank Boshold) 블룸하르트는 고틀리빈이란 이름의 한 젊은 여성을 통해 그가 경험한 것을 설명한다. 그녀는 1841년에 처음으로 그에게 왔다. 그녀는 검은 마술과 깊이 관련된 가정에서 태어났으며 마술의 능력을 전수 받는 자가 되도록 지목되었었다. 그런데 고틀리빈이 복음을 듣고 예수를 따르고 싶은 소원을 가지게 되자 일이 복잡하게 되었다. 그때부터 목사 블룸하르트는 기괴한 초자연적 싸움을 시작하게 되었고 그것은 이년 동안 계속되었다. 그는 의사의 도움을 받아 마술의 이상한 효과들을 문서로 작성하였다. 정상적인 목회 활동을 감당하는 것 외에, 그는 믿음으로 하나님께 매달리며 이 고통 당하는 영혼을 위해 승리를 주시기를 소망하고 기도하였다. 초자연적인 존재의 개입은 그에게 너무도 뜻밖이고 미지였기 때문에, 악에 대한 그의 신학은 종종 부정확하였다. 그러나 그의 초점과 대응은 존경할 만하였다:

> 비록 블룸하르트 목사가 그가 그의 경험에서 끌어낸 매 순간의 모든 결정에서나 사건들과 그것들이 지닌 함축들에 대한 매 번의 해석에서 항상 옳지는 않았다 하더라도, 그의 주된 일침의 방향은 확고부동하였다. 그것은 하나님이 신자에게 주신 무기들로—믿음과 더 큰 믿음, 기도와 금식, 하나님의 말씀에 대한 꾸준한 신뢰—원수를 이기는 것이었다. 블룸하르트는 참된 의미에서 개척자였다. 그는 신자들을 위한 미개척지를 한 번 더 열었다. 그것은 그의 사역 이래 마귀와 그의 초자연적 궤계들을 쳐부수는 것으로 계속하여 꾸준히 확장되어 오고 있다.[2]

이년에 걸친 지옥과의 고통스러운 전투 후, 1843년 성탄절은 승리를 가져왔다. 놀랍게도 한 강력한 영이 자신을 나타내며 고틀리빈의 여동생 카타리나를 통해 블룸하르트에게 말하였다. 그 존재는 자신을 "사탄의 탁월한 천사, 모든 마술의 최고수"로 밝혔다(p. 55). 그 영은 블룸하르트의 끈질긴 믿음으로 인해 유럽 전역에 걸쳐 마술에 치명적인 타격이 가해졌기 때문에 매우 화를 내었다. 새벽 두 시에 그 영은 온 동네가 떠나가도록 "예수는 승리자, 예수는 승리자!"를

---

[2] Frank Boshold, *Blumhardt's Battle: A Conflict with Satan* (New York: Thomas E. Loew, 1970), 7.

외치며 떠났다. 한 인간의 영혼을 위하고 유럽에서 복음을 위한 싸움이 승리로 끝났다.

블룸하르트 자신은 그의 경험을 세 단계로 말하였다: 1) 싸움 자체—믿음의 시련을 통해 지나감. 2) 그 돌파 이후 그 지방에서 일어난 회개와 각성. 3) 기도에서 확립된 권위—그를 그 시대를 위한 치유 사역으로 인도함. 그 보고서 전체에 걸쳐 그는 하나님이 그 싸움을 위해 그에게 "특별한 은혜"를 부여하신 것을 자주 말하였다. 성경의 인물들과 마찬가지로 그도 역시 그 싸움을 위해 선택되었다. 그를 강하게 하고 성공하게 하기 위해 주권적인 은혜가 부여되었다. 그는 스스로 약점을 지녔고 가끔씩 실수도 범하였다. 그러나 주님이 그의 예정된 목적을 위하여 그의 종을 업고 가시며, 그로 하여금 마귀의 군대에서 가장 강력한 세력과 맞붙어 승리할 수 있게 하셨다.

찰스 피니(Charles Finney) **목사**. 부흥에 관해 「찰스 피니의 자서전」만큼 감동적이고 장엄한 책도 드물다. 어떤 이들은 우리 대륙에서 악을 청소하는 일에 그보다 더 많은 일을 한 사람은 없다고 믿는다. 그의 신학은 올바르고 그의 마음은 순수하였으며 그의 설교는 힘이 있었다. 그러나 그 부흥의 탁월한 비밀은 능력 있는 기도에 있었다.

> 나는 바로 기도의 영이 그 부흥들을 주도하는 동시에 또 그것들의 가장 현저한 특징이었다는 점을 거듭 말하였다…기도 모임이 늘어나고, 많은 사람이 참여하였으며, 그 분위기는 매우 엄

숙하였다. 그뿐만 아니라 은밀한 기도의 강력한 영도 있었다.[3]

피니는 가끔씩 그의 부흥 사역에 동역자를 수반하였는데 그는 다니엘 내쉬(Daniel Nash) 목사였다. 그는 "거의 끊임 없이 자신을 기도에 바쳤다."(p. 122). 피니와 내쉬는 습관적으로 숲에 들어가 도시나 특히 복음을 반대하는 영혼을 위하여 수시간 씩 하나님께 부르짖어 기도하였다. 우리는 마귀가 그 부흥들을 강력히 반대하였으리라고 추측할 수 있다. 그것은 분명히 사실이었다. 그러나 피니는 직접적으로 마귀를 다루는 것을 거의 언급하지 않는다. 오히려 그는 하나님의 약속에 대한 믿음과 그 약속을 적절한 상황에서 단도직입적으로 선포하는 것을 강조한다. 그의 글을 읽으면서 받는 인상은 죄를 깨닫게 하고 추수를 거두는 일을 철저히 성령의 역사에 의존한다는 것이다. 그리고 하나님의 주권적인 손이 그 성공들을 보장한다. 직접적으로 마귀를 다루는 데 집중하기보다. 피니가(그와 같은 다른 이들도 함께) 얼마나 진리에 순종하고, 힘써 기도하며, 성령을 의지하는 데 헌신적이었는지를 보는 것은 매우 감명깊다.

피니는 그가 오하이오 주 앤트웨프에서 부흥 집회를 준비한 것을 이렇게 묘사한다.

마을을 돌면서 나는 거대한 양의 불경(不敬)을 보았다. 나는 마치

---

3) Charles Finney, Charles G. Finney, *An Autobiography* (Old Tappan, N.Y.: Revell, 1908), 141.

내가 지옥의 변경에 와 있는 듯한 느낌을 가졌다. 내가 토요일 날 마을을 돌아보았을 때, 나는 일종의 무시무시한 두려움을 느꼈다. 바로 그 분위기 자체가 나에게는 독과 같았다; 그리고 공포가 나를 엄습하였다.[4]

과거에 내가 겪었던 일들을 생각할 때 나는 그의 말에 깊이 공감한다. 다만 피니는 나보다 더 잘 그리고 더 빨리 반응하였다. 확실히 그는 중요한 악의 요새와 맞서고 있었다. 그러나 그는 그 두려움이 제거되고 성령의 평화가 그에게 임하고 그가 그 마을을 위해 필요한 말씀을 받을 때까지 즉시 자신을 기도에 바쳤다. 그 이튿날 도전적인 설교와 더불어 저항이 무너지고, 많은 영혼들이 그리스도께로 돌아왔다. 피니에게 있어 그 돌파구를 위한 탁월한 열쇠는 기도와 하나님의 말씀의 신실한 선포를 통해 그의 약속을 믿음으로 받는 것이었다.

리스 하웰스(Rees Howells). 성령과 뚜렷이 동행한 것으로 모범이 될 만한 사람들을 말할 때 영국의 리스 하웰스가 얼른 떠오른다. 중보기도에 헌신된 삶을 살다가 하웰스는 1930년대 후반 유대인들을 위한 특별한 짐이 자신에게 주어지는 것을 느꼈다. 그는 일찍부터 히틀러의 악의 거대성을 감지하였고 기도로 나치 세력과 맞설 것을 결심하였다. 그의 일기와 구두 진술에서, 그는 종종 지상 명령이

---

4) Finney, 99.

성취되어야 한다면 하나님은 히틀러를 파멸시켜야만 하신다고 말하였다. 노르만 그룹의 책 「중보기도자 리스 하웰스」의 마지막 장들은 영국의 하웰스 훈련 대학의 기도 골방들에서 유럽을 위한 전투가 어떻게 수행되었는지를 설명한다. 그 자신의 말에서 "세계는 우리의 교구가 되었고 우리는 나라와 민족들을 위해 중보하는 책임을 맡게 되었다."[5] 1940년 영국이 침략의 위협을 받았을 때 하웰스는 이렇게 기록하였다:

> 나는 현재의 결과들에도 불구하고 우리가 우리의 기도를 조금도 바꿀 필요가 없다는 것이 얼마나 영광스러운가 하고 생각한다. 나는 우리가 지난 구 개월 동안 추구한 것이 오직 하나님 나라였다는 사실이 너무도 기쁘다. 나는 조금도 후회하지 않는다. 주님은 말씀하셨다. "내가 나치를 처리할 것이다." 우리가 사년 동안 싸워 온 것은 성령과 마귀의 싸움이었다.[6]

모세와 엘리야와 다니엘과 바울의 삶에서와 같이, 여기서 주님이 하웰스에게 그가 직접 그 싸움을 싸우고 있으며 승리를 거둘 것이라는 점을 분명하게 말씀하셨다는 데 주목할 필요가 있다. 하웰스는 독특하게 준비되었고 하나님의 뜻으로 이 전략적 차원에 참여하도록 감동되었다. 우리는 그 설명에서 때로 그의 예언과 진술이 적절

---

5) Norman Grubb, Ress Howells, *Intercessor* (Ft. Washington, Pa.: Christian Literature Crusade, 1970), 246.

6) Grubb, 250.

하지 않았거나 틀린 경우도 본다. 그는 여전히 사람이었다. 그러나 그는 그 싸움이 성령과 마귀의 싸움이며, 그와 그의 동료들은 다만 자유 세계의 존속을 위한 싸움에 성령과 협동할 뿐인 사실을 알고 있었다. 1940년 5월 18일 나치의 승리가 분명한 시점에서도 그는 다소 심오한 진술을 남기고 있다: "싸우는 자는 네가 아니라 하나님이시다. 이제 너는 하나님이 무엇을 하고 계신지 알게 될 것이다."[7)]

원수의 요새를 제거하거나, 뉴 에이지 운동에 맞서거나, 이슬람의 장벽을 무너뜨리기 위한 오늘날 우리 인간의 모든 열정에 있어 결코 우리가 잊어서는 안될 요지가 있다. 그것은 그 싸움이 하나님의 싸움이며, 오직 그분의 역사만이 우리를 승리로 이끈다는 것이다.

이 위대한 영혼들은 우리가 그 싸움을 위한 하나님의 부르심을 분명하게 듣고 매 전투마다 우리를 지탱해 줄 하나님의 임재를 철저히 의지해야 한다는 것을 우리에게 가르쳐 준다. 예수님의 말씀은 크고 분명하게 울린다. "내가…내 교회를 세우리니 음부의 권세가 이기지 못하리라"(마 16:18). 만약 주님이 교회를 세우고 계신다면 우리는 결코 실패할 수 없다. 만약 교회가 머리보다 앞서 나간다면 우리는 넘어지고 말 것이다. 우리 가운데 이 수준의 성숙과 진정한 영적 권위를 모범으로 보여줄 수 있는 남녀 성도들이 더욱 많이 생겨나기를 기원한다.

---

7) Grubb, 252.

맺는 말

당신은 "울퉁불퉁한 길: 조심해서 나아가시오!"라고 쓰인 경고판을 본 적이 있을 것이다. 이것은 나의 메시지이기도 하다. 한편으로, "이것을 하지 마시오. 성경적 선례들은 모호하며, 그것은 위험합니다."와, 다른 한편으로 "여기에 그것을 하기 위한 모델이 있습니다."가 서로 뒤섞여 있는 듯한 느낌이다.

전략적 전쟁을 수행하는 것은 하나님이 그 안에 계시면 적절하고 유력하다. 하나님 나라는 가라지 사이에 자라는 알곡이다. 우리는 하나님이 사탄을 다루실 때 비로소 우리가 악을 제거하게 되리란 점을 알아야 한다. 심지어 큰 부흥을 경험하였던 도시와 나라들도 여러 세대 후에 다시 불경건 속으로 빠져 들어간 사실을 기억하라. 그 나라의 왕 자신이 친히 오시기 전까지 그 나라의 영원한 지리적 표현은 있을 수 없다.

만약 하나님께서 원수의 요새를 목표로 한 전략적 중보 전쟁에 참여하도록 특별한 사람이나 그룹을 준비시키고 고무시킨다면 그 임무 위에 각인된 경고를 읽으라: "위험: 기도로 다루시오." 만약 현재 이 사명을 위해 이미 준비된 "특별 공격대들"이 있다면 나는 용기를 가지고 나아가시오 하고 말할 것이다. 책임감 있게 행하고 잘못된 것을 바로잡는 데 언제나 열린 마음을 가지라. 당신의 비전을 유지하라. 이것은 마녀 사냥이 아니라 영혼들의 추수를 증가시키기 위해 하나님이 규정하신 방법이다.

몇 년 전에 타이완에서 나는 축귀와 중보기도 사역 부분에서 목회자들을 훈련하는 일에 관여하였다. 어느 날 저녁 공격적인 기도를 시작할 준비가 되어 있는 사십 내지 오십 명의 사람들과 더불어 우리는 타이완 전역에 걸쳐서 인정되는 물질주의의 주요 신의 정체를 (탐욕) 밝혔다. 한동안 찬송과 예배를 드린 후 그 그룹은 침묵 가운데 주님의 말씀을 경청하였다. 그리고 나서 차례로 우리는 주님이 그 땅에서 탐욕의 마수를 공략하고 약화시켜 주시기를 간구하였다. 그때 매우 이상한 일이 일어났다. 이 기도는 불과 십오 분 밖에 계속되지 않았는데, 나는 여러 명이 강렬한 개인적 대화에 휩싸이고, 방향을 혼란케 하며, 힘을 약화시키고 있다는 것을 깨달았다. 나는 혼자서 "오, 안돼! 전략적인 싸움을 이제 막 시작하고 있는데!"라고 생각하였다. 나는 나의 통역자에게 무슨 일이 일어나고 있는지 물었다. 그는 잠시 귀를 기울이더니 그 자신도 역시 긴장하였다. 그는 나에게 그곳에 본토인과 타이완 사람들이 함께 참석하였는데, 타이완 독립을 위한 투쟁으로 거슬러 올라가는 강한 상처와 증오감이 부상되고 있다고 설명하였다. 갑자기 분개와 증오와 불신이 고백되었다. 정직하고 고통스러운 교환이 수시간 동안 계속되었다. 용서와 화해의 눈물이 흘렀다. 우선된 문제를 성령께서 다루고 계셨다. 깨어진 몸이 수선되고 있었다. 처음에 나는 다소 패배감을 느끼며 그 방을 떠났다. "이런 유의 기도를 하기에는 아직 그들이 너무 자기중심적이고 분열되어 있다."고 생각하였기 때문이었다. 그러나 그 날 저녁 내가 깊은 생각에 잠겨 있을 때 에베소서 3장 1-13절의 참된 의미가 깨달아졌다. 여기에 참된 승리, 화해의 기적이 있었다. 이것이 —하나님의 인자와 영광을 입증하는 사랑의 지고성이—바로 "정사와 권세들과" 그리고 세상에 알려져야 할 무엇이다. 만약 우리가 문제와 계획들에 쏟는 것과 같은 강도와 열정으로 서로 서로를 사랑할 수 있다면, 우리는 우리의 모든 열성 어린 계획들을 다 합친 것보다 훨씬 더 많은 해를 원수에게 입히게 될 것이다.

　전략적 식별과 요새들의 공략이 또 하나의 광신적인 임무나 잘못된 우선순위가 되지 않기를 기원한다. 오히려 그 우선순위가 올바르고, 그의 나라의 확장을 위해 지존하신 하나님의 임재와 능력이 온전히 임하도록 어떤 대가라도 지불할 준비가 되어 있는 건강한 지체들이 그 일을 맡아 하나님께 영광을 돌리기를 기원한다.

제7부

전략 실행

제9장

죽음의 수용소에서 자유로

마크 화이트(Mark H. White)

종종 하나님은 지상 차원의 영적 전쟁을 사용하여 사람들을 회심시키고 구원하신다. 많은 경우에 신자로서 우리는 주님이 우리에게 주신 무기들을 사용하여 적의 영토에 사는 구원받지 못한 사람들의 생명을 위하여 싸우도록 부름 받는다.

지상 차원의 전쟁은 이 책의 앞부분에서 논의된 대로 대개 사람 대 사람으로 행해진다. 그것은 고도의 관계성을 요구한다. 우리는 하나님의 사랑의 중심 대상이 그의 형상으로 지음 받은 인간 개개인인 점을 결코 잊어서는 안 된다. 우리가 아직 그리스도와 관계를 맺지 못한 사람들과 관련하여 지상 차원의 전쟁을 수행할 때 우리는 하나님의 관점에서 그들을 보며 최상의 사랑과 돌봄과 존경으로 그들을 대해야 한다.

앤(Ann)

몇 년 전에 나는 미국의 한 주요 대학에서 학생들과 함께 일한 적이 있다. 그 당시에 나는 앤이라는 한 여성과 교분을 나누게 되었는데 곧 그녀는 나의 좋은 친구가 되었다. 나는 그녀를 통해 지상 차원의 전쟁의 "세세한 점들"을 보다 잘 이해할 수 있게 되었다.

앤은 캠퍼스의 여학생 기숙사를 맡고 있었는데, 내가 캠퍼스에서 인도하던 성경 공부 장소가 바로 그녀의 건물에 있었다. 그녀는 수년간의 경험을 가지고 있었으며 기숙사 여학생들에게 매우 엄격하였다. 그녀와 친분을 갖기 위해 어느 날 나는 그녀와 함께 점심 식사를 하였다.

대화를 나누는 중 문득 이전에 내가 유럽에서 여름 선교를 한 것을 이야기하게 되면서 종교가 화제가 되었다. 앤은 자신이 유대인이며 레위 지파 자손이라고 말하였다. 나는 유대인으로서 그녀의 신앙에 대해 관심을 가지면서 그리스도인으로서 내 자신의 종교적 경험을 간단히 소개하였다. 그녀도 자신의 이야기를 하였다. 그녀의 부친을 통해 내려온 그녀의 유대교 유산은 약 이십 세대를 거슬러 올라갔다. 그러나 그녀의 어머니는 로마 가톨릭 교인으로 성장하였다가 후에 유대교로 개종하였다.

그녀가 어린 소녀였을 때 앤의 가족은 2차 세계대전의 대학살 기간 동안 나치에 의해 수용소에 갇혔다. 그녀는 히틀러의 "지옥 수용소들" 중 아우슈비츠와 그로스 로젠과 다하우 세 곳에서 수감 생활을 하였다. 비극적으로, 그녀와 그녀의 쌍둥이 여동생은 조셉 멩겔

(Joseph Mengele)의 "쌍둥이 실험"의 일부가 되었다. 나치는 그 소녀들을 실험 대상으로 앤의 콩팥 하나를 떼서 그것을 그녀의 여동생의 몸에 이식하는 시도를 하였다. 이 모든 것은 마취도 없이 그들이 완전히 분명한 의식을 가진 상태에서 행해졌다. 앤의 여동생은 수술 도중에 사망하였다. 그들은 아직 살아 있으나 고통으로 신음하는 앤을 차고 어두운 방에 던져 넣었다. 거기서 그녀는 하나님께 부르짖기 시작하였으며 그녀도 역시 죽게 해 달라고 호소하였다.

그 순간 갑자기 그녀가 누워 있던 방에 밝은 빛이 비추었다. 그 빛은 사람의 모습을 띠었으며, 한 목소리가 그녀에게 "내가 너를 고쳤기 때문에 너는 나을 것이다."고 말한 다음 사라졌다. 앤으로 하여금 그 수술에서 회복되는 과정과 수용소에서의 나머지 생활을 견딜 수 있게 한 것은 바로 이 환상이었다. 이 환상은 그때 이래 그녀의 기억에서 하나의 획기적인 경험이 되었다. 그러나 그것이 그녀와 하나님의 관계를 위해 더욱 큰 함축을 지닐 수 있다는 것을 아직 그녀는 알지 못하였다.

2차 대전 후 앤은 강제 수용소에서 몇 명의 정신과 의사들에게 "빛의 사람"의 경험을 설명하였다. 그들 모두는 한결같이 그녀에게 그것이 그녀의 어려운 상황으로 야기된 정신 분열적 망상이었다고 말하였다. 그러나 그녀는 그것을 사실로 믿으면서 다시는 아무에게도 그 이야기를 하지 않겠다고 결심하였다. 그리고 나서 처음으로 그녀는 나에게 그 이야기를 하였다.

앤이 허심탄회하게 그녀의 이야기를 하였기 때문에 나도 예수님에 대한 나의 믿음을 보다 깊이 나눌 수 있었다. 그녀는 내가 나의 믿음을 설명하는 것을 거부감 없이 듣는 것 같았다. 나는 그녀에게 예수 그리스도가 어떻게 실제로 내 안에 사시는지 그리고 내가 어린 소년 시절 그를 영접한 이래 그가 어떻게 나의 삶을 인도해 오셨는지를 말하였다.

앤은 예수님에 관한 그녀 자신의 견해들로 나의 생각을 반박하였다. 그 견해들은 현저하게 회유적이었지만 그녀 자신이 스스로 예수님으로부터 멀리 있고자 생각하는 사실 역시 보여 주었다. 그러나 앤은 그 대화 도중 한 가지 사실을 지적하였다. 그녀는 이상한 듯이 불쑥 말하였다. "그것이 당신과 어떤 상관이 있는지 잘 모르겠지만 당신의 삶에는 무언가 실제적인 것이 있는 것 같아요. 무언가 매우 개인적이고 매우 구체적인 것, 무어라고 꼬집어 말할 수는 없지만, 기독교가 당신에게 하나의 종교에 불과한 것 같지는 않아요. 당신이 가지고 있는 것은 실제적이에요."

나는 앤을 우리 성경 공부 모임에 초대하였다. 놀랍게도 그녀는 선선히 동의하였다. 앤은 우리가 연구하고 있던 구절들에 신선한 빛을 던졌다. 그녀의 질문들은 통찰력이 있었고 흥미로웠다. 그리고 유대인 시각에서 나온 그녀의 해석은 우리가 성경을 보다 충분히 이해하는 데 도움을 주었다. 그녀가 복음에 대해 거부감을 보이지 않는 것을 느끼면서 우리는 그녀에게 특별한 성경 구절들을 읽고 공부해 오도록 과제를 주기 시작하였다. 히브리서는 앤이 가장 좋아하는 성경이 되었으며 그녀는 그 책에 강렬한 흥미를 느꼈다. "멜기세덱의 반차를 좇는 제사장"으로서 예수 그리스도(히 5:6)는 그녀가 가장 좋아하는 구절 중에 하나가 되었다. 다른 구절들 역시 그녀의 호기심을 자극하였다. 그녀는 학식 있는 여성이었으며 히브리서의 세련된 언어와 거기 제시된 복잡한 사상들을 곧잘 이해하였다. 우리는 앤을 위하여 더욱 집중적으로 중보기도 하였다. 다른 주(州)의 기도 후원자들도 곧 정기적으로 그녀의 구원을 위하여 기도하기 시작하였다.

앤은 거의 빠짐 없이 우리 모임에 참석하였다. 어느 날 저녁 예배를 마쳤을 때, 앤은 그녀가 예배를 드리고 있는 동안 서로 다른 두 문장이 그녀의 머리 속에 별안간 떠올랐다고 말하였다. 그녀는 자신할 수는 없지만 그것들이 신약성경에 있는 것 같다고 말하였다. 그녀는 그녀의 머리 속에 그 문장들을 그림으로 그릴 수 있었고 그것을 우리에게 읽어 줄 수 있었다. 그 구절들은 "하나님이 세상을 이처럼 사랑하사 독생자를 주셨으니 이는 저를 믿는 자마다 멸망치 않고 영생을 얻게 하려 하심이라"와, "수고하고 무거운 짐진 자들아 다 내게로 오라 내가 너희를 쉬게 하리라"였다.

우리가 놀라서 쳐다보고 있을 때 그녀는 "이 말들이 무엇을 의미합니까?" 하고 물었다. 우리는 이 두 구절 모두 예수님이 그녀가 그에게 오도록 그녀를 부르시는 것임을 설명하였다. 성령께서 직접 그녀에게 말씀하셨으며 앤은 예수님께로 점점 더 가까이 다가가고 있었다.

우리가 아는 한 성경의 이 두 구절은 그녀 편에서 그것들에 대한 사전 지식이 없이 그리고 그녀가 기록된 말씀을 눈으로 본 것도 없이 직접적으로 앤에게 주어졌다. 하나님은 개인직으로 그녀에게 복음을 말씀하셨다.

여러 달이 지났다. 앤의 성경 공부 출석률이 떨어졌다. 그녀는 때로 심란해 보였고 만남을 피하고 싶어하는 것 같았다. 우리는 그녀를 위한 우리의 기도에 박차를 가하였다. 그러나 아무것도 그 벽을 허물지 못하는 듯이 보였다. 그러던 어느 날 캐런이라는 학생과 내가 점심 시간에 앤과 식당에서 만나서 어떻게 지내고 있는지 묻게 되었다. 그녀의 상황은 좋지 않았다. 신체적으로나 정신적으로나 그녀는 지치고 무기력해 보였다. 그녀는 심장 질환을 앓고 있었고 그녀의 건강에 대해 다소 불유쾌한 소식을 들었었다. 게다가 그녀는 그녀의 상관과 크게 언쟁을 벌였고 그때문에 직장을 잃어 버리게 될 것을 염려하였다. 설상 가상으로 그 날 아침 그녀의 두 살 된 손자가 이층 창문에서 떨어져 크게 다쳤다.

이 모든 것을 마음에 담은 채, 앤은 케런과 내가 그녀의 아파트로 가서 그녀와 함께 기도하고 싶다는 제의에 기꺼이 동의하였다. 우리는 다시 그녀에게 복음을 전하고나서 예수님은 그녀의 고통과 좌절과 그뿐만 아니라 때로 그녀를 곤경에 빠지게 하는 그녀 속에서 끊임없이 끓어오르는 강렬한 분노에서까지 그녀가 자유롭게 되기를 원하신다고 설명하였다. 우리는 구체적으로 그 일을 위해 그녀가 무엇을 해야 하는지도 말하였다.

캐런의 수업 시간이 가까웠기 때문에 우리는 기도하기 시작하였다. 우리의 기도는 짧았지만 매우 힘이 있었다. 기도 후에 케런은 수업에 가기 위해 일어났다. 나는 마음속으로 나도 가야겠다고 생각하였다. 그러나 무언가가 나를 그냥 눌러 앉게 하였다. 우리는 캐런이 떠난 후에도 계속하여 이야기하였다.

귀신 들림인가?

갑자기 내 편에서 어떤 자극도 없이 앤은 나의 얼굴을 똑바로 쳐다보면서 말하였다. "그런데 마크! 때로 나는 내가 귀신이 들린 것 같은 생각이 들어요." 나는 그녀에게 그 귀신들의 이름이 무엇일 것 같으냐고 물었다. 그녀는 조금도 주저 없이 "자살과 살인"이라고 대답하였다. 그녀는 나에게 이 두 귀신들이 그녀에게 어떻게 영향을 미치는지를 설명하기 시작하였다. 때때로 그들은 그녀 마음속에서 다른 사람들에 대한 분노와 난폭한 생각들을 집어 넣었다. 종종 어떤 사람에 대해 분노할 때 그녀는 그녀의 생각 속에서 매우 난폭한 어떤 각본에 따라 그 사람을 갈기갈기 찢어 버리곤 하였다. 그녀가 이런 생각에 굴복하여 신체적으로 다른 사람을 상하게 한 적은 한 번도 없었다. 그러나 그녀는 그녀의 생각 속에서 걷잡을 수 없이 일어나는 분노와 그녀가 그녀의 말을 절제하지 못하는 것 뒤에 이 귀신들이 있을지 모른다고 생각하였다.

다른 이야기들로 쏟아져 나왔다. 한 번은 어느 날 아침 그녀의 남편이 밤 사이에 침대에서 어떤 뭉툭한 물건으로 머리를 두들겨 맞고 부상을 당한 채 발견되었다. 사람들은 후에 그 물건을 그들의 집의 한 침대 밑에서 찾아내었다. 그러나 오늘날까지 다만 가족 중에 누가 그렇게 하였으리라고 짐작할 뿐 누가 실제로 그 구타를 하였는지 아무도 알지 못한다. 다른 이야기들도 마찬가지로 기괴하였다.

축귀

나는 이전에 귀신을 쫓아 낸 경험이 전혀 없었다. 그래서 그 다음에 내가 할 수 있었던 유일한 일은 기도하면서 예수님께 그녀의 삶에서 이 귀신들을 쫓아내 주시도록 간구하는 것이었다. 나는 그때까지 축귀를 하기 전에 그녀의 삶의 상처난 부분들을 다루는 내적 치유의 중요성 같은 것을 전혀 알지 못하였다. 또 귀신들을 쫓아내고자 할 때 그 사람 속에서 성령을 원군(援軍)으로 삼는 것은 매우 중요하므로 그녀를 먼저 그리스도께로 인도해야 한다는 생각도 전혀 하지 못하였다.

나는 그녀에게 이 영들을 쫓아내기 위해 같이 기도하자고 말하였다. 그녀는 동의하였다. 나는 용기를 다해 기도하기 시작하였다. "주 예수님, 예수의 이름으로 자살과 살인의 영들이 지금 당장 이 사람에게서 떠나게 해 주시옵소서." 그러자 곧바로 앤의 몸이 가벼운 경련을 일으켰고, 그녀의 눈동자가 뒤로 젖혀졌다. 그녀는 가볍게 떨면서 앉은 채 몸을 앞뒤로 흔들기 시작하였다. 나는 약간 당황하였으며 도움을 청하기 위해 한 친구에게 전화를 걸었다. 그러나 그는 자리에 없었다. 분명히 하나님은 내가 그분에게 직접 도움을 청하기를 원하시는 것 같았다.

그래서 나는 다시 지혜를 짜내면서 앤이 앉은 자리로 돌아갔다. 그녀의 몸의 떨림이 차츰 가라앉고 있었다. 나는 축귀가 일어난 마지막 몇 순간을 지켜보았다. 앤의 눈동자가 제자리로 돌아 왔다. 몸의 움직임도 가라앉았다. 그녀는 당황한 표정으로 나를 쳐다보다가 잠시 후에 말하였다. "무슨 일이었어요?" 이제 주님이 도우신다는 생각으로 좀 더 자신을 가지고 나는 그녀에게 그녀 안에서 일어난 것은 어둠의 세력과 빛의 세력 간의 싸움이었다고 설명하였다. 그 순간 빛의 세력이 이겼고 귀신들이 쫓겨났다.

그러나 예수님이 계속하여 이기고 귀신들이 접근하지 못하게 하려면 예수님이 그녀의 개인적 주님과 구세주로 그녀의 삶의 중심 자리를 차지하셔야 했다. 그녀는 아직 자신을 예수님께 드리지 않았다.

그 날은 우리의 시간이 다 했다. 앤은 약속이 있어서 나가야 했다. 나는 떠나기로 하고 그녀에게 내가 다시 그녀를 방문하겠다고 말하였다. 그 날은 금요일이었다. 토요일 날 나는 그녀를 방문하였다. 그녀는 아직도 초췌하고 지쳐 보였다. 나는 그녀에게 구원과 관련된 성경 구절을 몇 개 더 말하고 우리가 그녀를 위해 기도하고 있다는 것을 거듭 강조하였다.

한편으로 나는 그녀의 구원을 위해 계속하여 기도 후원을 요청하였다. 각지의 친구들과 친척들과 후원자들이 앤을 위한 중보기도에 더욱 열을 올렸다. 우리 성경 공부 모임의 학생들도 합심하여 기도하였다. 우리가 앤의 삶을 위해 영적 전쟁을 하고 있는 것이 분명하였다. 그녀는 매우 가까이 와 있었으나 아직 문지방을 넘지는 않았다.

이런 유의 영적 전쟁은 나에게 전혀 새로운 것이었기 때문에 나는 내가 다니던 교회 목사님들에게 자문을 구하였다. 그들은 그녀가 다음에 무슨 일을 하기로 결정하든지 그녀를 후원하는 대화를 지속하되 그녀로 하여금 불신자로서 귀신이 그녀에게서 나갔기 때문에 그녀가 빌린 시간을 사는 사실을 분명히 알게 하도록 충고하였다. 귀신이 있던 자리를 성령의 임재로 채우지 않는다면 그녀는 좋은 목표물로서 이전보다 훨씬 더 심한 공격을 받을 수 있었다(마 12:43-45).

월요일 날 나는 내가 그 상황을 책임져야 할 필요를 느꼈다. 그래서 앤에게 나와 함께 우리 교회 목사님 중 한 분을 만나 볼 생각이 있는지 물어보았다. 그녀는 곧바로 동의하였다. 우리는 화요일 아침 이른 시간에 만날 약속을 하였다.

화요일 날 그녀는 신체적으로나 정서적으로나 좀 더 안정되고 나아 보였다. 그러나 교회까지 삼십 분 정도 차를 몰고 가는 동안 앤은 그녀 속에서 실제로 일어나고 있는 일을 나에게 말하였다. "마크, 나는 내가 완전히 돈 것 같아요. 지난 며칠 동안 내 속 어디에서도 분노를 찾아 볼 수 없었어요."

그녀는 계속하였다. "그것은 나의 생활의 너무도 큰 부분이었어요. 나는 그것과 실제적인 관계를 가졌더랬어요. 그런데 지금 나는 내 속에 큰 구멍이 난 것 같고 무엇으로 그것을 채워야 할지 모르겠어요." 그녀는 그녀 속에 분노가 없는 사실에 오히려 당황하는 것 같았다.

그녀는 말을 이었다. "나는 이번 주에 내가 조금도 좋아하지 않는 친구에게 전화를 걸어서 내가 말한 몇 가지 일들에 대해 사과를 하였어요. 그것은 전혀 나답지 않은 일이었어요! 무슨 일이 일어났죠? 나는 내가 완전히 돌아 버린 것 같아요!"

나는 잠시 침묵하다가 기도한 후 그녀에게 물었다. "앤, 캐런과 내가 당신의 아파트에서 당신을 위해 기도하였던 금요일이 생각…"

나의 말이 채 끝나기도 전에 그녀는 믿을 수 없다는 듯이 반문하였다. "당신과 캐런이 내 아파트에 왔었어요?"

"그래요, 우리는 금요일에 당신의 아파트에 갔었지요. 우리는 당신과 함께 기도하였고, 어떤 귀신들에게 떠나도록 명령하였어요. 그들이 당신의 분노의 근원이었어요. 이제 그 귀신들이 당신을 떠났기 때문에, 당신은 당신의 분노를 찾을 수 없는 것이에요!"

앤은 믿지 못하였다. 그녀의 아파트에서 일어난 귀신과 축귀와 기도에 관한 이야기는 그녀에게 전혀 생소한 것 같았다. 그녀는 입을 벌린 채 의자에 등을 기대고 앉아, 마치 내가 세상에서 가장 영리한 거짓말쟁이라도 되는 것처럼, 안경 너머로 나를 뚫어지게 쳐다보았다. 분명히 그녀는 그 금요일에 있었던 일을 전혀 기억하지 못하는 것 같았다. 그래서 그녀는 다시 그녀 자신에게 주의를 돌려, 자신이 완전히 미쳐 가고 있다고 스스로 정죄한 것이었다.

그러나 그녀의 다음 말은 그녀가 나의 이야기가 사실임을 받아들이는 쪽으로 기울어지고 있는 것을 암시하였다. 그녀는 그녀가 그날 아침 어떤 이유에서 그녀 마음속에 한 영상과 함께 캐런이 그 주에 언젠가 그녀의 아파트에 왔었다는 "강한 느낌"을 가지고 깨어났다고 말하였다. 그러나 그녀는 실제 사건을 의식적으로 기억하지는 못하였다.

그러나 아직 앤은 나의 말을 완전히 믿지 않았다. 그래서 나는 금요일 점심에서부터 시작하여 우리가 함께 가졌던 시간을 상세하게 설명하였다. 한 마디 한 마디 들을 때마다 앤은 입을 다물지 못하였고, 가느다랗게 비명을 지르고, 내가 그녀에게 거짓말을 하고 있다고 반박하였다. 그녀가 너무도 자주 방해를 하였기 때문에 나는 내가 이야기를 다 마칠 때까지 좀 조용히 있도록 그녀에게 부탁할 정도였다. 마침내 내가 그녀가 나에게 그녀의 남편이 밤새 불가사의하게 구타당한 이야기를 하였던 것을 말하자 그녀는 나의 말을 믿기 시작하였다. 그녀는 전에 그 이야기를 아무에게도 한 적이 없었다. 따라서 그 자체로 그것은 우리가 교회에 도착할 때까지 그녀를 차 속에 있게 하는 충분한 근거가 되었다.

돌파

우리는 앨런 목사님을 만나 그의 사무실로 들어갔다. 그때부터 앤의 구원과 축귀를 위한 상담은 무려 세 시간 동안 계속되었다. 우리 교회 목회자들은 정규적으로 축귀 사역을 해 왔기 때문에 나는 내가 혼자 사역하였을 때보다 훨씬 더 여유를 느꼈다.

우리는 먼저 앤으로 하여금 앨런에게 강제 수용소에서의 환상에서부터 방금 차 속에서 있었던 대화에 이르기까지 그녀의 인생의 사건들을 이야기하게 하였다. 앤이 이야기를 다하였을 때 앨런은 하나님께서 어떻게 그녀의 삶 속에 역사해 오셨는지에 관해 그가 느낀 바들을 이야기하였다. 그는 수용소에서 앤의 경험을 다메섹 도상에서 바울이 예수의 환상을 본 것에 비유하였다. 그리고 그는 예수님이 그 자신과 교제를 나누도록 앤을 찾고 계시는 동시에 또한 그는 그녀가 유대인이라는 사실 역시 인정하기를 원하신다는 것을 조심스럽게 설명하였다. "그는 당신으로 하여금 이런 방식의 종교적 의식을 위해 저런 방식의 종교적 의식을 포기하도록 요구하지 않으십니다." 하고 앨런이 말하였다. "그러나 그는 당신이 당신의 유대교 신앙에서 완전하게 되기를 원하십니다. 그는 하나님이 그와의 관계에서 당신을 위해 계획하신 바대로, 당신이 두 언약 모두의 충만성을 경험하기를 원하십니다."

앤은 대답하였다. "나는 예수가 진짜 자기가 말한 대로이거나 아니면 지구상에 살았던 사기꾼 중 가장 엄청난 사기꾼이거나 둘 중 하나라고 생각해요." 앨런은 그녀의 말에 동의하면서, 예수의 인격과 그의 주장에 대한 우리의 믿음이 우리의 삶에 어떤 의미를 줄 수 있는지에 근거하여 부드럽게 구원의 메시지를 전하였다. 약 두 시간 후 앤은 잠시 조용히 있다가 말하였다. "예수님에 대한 깊은 사랑이 내 속에 있는 것 같아요. 그는 선한 선생님 이상이어야 해요. 나는 정말 그를 숭배하는 것 같아요. 나는 그를 정말 사랑하는 것 같아요."

앨런이 답하였다. "그렇다면 지금 당장 예수님에게 당신이 그를 사랑한다고 말해 보지 않겠어요?" 그녀는 동의하였고 예수님에게 말하려고 시도하였다. 그에 관해 이야기하는 것과 그에게 이야기하는 것은 전혀 다른 일이었다. 그런데 이제 그녀가 기도로써 그에게 말하려 하였다. 영적 역학관계가 갑자기 바뀌어졌다. 그녀는 그 말을 입 밖으로 내는 데 상당한 어려움을 가졌다. 무언가가 그녀를 믹고 있었다. 그녀는 애썼다. "예에에에, 예에에에." 우리는 그녀를 위해 간절히 기도하였다. "예에에에, 예에에에." 여전히 그녀는 예수의 이름을 말할 수 없었다. 그녀는 절망적으로 한숨을 쉬었고 앨런은 그녀로 하여금 긴장을 풀고 다시 한 번 시도해 보도록 격려하였다. 마침내 그녀의 몸의 모든 힘과 의지와 감정을 오직 그 결정적인 이름을 입으로 내는 데 집중시킨 채, 그녀는 긴장을 풀고 두려움을 극복하고 조용히 눈물을 흘리며 말할 수 있었다. "예수님, 예수님, 나는 당신을 사랑합니다. 나는 당신을 사랑합니다. 나는 당신을 사랑합니다."

휴! 그 방에서 긴장이 사라지고 놀라운 고요가 앤의 영혼에 깃들었다. 우리는 그녀의 미소 띤 얼굴에서 주님의 영광이 빛나는 것을 볼 수 있었다. 곧 앨런은 앤에게 그리스도를 그녀의 개인적인 구주로 영접하도록 인도하였다. 그것은 정말 영광스러운 시간이었다. 우리는 이 구원의 경험의 아름다운 순간들을 감격적으로 보냈다. 앤은 바로 우리 눈앞에서 사망에서 생명으로 옮겨졌다.

몇 분간 휴식을 취한 후 앨런은 우리에게 자신이 보다 더 성령으로 충만해지도록 기도할 것과(엡 5:18), 축귀를 위해 한 번 더 기도해야 할 것을 제안하였다. 그는 앤에게 인간의 타락에서 현재에 이르기까지 세상에서 악의 역사를 간략하게 설명하기 시작하였다. 앨런은 빌리 그래함 목사님의 말을 빌려, 칠십 년대 초에 사탄은 훨씬 더 크게 악의 공세를 펴도록 허락을 받았으며, 우리는 지금 사람들의 생명을 위해 훨씬 더 치열한 싸움을 싸우는 중에 있다고 말하였다.

그다음 앨런은 앤에게 귀신이 들린 경우의 세세한 점들을 설명하였다. 그는 그녀에게 그녀 속에서 자살과 살인이 점령하고 있던 장소를 이제 그리스도의 성령이 차지하고 있으나, 다른 귀신들이 아직 남아 있을지 모르며, 그녀는 당분간 계속하여 축귀 상담을 받을 필요가 있다고 말하였다. 앤은 동의하였고 우리가 거기서 그녀에게 안수하며 그녀를 위해 기도하겠다는 앨런의 제안을 순순히 따랐다.

우리는 기도하기 시작하였고 먼저 성령께서 앤을 훨씬 더 충만하게 채워 주시기를 간구하였다. 그리고 나서 우리는 축귀를 위하여 기도하였다. 앨런은 앤의 몸에 남아 있는 어떤 귀신이라도 다 떠나도록 명령하였다. 앤이 그녀의 아파트에서 나와 함께 기도하였을 때 일어났던 것과 같은 신체적 현상들이 다시 일어났다. 더 많은 진동이 있다가 모든 것이 조용해졌다. 큰 기쁨이 다시 밀려왔다. 앤은 이제 예수 안에서 완성된 유대인이었다. 새 언약의 예수 그리스도를 향해 옛 언약이 가리키던 모든 것이 이제 그녀의 새로 탄생한 생명 속에 내주하였다.

집에 돌아오는 시간과 그 이후 몇 주 동안 우리는 앤의 구원과 축귀로 인해 기쁨으로 넘쳤다. 그동안 기도해 오던 모든 사람들에게 그 승리의 소식을 알렸고, 앤은 그 이후 가진 우리 성경 공부 모임에서 그녀의 변화를 간증하였다. 나는 몇 주 후 그녀가 세례를 받고 한 번 더 축귀 상담을 받았을 때, "이제 사탄은 어디에 있습니까?" 하고 물었다. 그녀는 대답하였다. "그는 가 버렸어요. 그는 더 이상 이전처럼 내 삶에 관여하지 못해요. 나는 더 이상 그의 존재를 느낄 수 없어요. 이제 나는 내가 새롭게 결혼한 예수 그리스도의 신부가 되는 데 나의 남은 생을 쏟을 거요!" 하나님을 찬양하라! 앤은 사탄의 마수에서 완전히 자유로웠다.

우리 그룹의 누군가가 주님으로부터 앤을 위해 예수님과 그녀의 오랜 경험을 요약한 말씀을 받았다: "또 우리 주의 오래 참으심이 구원이 될 줄로 여기라"(벧후 3:15). 예수님은 많은 해 동안 앤을 따라 다니셨다. 그런데 이제 그녀가 마침내 그의 목소리를 듣고 그의 부름에 응답하였다. 앤은 자유해졌다. 그녀는 마침내 집으로 돌아 왔다.

제10장

뉴 에이지에서 뉴 라이프로

로라 엘리자베스(Lora Elizabeth)

  뉴 에이지 가르침의 토대는 인간이 신성을 얻을 수 있다는 신념이다. 이 신념은 "자아-계발"(self-enlightenment)에 이르는 모든 가르침들의 중심을 이룬다. 각 사람이 전체 우주, 즉 모든 해답과 창조주 자신의 모든 창조 능력을 가진다는 이 사상은 매우 호소력이 있다. 이 사상은 전혀 새로운 것이 아니다. 그것은 사탄이 에덴동산에서 이브에게 말한 것과 같은 거짓말이다. 단지 오늘날의 사람들에게 매력적으로 보이기 위해 새로운 옷을 입고 등장한 것뿐이다: "너희가 그것을 먹는 날에는 너희 눈이 밝아 하나님과 같이 되어…"(창 3:5).

  다음의 글은 몇몇 이들에게 상당히 충격적이 될 수 있다. 이것은 어떤 다른 사람들의 도시에서 일어날 뿐 아니라 우리가 사는 바로 이 도시에서도 일어나고 있는 일이다. 이 이야기는 지어낸 이야기가 아니다. 그것은 경험을 토대로 한 실제 간증이다. "성령이 밝히 말씀하시기를 후일에 어떤 사람들이 믿음에서 떠나 미혹케 하는 영과 귀신의 가르침을 좇으리라"(딤전 4:1). 비록 사람들이 귀신의 가르침을 따르리란 것이 믿기 어렵게 들릴지라도, 이 이야기는 성경이 우리에게 경고하는 바가 사실이라는 것을 분명하게 보여준다.

나의 이야기

나는 방의 한가운데에 앉아 서서히 깊은 황홀에 빠져 들고 있었다. 방 안은 장미 꽃 향기로 가득차 있었다. 그 향이 너무 진하여 거의 구토를 일으킬 정도였다. 나의 호흡은 너무도 느려져서 거의 감지하기 어렵게 되었다. 나의 눈꺼풀은 꿈을 꾸고 있는 사람처럼 아주 조금씩 떨렸다. 다른 추종자들이 염려스럽게 지켜보았다. 그들은 더 많은 변화가 일어나기를 기다리고 있었다.

나는 진동하기 시작하였다. 나의 머리가 급하게 이쪽저쪽으로 흔들렸다. 나는 마치 중력의 무게에 의해 짓눌리듯이 서서히 허리에서부터 떨어졌다. 나의 앞이마가 마루에 닿았다. 갑자기 나는 똑바로 앉았다. 나는 새로운 능력으로 채워졌다. 나의 내적 인도자 "아쉬탄카"가 도착하였던 것이다. 둘러 선 사람들은 내가 눈도 깜박거리지 않은 채 그들을 차례로 뚫어지게 바라 볼 때 나의 눈에서 그를 볼 수 있었다. 아쉬탄카가 말하기 시작하였다. "잘 있었나, 나의 사랑하는 자들아." 나의 입에서 나온 그 소리는 너무 깊고 힘이 있어서 그것은 도저히 내 자신의 목소리일 수 없었.

이 작은 그룹은 세 달 동안 한 주에 한 번씩 아쉬탄카의 가르침을 듣기 위해 모임을 가져 왔었다. 그 가르침은 시간이 갈수록 더 강렬해지고 요구하는 것들이 더 많아졌다. 아쉬탄카는 그들에게 "빛의 일"을 하기 위해 전국에서 또 다른 사람들이 양육되고 있으며 그들은 "이 지역에 소제(掃除)하는 에너지를 밀어 넣는 일을" 시작하기 위해 그의 "특별히 선택된 자들"이라고 말하였다. 그들의 목표는 "낡은 사고와 구식 종교의 속박에서 인류를 해방하는 것"이었다.

그들이 참 자유와 사랑과 기쁨을 경험하는 유일한 길은 "내면에서 그들의 신을 발견하는 것"이었다. 그들은 "그들의 출생권을 되찾고," "그들 자신들이 신이 되어야" 했다. 아쉬탄카는 그들을 위협하였다. "자라고 진화하기를 거부하는 모든 자들은 죽을 것이다. 누구든지 방해하는 자는 제거될 것이다."

그 그룹은 그를 따르지 않는다면 그들이 파멸 당하게 될 것을 두려워하면서 아쉬탄카의 명령을 문자 그대로 수행하였다. 그들은 그와 및 되돌아올 "승천한 주인들"에게 충성을 맹세하였다. 그는 그 주인들이 그들을 도우리라고 말하였다.

아쉬탄카는 그와 각 추종자들 사이에 "영원한 마음의 연결"을 만들기 위해 나의 손을 통해 그 그룹의 각 사람과 접촉하였다. 그들은 나의 손이 닿았던 그들의 정수리에서 얼얼한 느낌을 느꼈다. 이제 그들은 그가 미샤배(Mishabae)를 통하여 말하지 않을 때도 그들의 머리 속에서 그의 소리를 들을 수 있었다.

그 싸움은 실제이다

내가 미샤배였을 때, 그 영들은 우리 그룹에게 "인류의 황금기"를 도래시키기 위한 그들의 계획을 말하였다. 그 영들은 우리가 "계발"을 위해 수고하고 헌신한다면 인류와 지구가 파멸에서 구원될 수 있다고 약속하였다.

이 영들은 실제로 활동하는 사탄의 귀신들이다. 그의 나라인 어둠의 왕국은 광적인 속도로 일하도록 조직되어 있다. 그 싸움은 실제이다. 그리고 원하든 원하지 않든, 우리는 모두 그 싸움에 관련된다.

사탄은 "거짓의 아비"로 속임의 전문가이다. 그는 인간의 가장 약한 곳이 어디이며, 그의 순진한 희생자들에게 속이고 함정에 빠뜨리고 파멸시키고자 하는 그의 진짜 목적을 계속하여 숨기기 위해 무엇을 해야 하는지 안다.

"그러나 땅과 바다는 화 있을진저 이는 마귀가 자기의 때가 얼마 못된 줄을 앎으로 크게 분내어 너희에게 내려갔음이라"(계 12:12). 귀신들 스스로 그리스도가 재림하시면 그들이 더 이상 이 지구 상에서 자유롭게 통치하지 못하며 그들의 모든 일이 허사가 될 것을 알고 있다.

나는 계속하여 아쉬탄카의 가르침을 따랐으며 나도 모르는 사이에 모든 것을 약속하였으나 남은 것은 아무것도 없는 영적인 오랜 방랑에 젖어 있었다. 그 해는 1985년이었다. 건강의 악화와 더불어 나의 마음은 우울과 절망과 깊은 영혼의 고통으로 가득 차 있었다. 나는 날마다 죽음이 나를 놓아 주기를 기도하였다.

뉴 에이지로 이끌림

내가 이 밀교를 처음 알게 된 것은 내가 자라난 매사추세츠의 한 작은 도시의 유니테리언 교회에서부터였다. 그 교회는 무엇보다 사교 클럽이었다. 그곳은 그들 나름의 신앙 체계를 창조하기 원하는 자유주의자들과 "자유 사상가들"로 들끓었다. 하나님의 이름은 들어 본 적이 없었고, 예수의 이름도 결코 언급되지 않았다.

우리 어린이 그룹은 하이킹이나 소풍을 가거나 미술 작품을 만들었다. 당시에 그 교회 지도자들은 그들이 초감각적 지각(Extra Sensory Perception)과 정상(正常)을 초월한 어떤 경험들에 관한 연구를 시작할 것이라고 광고하였다. 그들은 이 영역에서 재능이 있는 자들을 골라내는 일련의 검사를 실시하였다. 나는 우리 반에서 누구보다도 높은 등급에 속하였다. 나는 특히 마음으로 물체들을 움직일 수 있게 하는 심령의 연동 작용에 탁월한 재능이 있었다. 집에서 대개 무시만 당하고 자란 나는 사람들의 관심의 대상이 되는 것이 너무도 기뻤다. 아무도 이전에 나에게 특별하다거나 재능이 있다거나 말한 적이 없었다. 나의 소외감과 인정받고 싶은 마음을 알고 있던 사탄은 그것을 미끼로 나를 끌어 들이기 시작하였다.

내가 사 학년 때 우리 반은 보스톤에 있는 한 심령술 교회로부터 방문 초청을 받았다. 선생님은 그것이 우리에게 멋진 경험이 될 것으로 생각하였고 우리는 떠났다.

우리가 그곳에 도착하였을 때 나는 내 속에서 이상한 흥분을 느꼈다. 나는 방금 그 영매가 나에게 줄 메시지를 가지고 있다는 것을 알았다. 그는 정말 그랬다. 나는 그날 밤 맨 처음 이름이 불렸다. 한 영이 나에게 나의 삶의 특별한 목적에 대해 말하였다; 나는 영적인 통로가 되도록 부름 받았다는 것이다. 그 영은 그때 나에게 명상과 철학들을 공부하도록 지시하였다. 나는 다시 내가 특별하며 재능이 있다는 말을 들었다. 누군가에게 필요한 사람이 되고 사랑 받는 사람이 되고 싶은 나의 필사적인 갈망을 통해 나는 갈고리에 걸렸다. 나는 마침내 태양 아래 나의 작은 장소를 찾아냈다. 나는 나의 새로 발견된 재능을 중심으로 나의 모든 자기 존중 의식을 개발하기 시작하였다.

내가 본 것에 완전히 매료되어 나는 내 스스로 영들과 접촉하기를 시도해 보기로 마음먹었다. 나는 친구들을 모아 강신술 놀이를 하였으며 언제나 나는 무당의 역할을 맡았다. 악마적인 현시들이 실제로 나타나기 시작하였을 때 우리는 너무 놀라서 다시는 강신술 놀이를 하지 않겠다고 다짐하였다. 그러나 나의 삶에 있어 사탄의 영향을 끌어들이는 문은 이미 열려 있었다. 그때부터 사탄은 교묘하게 나를 지배하다가 후에는 매우 뻔뻔스럽게 지배하였다.

해가 지나면서 나는 요가와 명상과 여러 철학들에 대해 내가 구할 수 있는 것은 모조리 구해 읽었다. 나는 진리에 대한 깊은 갈망이 있었으나 종교적 훈련이나 토대를 가진 것이 없었기 때문에 매우 여린 나이에 내 나름대로 결론짓고 내 나름의 진리를 창조하지 않을 수 없었다. 나의 부모님들은 내가 오랜 무신론자 가문에서 태어난 것을 자랑하셨다. 그들은 내가 내 스스로를 교육하고 아무도 따르지 말도록 충고하셨다. 그들은 "따른다는 것은 약한 것이다."고 나에게 가르치셨다. 열한 살에서 열네 살 사이에 나는 매우 열심히 요가를 연습하였다. 나는 나 자신을 고독한 자로 여기고 그 또래의 정상적인 사회 활동들에 참여하기보다 명상에 더 많은 시간을 보냈다.

열두 살 때 나와 매우 가까운 한 친구가 마리화나와 LSD 유의 환각제를 나에게 소개하였다. 그때부터 나는 동양의 금욕적 수련과 마약 복용 사이에서 계속하여 갈등하였다. 내가 일시적으로 나의 몸을 떠날 수 있다는 것을 알게 된 것은 마약을 사용하고 난 후부터였다. 명상과 마약은 내가 사탄의 영향을 받을 수 있는 문을 활짝 열어 놓았고 사탄은 점점 더 많이 나를 지배하였다.

그러다가 내가 십대의 많은 활동에 휘말리게 되자 잠시 모든 것이 뒤로 물러나게 되었다. 그러나 그 어둠은 언제나 나의 의식의 가장자리에 남아 나의 삶의 사건을 인도하면서 나의 중심에 들어 올 적절한 때를 기다리고 있었다.

그 다음의 전환점은 내가 스무 살이 되었을 때였다. 대부분 나의 삶은 안정되지 못하였고 나는 나를 피해 달아나는 평안을 필사적으로 갈구하면서 동양 철학에 다시 뛰어들게 되었다. 이상하게도 이번에는 악몽을 꾸기 시작하였으며 그런 꿈은 며칠 동안씩 나를 두려움에 떨게 하였다.

나는 미래에 대한 무섭고 혼란스러운 환상을 보기 시작하였다. 살고 싶은 욕구도 그다지 느끼지 못하였다. 바로 그때 한 악령이 밤에 나의 방에 나타나기 시작하였다. 그것은 나를 잡아먹으려는 듯 위협하였다. 나는 내가 내 자신을 보호할 지식을 전혀 갖지 못한 것을 깨닫고서 학과 공부를 그만 두고 마술을 연구하기 시작하였다. 나는 나의 의지의 힘을 사용하여 다른 이들에게 영향을 끼치는 것을 배웠다. 나는 내가 사람들을 지배하고 사건들을 내 마음 대로 조작할 수 있다는 것도 알게 되었다. (지금 나는 내가 속았으며 그 능력은 내 것이 아니라 마귀의 것이었다는 것을 안다.) 내가 이런 일들에 노련해지자 그 영은 더 이상 나타나지 않았다. 그것은 두려움을 통해 나를 사탄의 계략에 더욱 깊이 빠져들게 함으로써 그 목적을 충실히 달성하였다.

이것은 당분간 계속되었다. 나는 보람과 성취를 얻기 위해 애썼다. 그러나 매번 내가 택한 길은 나에게 또 다른 공허만을 줄 뿐이었다. 조금씩 사탄은 그가 나에게 필요로 하는 모든 자질들을 내가 개발하도록 나를 이끌고 있었다.

나는 이제 인간의 몸을 둘러싸고 있는 다채로운 색깔의 에너지 장(場)인 "영기(靈氣)"도 보고 읽을 수 있었다. 그것의 모습은 여름에 뜨거운 도로에서 발산하는 열기의 파장과 비슷하였다. 나의 직관은 면도날처럼 예리하였고 정신 영역에서 나의 능력은 절정에 달하였다. 나는 영교(靈交)도 할 수 있었다. 이것은 내가 소위 "빛"에 거하는 영들로부터 정보를 얻고 "죽은" 자들과 접촉을 할 수 있다는 것을 의미하였다.

나의 인도자들은 내가 전혀 개인적으로 알고 있지 않은 많은 일들에 관해 나에게 놀랄 만큼 명료하고 정확하게 말하였다. 나는 이제 무언가를 이루었다고 느꼈다. 그러나 그것은 사실상 하나님 자신의 거룩한 간섭이 없었더라면 불행한 결말을 맞을 수밖에 없는 길에 이제 막 들어선 것에 불과하였다.

사탄은 상당한 인정과 명성으로 나를 "축복하였다." 그것들은 내가 그토록 오랫동안 갈망해 오던 것이었다. 나는 나의 치유 재능 뿐 아니라 나의 친절로도 유명해졌다. 대부분 나는 사람들을 돕고 싶은 진실한 마음에서 돈을 받는 것을 사양하였다. 나는 하나님을 섬기고 있다고 착각할 정도로 철저히 속고 있었다. 내가 하는 일들은 나의 도움을 구하는 이들에게 오직 유익을 주는 것으로만 보였다. 지금 나는 사탄이 가능한 한 많은 사람을 속이기 위해 나를 이용하였다는 것을 안다. 나는 부드럽고 친절하고 말씨도 온순하였기 때문에 그것은 그 속임을 더욱 쉽게 하였다. 다른 곳에서 도움을 찾을 길이 없던 사람들을 도움으로써 사탄은 더욱 많은 사람을 그의 지배 아래 끌어들이고 있었다.

이 시점에서 나는 영교를 대중에게 가르치는 것을 목적으로 한 어떤 기관과 연결되었다. 그들은 나를 우리 주의 여러 지역에 파송하여 수련회를 인도하고 치료를 행하게 하였다. 나의 어머니는 그녀의 사무실 동료들에게 나의 활동에 대해 자랑하기까지 하였다. 그러나 그녀의 동료 중 몇 명이 우연히 그리스도인들이었다. 그들은 내가 하는 일이 재앙을 초래할 것이란 점을 나의 어머니에게 누누이 설명하였다. 그들은 그녀에게 나의 활동들은 악령에 의한 것이며 나는 귀신이 들렸다고 말하였다. 그러나 그들의 말은 어머니의 귀에도 나의 귀에도 들어오지 않았다. 우리는 귀머거리나 다름없었다. 그 결과 그들은 개인적으로 뿐 아니라 교회에서 합심하여 나를 위해 기도하기로 결심하였다. 오래지 않아 나는 우리 주 전체에 걸쳐 많은 교회들에서 특별기도 대상자 명단에 올라갔다.

하나님은 또 내가 사는 소도시 전역의 신자들의 마음에도 나를 올려놓았다. 나를 본 사람들은 기도에 대한 절박감을 느꼈고 많은 이들이 그들이 이름도 제대로 알지 못하는 이 여성을 위해 신실하게 기도하였다. 나는 아직 그것을 의식하지 못하였으나 하나님은 이미 나를 그 어둠에서 건져 빛으로 옮기기 시작하셨다.

더 높은 권세: 하나님이 간섭하시다

처음에는 서서히, 그러다가 점점 가속적으로 내가 그토록 열심히 해 오던 모든 일들이 퇴락되기 시작하였다. 영들은 냉담하고 소원해졌다. 영교는 고통스러웠고 나를 병들고 기진하게 하였다. 나는 거의 모든 것에, 특히 음식에 알레르기 반응을 보이기 시작하였다. 마치 모든 창조 세계가 나를 거부하는 듯이 느껴졌고 나는 그것이 무엇 때문인지 의아하였다. 나는 너무 약해져서 더 이상 사람들을 위해 점이나 영교를 할 수 없었다.

나의 친구들은 내가 내 자신도 고치지 못하는 것을 보고 충격을 받았다. 사람들이 도움을 구해 주로 찾아 온 사람이 나였기 때문에 내가 가서 도움을 구할 데는 아무데도 없었다. 내가 영들에게 도움을 구하였지만 그들은 단지 침묵으로 일관할 뿐이었다.

한 번은 명상을 하고 있는 동안 나의 "인도자들" 중 하나가 마지막으로 나에게 말하였다. 그는 나에게 "그들" 중 아무도 더 이상 나와 함께 있을 수 없다는 것을 알렸다. 나는 버림을 받았다. "왜?" 나는 그들에게 부르짖었다. "무엇 때문에?"

그들의 대답은 나를 놀라게 하였다: "너는 더 높은 권세에 속해 있다. 우리보다 훨씬 더 강력한 존재에게." 그들은 분하게 말하였다.

"그가 누구인가? 나는 어떻게 그를 찾을 수 있는가?" 나는 그들에게 대답해 줄 것을 사정하였다.

그들이 말하였다. "그는 너무 강력하여 우리는 그의 이름조차 말할 수 없다." 수 주간의 침묵이 따랐다. 나는 방황하였고 혼란스러웠으며 매우 놀랐다.

뒤돌아 볼 때, 지금 나는 그의 백성의 기도에 답하여 하나님께서 나의 삶에 간섭하기 시작하셨다는 것을 안다. 기도의 결과로 나의 존재를 그토록 오랫동안 지배해 오던 악령들은 결박되었고 쫓겨났다. 하나님의 백성이 나를 하나님의 나라를 위한 것으로 청구하였던 것이었다. 그 역사가 시작되었으며 하나님이 응답하실 것이었다. 악령들은 패배가 가까운 줄을 알고서 내가 하나님께 돌아가기 전에 나를 죽이고자 꾀하였다. 그것만이 나를 영원히 사탄의 영지에 남게 할 수 있었다.

나는 우울과 질병과 자살의 생각들로 고통을 당하였다. 나는 쉬려고 할 때마다 찾아 드는 무서운 악몽들을 피하기 위해 술에 취하기 시작하였다. 이 시점에서 사탄은 나를 붙들어 놓으려는 마지막 시도를 감행하였다.

어느날 오후 내가 간신히 누워 있을 때 한 명령하는 소리가 들려왔다. 그것은 내가 진리를 알 준비가 되어 있는지 물었다. 나는 나의 새로운 교사가 마침내 나를 구하러 왔나 보다고 생각하였다. 나는 곧 "네"라고 대답하였다.

일초도 채 못 되어 나의 방은 역한 냄새와 수천의 화난 말벌들이 붕붕 거리는 듯한 소리로 가득 찼다. 사탄 자신이 나의 방에 나타났다. 나의 귀는 울리기 시작하였고 나는 머리에서부터 발끝까지 마비되기 시작하였다. 그는 나의 발목 하나를 으스러지게 잡았다. 나는 필사적으로 몸부림쳤으나 소용이 없었다.

"이 바보 멍청이!" 그는 소리질렀다. "진리는 네가 그동안 속았다는 것이다." 그는 웃었다. "너는 네가 능력이 있다고 생각하였지? 네가 실제로 지식이 있다고 생각하였지?" 그는 나를 조롱하였다. "너는 쓸모없어. 아무것도 아니야. 풀 잎사귀만큼도 가치가 없어. 너는 이전에 네가 가진 영화의 으스름한 빛이라도 다시 보기 전에 수천, 수만 년 동안 어둠에 던져질 것이다."

그 말과 함께 그는 양날이 선 큰 칼을 꺼내었다. "너를 이생에서 분리하기 위해"라고 말하면서 그는 자기의 팔을 들어 올려 내려치고자 하였다.

나는 비명을 지르고 울었다. 나는 나를 악에서 보호해 줄 것으로 생각해 온 내가 아는 모든 능력을 불렀다. 나는 세상에 산 적이 있는 모든 영적 "선생들"의 이름을 불렀다. 아무것도 소용이 없었다. 마침내 절망적으로, 나는 내가 결코 알지도 못하였고 사랑한 적도 없는 분의 이름을 불렀다.

"예수여!" 나는 부르짖었다. "예수여, 하나님, 나를 도와주소서!"

즉시로 나는 내 방에 혼자 있었다. 사탄이 도망간 것이다.

이렇게 해서 나를 주님께로 인도하는 오랜 싸움이 시작되었다. 나는 완전히 혼란스러웠고 여전히 반역으로 차 있었다. 나는 하나님께 만약 그가 실제로 그가 말씀하신 그대로이며, 예수가 그 대답이면, 그리고 만약 그가 실제로 나도 내가 그동안 그토록 무시하고 비방해 온 그 그리스도인 중 하나와 같이 되기를 원하신다면, 그가 그것을 이루어 주시기를 간청하였다. 나는 너무 지치고 상하여서 무언가를 다시 믿을 수가 없었다.

그래서 하나님은 신자들을 나에게 보내 주셨다. 나는 어디서나 그들과 부딪혔고, 마침내 그들 중 몇 명과 성경을 공부하기 시작하였다.

많은 대화와 그들의 무한한 인내 이후 마침내 나는 빛을 보기 시작하였다. 그들이 나에게 진리를 말한 것을 깨달았을 때 나는 깨어지고 울음을 터뜨렸다. 나는 그들이 옳으며 내가 심하게 잘못되었다는 것을 알았다.

나는 예수님을 나의 삶에 영접하였다. 이 책이 출판될 무렵이면 그 위대한 날이 있은 지 약 오 년이 지나게 된다. 하나님은 나의 마음을 깨끗하게 하시고 계속하여 나의 반역을 깨뜨리시고 여러 해 동안의 두려움과 속박으로 인한 상처를 치료하시기 위해 많은 일을 하셔야 했다.

교회에서 한 친근한 형제가 내가 구원 받은 직후 나에게 왔다. 나는 하나님의 사랑을 알고 그의 말씀을 이해하기 위해 고투하고 있었다. 이 사람은 나를 위한 하나님의 말씀을 가지고 왔다. 그는 나에게 나의 영혼을 차지하기 위해 무서운 싸움이 벌어졌으나 두려워하지 않아도 될 것은 하나님이 이미 이기셨기 때문이라고 말하였다.

내가 그 말씀을 얼마나 붙들었던가! 나는 많은 싸움에서 그 말씀을 의지하여 그리스도로 인해 이미 내가 이긴 것을 주장하였다. 나는 말하곤 하였다. "사탄아, 하나님이 이미 이 싸움을 이기셨다. 나는 그리스도의 보혈로 그의 나라에 들어가도록 인침을 받았다. 이제 나를 떠나라!"

하나님은 차츰 나를 그분 안에 서도록 가르치셨다. 내가 공격을 받을 때 그는 나에게 찬양과 기도의 은사를 주셨다. 내가 마음을 다하여 주님을 찬양할 때 사탄의 압제는 사라지곤 하였다. 귀신들이 실제로 도망가곤 하였다. 그때 나는 그 싸움이 주님께 속한 것을 알았다. 나는 그리스도와의 연합을 통해 내가 가지는 그리스도인으로서의 나의 권리를 앎으로써 하나님이 나의 삶을 승리로 다스리실 수 있는 것을 알았다.

나는 범사에 그를 의지하고 마음을 다해 그를 사랑하기 시작하였다. "그런즉 이 일에 대하여 우리가 무슨 말하리요 만일 하나님이 우리를 위하시면 누가 우리를 대적하리요"(롬 8:31) 그 대답은 "아무도 없다."이다. 심지어 사탄까지도 믿음 안에 굳건히 선 신자를 파멸시킬 수 없다. 나는 그의 용서와 구원과 나의 삶에 그가 베푸신 기적으로 인해 날마다 하나님께 감사드린다. 미샤배는 영원히 죽었으나 로라는 주님과 함께 영원히 살 것이다.

"그런즉 누구든지 그리스도 안에 있으면 새로운 피조물이라"(고후 5:17). 그러나 우리의 원수는 아직 살아 있으며 우리를 유혹하기 위해 갖은 노력을 다하고 있다.

뉴 에이지의 교묘한 속임

우리의 원수는 우리가 하나님이 우리를 속박하고 있다고 믿는 것을 좋아한다. 반역의 씨가 심겨졌기 때문에 우리는 수많은 거짓 선지자들과 교리들에 귀를 기울이면서 하나님의 것을 우리 자신의 것으로 주장하려고 애쓴다.

많은 "뉴 에이지" 가르침은 힌두교 사상에 그 뿌리를 두고 있다. 신성을 향해 계속하여 진화하는 각 개인 속에 하나님이 존재한다는 힌두 신앙이 서구 세계에 급속하게 전파되고 있다. 또 모든 신앙이 기본적인 진리를 포함하며 궁극적으로 하나님께로 이어진다는 약속은 뉴 에이지 사상으로 하여금 많은 종교적 문화적 장벽들을 넘을 수 있게 하는 어떤 통일성을 제공한다.

왜곡되고 전도된 진리들이 우리를 유혹하고 집적거린다. 기만적인 교리들이 경솔한 자들을 삼키기 위해 매복해 있다. 이런 교리들을 시험할 수 있는 하나님의 말씀의 토대가 없다면 그 속임의 희생물이 되기는 매우 쉽다. 성경이 경고하는 대로 "근신하라 깨어라 너희 대적 마귀가 우는 사자 같이 두루 다니며 삼킬 자를 찾나니 너희는 믿음을 굳게 하여 저를 대적하라"(벧전 5:8-9a).

뉴 에이지 운동의 침투. 1985년 그 영들은 우리에게 오 년 내에 영교와 다른 밀교적 관행이 널리 수용될 것이라고 말하였다. 이 일은 물론 그 이상으로 이미 이루어졌다. 사탄은 공공연히 사회에 침투함으로써 매우 효과적으로 우리를 악령의 현시와 능력에 대해 무디어지게 하고 있다. 그는 이 모든 세대가 밀교적 관행을 정상적인 것으로 받아들이며 자라난 양심이 결여된 세대가 되도록 계획한다. 사탄은 우리 삶의 모든 영역에 그의 사악한 방법들을 도입시킴으로써 이것을 하고 있다. 많은 관행이 더 이상 밀교적이거나 은밀하지 않다. 그는 숨어 있던 데서부터 곧바로 모든 종류의 전문직의 본류에 성공적으로 등장하였다. 예를 들어 사탄은 뉴 에이지 운동을 통해 건강과 관련된 직종, 대중 매체, 학교, 심지어 일부 교회들에까지 침투하였다. 다음은 이런 침투의 몇몇 보기들이다.

일반 대중에게 홍보된 거의 모든 뉴 에이지 기법에 있어 한 가지 공통된 기준이 있다. 그것은 모든 개인들이 이름이 밝혀지지 않은 어떤 "우주적 에너지"에 마음을 여는 것이다. 그 에너지는 종종 "근원"이나 "빛"이나 "보다 높은 자아"로 지칭된다. 그러나 치유를 위하든지 성공적인 삶을 위하든지 간에 그 능력은 같은 근원에서 나온다. 즉 "빛"이 아니라 어둠의 세력에서부터인 것이다. 그 교사들은 사람들에게 그 능력이 그들 자신 속에서 나온다고 가르친다. 그러나 그 과정에 의문을 제기하거나 그것이 작용하는 방법을 분석하는 것은 금지한다. 그들에 따르면, 과도한 지성 화는 "에너지가 효과적으로 이동하는 것을" 방해한다.

건강 과학들. 뉴 에이지 운동은 우리의 많은 전통적인 기관들에 암과 같이 번지고 있다. 한 여성은 무당이자 메시지 치료 요법가이다. 그녀는 지역 병원에서 산부인과 간호사들에게 치유 메시지에 과한 수련회를 인도할 때 그녀의 믿음이나 관행을 전혀 숨기려고 하지 않는다.

그녀의 수련회는 독창적인 영상화(visualization)와 명상이 혼합되어 있다. 간호사들은 다시 그것을 그들의 환자들에게 가르칠 것이었다. 이 기법의 목적은 각 개인 속에 잠재되어 있다고 믿어지는 "선천적인 치유 능력"을 일깨우는 것이다.

또 그들 자신의 치유 능력을 고양하기 위해 간호사들은 그들 자신의 "보다 큰 능력"이나 "영적 인도자"를 찾을 수 있다. 그들은 그들의 몸을 전도체로 사용할 수 있다. 그 능력은 그 몸을 통해 치료를 받는 사람에게로 이동한다. 이것은 요가의 호흡 기법을 사용하여 황홀경과 같은 상태를 유발함으로써 행해진다. 일단 그 황홀경에 이르게 되면 그 사람은 단순히 그것을 되풀이하여 영상화함으로써 그 에너지가 그 몸을 통해 이동하게 할 수 있다. 이 기법들은 힌두교의 요가에 그 뿌리를 두고 있다. 다른 이들을 돕고자 하는 진정한 바램으로 많은 이들이 치유 은사가 그들 자신의 힘으로 개발될 수 있다고 믿는 함정에 빠져들고 있다.

많은 전문가들이 전통적인 치료 요법과 새로운 치료 요법을 혼합하기 시작하고 있다. 척추 교정 지압 요법 전문가나 메시지 치료 요법가에게 치료를 받는 사람은 누구나 그 전문가의 자격증을 철저히 검사해야 한다. 이 전문가들은 의심의 여지가 높은 일부 관행을 쉽사리 교묘하게 사용할 수 있다.

나의 친구 페기는 상당히 오랜 기간 병을 앓았다. 의사는 그녀의 문제의 원인을 찾아 낼 수 없는 것 같았다. 따라서 그녀는 한 친지의 충고를 따라 어떤 영양사의 도움을 받기로 하였다.

페기가 그 영양사를 방문하였을 때 그녀는 식이요법에 관한 것 뿐 아니라 영적인 것도 페기에게 조언하였다. 그녀는 페기에게 영을 치료하지 않고서 몸을 치료하려 하는 것은 소용이 없다고 말하였다. 그녀는 계속하여 페기에게 그녀가 두 "천사들"과 영교할 수 있으며, 그들이 그녀의 몸을 세포 조직까지 자세히 살펴서 현재 사용되고 있는 가장 발달된 의료 장비보다 더 정확하게 페기의 병을 진단해 줄 수 있다고 말하였다.

절망과 영적 영역에 대한 무지에서 페기는 그 "천사들"에게 그녀를 검사하도록 허락하였다. 그 영양사는 그녀를 최면 상태에 들어가게 하여 그 천사로 하여금 그녀의 몸을 구석구석 살필 수 있게 하였다. 그들이 발견한 것은 충격적이었다. 그들은 페기에게 그녀의 위에 진단되지 않은 암이 있고 또 그녀가 에이즈 초기 단계에 있다고 말하였다. 그들은 그녀에게 만약 그녀가 그들이 말한 그대로 따라 하지 않으면 그녀는 물론 그녀의 세살 난 딸 "제시"까지도 죽을 것이라고 경고하였다.

사탄이 사용하는 가장 강력한 도구 중 하나는 두려움이다. 두려움 때문에 나의 친구는 즉시로 올무에 걸렸다. 그녀는 엄격하게 식이요법을 시행하기 시작하였고, 병의 진전 여부를 알기 위해 계속적으로 그 "천사들"과 상담하였다. 때로 그 영양사는 페기에게 전화를 걸어 그 "천사들"이 그녀에게 만족해 한다는 말이나 다른 경고를 전하기도 하였다.

이 당시 페기는 그녀의 집에서 계속적으로 감시하는 어떤 적대적인 존재를 의식하게 되었다. 그녀는 어떤 사람이나 물건이 거기 있을 것으로 생각하면서 자신도 모르게 뒤를 돌아보곤 하였다. 그녀는 긴장에 싸이고 짜증이 심해졌다. 그녀의 딸 제시도 이상하게 행동하기 시작하였다. 그녀는 자주 보이지 않는 친구들과 대화하였다. 그녀는 그 중 하나를 "다른 엄마"로 불렀고 다른 하나는 단순히 "그"라고 불렀다. 이 대화들은 한 차례 과도한 활동과 공격적인 행동이 있는 다음에 일어나곤 하였다.

이런 일을 전혀 알지 못한 채 나는 페기가 집을 비우는 동안 어린 제시를 돌봐 주겠다고 자원하였다. 어느 날 저녁 기도 모임 후에 나는 제시를 돌보기 위해 그들의 집에 갔다. 페기가 떠난 후 곧 제시는 극도로 동요되었다. 그녀는 그녀의 "다른 엄마"에게 이야기하기 시작하였고 발작적으로 웃으며 방을 뛰어 다녔다. 그러다가 아이가 갑자기 멈추고서 나를 똑바로 쳐다보며 말하였다. "그가 여기 있어, 그가 여기 있어." 나는 두 손으로 부드럽게 아이를 안으면서 물었다. "누가 여기 있니? 제시! 누가 너를 괴롭히지?" 나는 그 방에서 적의가 점점 커지는 것을 느낄 수 있었다. 공기가 갑자기 매우 차가워졌다. 그 어린 세살박이의 입에서 나온 말은 "사탄, 사탄이 여기 있어"였다.

나는 가슴이 뛰기 시작하였다. 마치 피가 얼어붙는 것 같았다. 내가 공포에도 불구하고 생각이 혼란스러워지지 않을 수 있었던 것은 오직 하나님의 은혜 때문이었다. 나는 제시를 꼭 끌어안고 큰 소리로 기도하기 시작하였다. 나는 그녀의 마음과 몸과 정신과 영혼 위로 그리스도의 보혈이 흐르기를 간구하였다. 나는 계속하여 하나님의 보호와 은혜가 그녀 위에 있고 언젠가 그녀가 진실로 예수님을 알고 사랑하게 되기를 기도하였다. 나는 일어서서 하나님께 그의 천사들을 보내 이 집을 보호하시고 제시와 그녀의 엄마를 하나님의 나라를 위한 자들로 인치시도록 간구하였다. 아이는 나를 쳐다보면서 간청하였다. "다시 기도해요. 나를 고쳐 주세요." 나는 내가 그녀를 고칠 수 없으나 제시가 예수님께 요청하면 그가 고쳐 주실 수 있다고 설명하였다. 우리는 함께 기도하면서 예수님이 그녀를 만지시고 그녀를 지켜 주시도록 간구하였다.

후에 페기에게 그 사건을 설명할 때 이것이 귀신 들린 경우란 것이 분명해졌다. 그들의 집은 기도나 치유나 예수님이 이야기되는 종교적인 가정이 아니었다. 제시는 사탄이 언급된 텔레비전 극이나 공포 영화 같은 것을 본 적도 없었다. 그 세살박이가 사탄과 치유에 대해 가진 지식은 오직 영적인 세계에서만 올 수 있었다.

아이들의 영은 매우 예민하다. 만약 부모가 하나님에 대한 강한 믿음을 가지고 있지 않다거나 어떤 종류의 정신 활동에 관여하거나 과하게 약물을 복용할 때, 마귀에 대한 문은 그 부모에게 뿐 아니라 그 자녀에게도 마찬가지로 열리게 된다.

나는 페기에게 그녀가 악령의 세계로부터 영향을 받도록 자신을 열어 놓았음직한 곳으로 어디 짐작 가는 데가 있는지 물었다. 그녀는 즉시 나에게 그 영양사에 대해 이야기하였다. 외관상 믿을 만해 보이는 전문가가 한 일이었기 때문에 페기는 순진한 희생양이 되었다. 사람들은 의사나 다른 건강 전문가들을 별로 의심하지 않고 믿는다.

페기는 지금 그녀의 삶을 예수님께 바쳤고 귀신의 출현은 멈추었다. 그녀는 또 병원에 가서 암과 에이즈 진찰도 받아 보았다. 둘 다 음성으로 판명되었다.

대중 매체. 사탄이 사람들과 사회에 점점 더 깊이 파고드는 것은 대중 매체에서 가장 쉽게 볼 수 있다. 영화나 텔레비전은 그의 능력을 떠들썩하게 다루고 종종 그가 하는 일들을 바람직한 것으로 보이게 한다. 그는 호감이 가는 유명 인사들을 일으켜 그들의 개인적인 성공이 그들이 "영교와 점성술과 과거 생의 역행 등을 통해 계발되었기" 때문으로 보이게 한다.

셜리 맥레인(Shirley MacLaine) 같은 유명 인사들은 그들을 우상화하는 너무도 많은 사람에게 그들이 미치는 영향 때문에 사탄의 강력한 옹호자가 되었다. 불행하게도 어떤 인물이나 책이 크게 호평을 받으면 받을수록 대중은 감추어진 계교에 무지한 채 그들이 말하는 바를 즉각적으로 받아들인다.

지난 몇 년 간 〈타임 라이프〉지는 초자연 세계의 경이들에 관해 그들의 독자들을 교육시키는 운동을 시도하였다. 그들은 많은 텔레비전 프로그램을 사용하여 새로운 일련의 책을 보급하였다. 그것들은 심령 세계와 신비적 능력과 꿈과 몸을 떠나는 경험과 유령과의 만남 등을 탐험하는 책들이다. 그것들은 우리에게 이런 주제들을 연구하고 우리 자신의 삶에서 비슷한 것을 찾도록 격려한다. 상업 광고주들은 영리하다. 그들은 우리를 부추겨 그런 것을 받아들이게 하거나 심령적 경험이나 능력을 가지는 것을 정상적인 삶의 일부로 믿게 한다. 오히려 이런 문제에 무관심하거나 경험이 없는 것을 비정상적으로 여기도록 우리를 유도한다.

심지어 토요일 아침 만화 영화들도 예외가 아니다. 유혹에 약한 어린이들이 많은 토요일 아침에 만화 영화들을 통해 동양의 종교 철학이나 직접적인 악령과의 접촉에 노출되고 있다. 당신은 최근에 "썬더캣(Thundercats)"이나 "비틀쥬스(Beetlejuice)"나 "고스트버스터즈(Ghodtbusters)"와 같은 만화 영화들을 주의 깊게 살펴 본 적이 있는가? 오늘날 대다수의 어린이 만화 영화들이 마술적 능력이나 심령적 경험이나 귀신들에게 점을 치는 것이 정상적으로 간주되는 사회들을 그 소재로 한다. 그 목적은 어린 시청자들의 마음속에 이런 활동들이 정상적인 것들로 여겨지게 하는 것이다. 어린이들의 경우에 종종 되풀이되는 모방 놀이는 사탄의 영향을 받는 문을 열어 놓을 수 있다.

학교. 학교 역시 아이들에게 악한 관행의 초보를 가르치는 도구로 사용될 수 있다. 한 작은 도시의 초등학교 교사들이 학급에 창의적인 영상화와 명상을 소개하는 수련회에 참여하도록 초청을 받았다. 유치원 학생들을 위한 요가와 명상은 집중력을 높이는 데와 과도한 활동을 통제하는 데 대단히 효과적이라고 말해진다. 이 기법들은 이미 그 주(州) 내 다른 지역의 많은 "개방적인" 또는 "자유" 학교들에서 상당히 인기를 얻었다.

사용되는 일부 책들은 "인본주의적 심리학(Humanistic Psychology)"에 의해 출판된 「인도된 심상과 교육(Guided Imagery and Education)」과 트릴리온 출판사가 펴낸 「학급에서 심상을 사용하는 200가지 방법

(200 Ways to Use Imagery in the Classroom)」 등이다. 교사들은 이 기법들을 "새로운 교육적 프로그램"이란 미명 아래 소개할 것이다. 아이들에게 그것들은 조용한 놀이 시간으로 보일 것이다.

그 목적은 뇌 전체를 사용하도록 격려하여 모든 개인 속에 잠재해 있다고 말해지는 "창조주와 같은 능력"을 자극하는 데 있다. 그 과정은 다음과 같은 일련의 훈련들로 시작된다: 자 여러분, 이제 여러분이 편안한 자세가 되었으니 다음으로 여러분의 생각을 맑게 하기 위해 몇 번 심호흡을 하세요. 그리고 여러분이 여러분의 눈을 떴다고 상상하세요. 여러분 눈앞에 빈 들판이 보일 거예요. 그것은 여러분이 채우기를 기다리고 있어요. 한 번 그 들판을 자세히 보아요. 여러분의 들판에 꽃이 있어요? 그 꽃이 무슨 색깔인가요? 이제 여러분의 왼쪽에 시냇물을 보아요. 그것을 건너가세요. 물이 돌들 위로 구르는 소리를 들어 보아요. 만약 목이 마르면 그 시냇물을 마셔 보세요. 모두 다 나를 따라 하고 있나요? 이제 저 멀리 보세요. 누군가가 여러분에게 다가 오고 있어요. 그게 누구이지요? 그는 지금 여러분 옆에 있어요. 그의 손을 잡고 그와 함께 그 들판을 거닐어 보아요. 그가 여러분을 도울 거예요. 그의 도움이 필요할 때는 언제든지 그에게 오도록 요청하기만 하면 그가 와서 도와 줄 거예요.

그러고 나서 그 교사는 그 반 아이들에게 그들이 방금 본 것은 실제라고 말한다. 그 교사는 아마 이렇게 덧붙일 수 있다. "그것을 다시 보고 싶으면 여기와 비슷한 장소에서 한 번 해보세요. 이제 여러분이 어떻게 하는지를 알았으니까, 여러분은 언제든지 하고 싶을 때 혼자서도 할 수 있어요."

이런 영리한 장난은 어린이들로 하여금 한 걸음에 뉴 에이지 영향의 핵심에 뛰어들게 한다. 명상과 영상화를 통해 어린이들은 그 결과들에 대한 의식이 전혀 없이 악령들과 직접적으로 접촉하게 된다.

대학들. 사람들이 교실에서 간단히 기도하는 것을 그토록 강력히 반대하는 시대에 오히려 동양의 신비주의가 얼마나 쉽게 수용되는지를 보는 것을 놀랍기 그지없다. 영적인 문제와 관련된 것이라기보다 "과학"이란 꼬리표를 부치고 그것은 대학의 심리학 교과과정 속에 자리를 잡았다. 그것은 학생들에게 종종 무미건조한 주제를 대신할 수 있는 흥밋거리로 부각된다.

내가 밀교에 관여하던 당시 나는 엑칸카르(Eckankar)라고 부르는 영혼 여행 학을 연구하는 일군의 사람들과 알게 되었다. 그들 중에는 그 주의 주립 대학의 유명한 심리학 교수도 있었다. 그녀는 내가 별 여행에 노련하며 꿈을 사용하여 환자들을 상담하는 것을 알고서 나를 그녀가 맡은 한 교과목의 초청 연사로 초대하였다. 자아 발견과 꿈 분석이란 주제로 나는 엑칸카르 실습에 바탕이 되는 중요한 연구들을 그녀의 학생들에게 가르쳤다.

나는 이 미래 상담자들에게 내가 아는 한 치유를 위해 매우 효과적인 수단들을 가르칠 수 있는 기회를 얻은 것을 매우 기뻐하였다. 나는 수업 시간들을 일련의 명상과 영상화 연습에 사용하였다. 우리의 목적은 학생들로 하여금 심령적 활동에 개방적이 되게 할 뿐 아니라 그들의 직관적 능력들을 개발하는 데 있었다. 나는 학생들에게 존재의 서로 다른 차원들과 우리와 공존하는 무수한 영적 세력들에 관해 가르쳤다. 이 세력들이 의식적 무의식적 수준에서 우리에게 영향을 미친다는 것을 설명하면서, 나는 그들에게 초자연적인 존재들을 자각하는 것이 어떻게 전인 치유에 열쇠가 되는지를 보여주었다.

기초 연습들은 몸을 벗어나는 경험을 유발하는 명상 기법들에서 절정에 달하였다. 몇몇 학생들은 별 여행의 문지방을 넘어서는 데 곤란을 겪었다. 그들은 그들의 길에 강력한 장애물이 가로놓여 있다고 불평하였다. 여기서 나는 그들을 자유롭게 하려고 애를 썼다. 나는 그 전진을 방해하는 낡은 사고방식과 신앙 체계들(즉 전통적인 종교와 가치들)을 없애기 위해 일련의 제거 기법을(일종의 최면술) 사용하였다. 많은 학생들이 그들의 기독교적 성장 배경과 부딪혀 갈등하였다. 그들은 자아 성취를 구하고 그들 내면에서 그들 나름의 "신이 부여한" 능력을 발견하기보다 그리스도를 따르도록 배웠기 때문이었다.

이 교실은 예수에 관해 내가 영교를 통해 받은 정보를 나눌 뿐 아니라 기독교에 대한 나 자신의 왜곡된 견해를 표현할 수 있는 완벽한 강단이 되었다. 나는 이 어린 구도자들에게 기독교적 신앙과의 모든 유대를 끊어 버리도록 충고하였다. 이것이 그들의 길에 가로놓여 있는 장벽이었다. 죄와 두려움의 굴레를 벗어 버리고 보다 충만하고 보다 찬란한 새로운 삶을 포옹할 때가 되었다. 몇몇 가장 완고하고 "성장을 거부하는" 학생들은 떠났다. 나는 그들을 불쌍하게 여겼다. 그들은 진화할 수 있는 기회를 놓치고 있었다. 나는 그들을 자신들의 무지로 인하여 계몽에 이를 때까지 이 땅에서 거듭거듭 삶을 되풀이하여 살아야 할 불운의 사람들로 간주하였다. 그 반의 나머지 학생들은 돌파하였고 별 여행을 경험하기 시작하였다. 그들이 이것을 할 때 나는 그들의 개인적인 영적 인도자들을 위한 통로가 되곤 하였다. 별의 인도자들은 학생들이 이 새로운 자아 발견의 길을 여행할 동안 계속하여 그들에게 보호와 정보의 근원이 되었다.

이 가르침은 뚜렷하게 반기독교적이었다. 그 외 다른 신앙들은 그토록 신랄하게 비판되지 않았다. 그리고 다른 신앙들은 영상화와 명상과 영혼 여행의 시도를 통해 열려진 심령 세계의 문을 닫을 만한 능력도 없었다.

우리는 심리학과를 이용하여 우리 나름의 치유 방법들을 확고히 할 뿐 아니라 그 대학에서 일부 가장 총명한 학생들을 엑칸카르로 끌어 들였다. 이런 사건들을 뒤돌아 볼 때, 나는 내가 이 가르침들로 얼마나 많은 사람에게 해를 입혔는지를 생각하고 몸서리친다. 젊은 이들은 열성 있고 개방된 마음으로 대학에 들어간다. 지금 나는 내가 한 일이 진리에 대한 통탄스러운 단절이었음을 인정한다. 나는 너무도 심하게 속고 있었기 때문에 내 생각에는 이기적인 신에게 영적으로 노예가 되어 있는 사람들을 가능한 한 많이 자유롭게 하는 것을 나의 책임으로 느꼈을 정도였다. 자유와 계발이라는 명분으로 나는 많은 사람의 걸음을 지옥으로 향하게 하였다. 독자들이여 주의하라! 지금도 과거의 나와 같은 많은 사람이 이 나라의 젊은이들을 기만하여 그들의 생명을 파괴하고 있다. 주립 대학의 구조는 거짓 가르침을 가르치는 교사들로부터 학생들을 전혀 보호하지 못한다.

교회들. 교회는 밀교를 활성화하는 데 있어 최종 개척지 중에 속한다. 대체 교회들이 곳곳에서 생겨나고 있다. 이전에는 대개 은밀히 활동하던 엑칸카르와 같은 종파들조차 새 신자들을 보다 쉽게 끌어들이기 위해 건물을 짓고 전통적인 주일 예배를 시행하고 있다.

통일교(The Unity Church)가 전국에 걸쳐 점점 인기를 얻고 있다. 그것은 형이상학과 우리 자신 속에 신이 있다는 힌두교 이론과 혼합된 희석된 복음을 가르친다. 자아 계발과 자아 사랑이 그 모든 가르침들의 기초를 이룬다.

통일교는 그것의 모든 교리가 하나님의 말씀에 기초한다고 가르치지만, 그런데도 불구하고 예수 그리스도가 하나님이며 그가 성부 하나님께로 가는 유일한 길이라는 점을 인정하지 않는다. 그리스도의 가르침은 단순히 "보다 높은 진리"로 가는 길의 좋은 디딤돌로 간주될 뿐이다.

통일교의 한 신자가 나에게 성경을 설명하였다: "진리를 알지니 진리가 너희를 자유케 하리라"(요 8:32). 그의 설명에 의하면 진리는 누군가를 따르는 데서 발견되는 것이 아니라 자신 속에서 하나님이나 그리스도를 발견하는 데서 얻어지는 것이다. 그는 또 "별 여행학"을 배우는 것을 "너희를 자유케 하는 진리"로 지칭하기도 하였다. 그는 천체를 여행하며 하나님의 모든 지식을 그로부터 직접 흡수할 수 있는 능력에 대해 흥분하였다.

뉴 에이지 사상은 우리나라의 중심부와 국민의 영혼들 속에 깊숙이 파고들었다. 모든 부류의 전문가들이 보다 나은 능력을 찾으려는 욕구에서 기만적인 가르침들에 오염되고 있다. 어둠은 우리 학교에서 활동하며 진리는 우리 교회들에서 왜곡되어지고 있다. 인류가 각인의 자아 신에 굴복할 때 혼돈 이외에 무엇이 남을 것인가? 그리고 그 각각은 우리의 원수와 점점 더 결속되고 있다.

그러나 밀교를 아는 것이 사람들을 자유롭게 하는 것은 아니다. 구원은 우리의 힘이나 지혜에 있지 않다. 돌 같은 마음을 깨고 새 생명을 줄 수 있는 것은 기도와 살아 있고 운동력이 있는 말씀을 통해 역사하는 하나님의 성령의 능력이다. 나를 구원한 것도 바로 그것이다. 그리고 원수의 기만에서 다른 이들을 구원할 수 있는 것도 바로 그것이다.

내가 아직 포로로 있을 때 하나님은 그의 신자들을 나의 삶 속에 보내셨다. 이들은 마술에 대해 전혀 아는 바가 없었다. 그들이 알고 있는 것은 오직 예수 그리스도였다. 그 분과 그들의 친밀한 교제가 나에게 말하였다. 그들의 명백한 기쁨이 한밤의 횃불처럼 빛나면서 내 영혼을 얽매고 있던 어둠 위로 빛을 던졌다. 그들의 흔들리지 않는 믿음은 그들이 가진 것을 나도 갈구하게 하였다. 세상이 무엇을 제시하든지 그들은 언제나 예수님만을 선택하리란 사실이 나를 감동시켰다. 그들은 나로 하여금 측량할 수 없는 하나님의 사랑과 긍휼을 보게 하였고, 그의 용서를 구하는 자 누구에게나—심지어 나에게까지도—그의 은혜가 족하다는 사실을 믿게 하였다. 나는 마침내 그것에 의지하여 예수를 나의 구세주로 영접하는 것이 얼마나 단순하면서도 아름다운지를 알았다.

나와 함께 그리스도와 우리의 관계를 기뻐합시다. 그의 선함과 은혜와 긍휼을 나눕시다. 여러분이 가는 곳 어디에나 그의 사랑을 전하시오. 구원하고 자유케 하는 주님의 놀라운 능력을 믿으면서 힘있게 나아갑시다. 그것은 실로 생명과 사망의 문제입니다.

제11장

영적 전쟁과 아르헨티나 복음화

에드가르도 실보소(Edgardo Silvoso)

우리의 씨름은 혈과 육에 대한 것이 아니요 정사와 권세와 이 어두움의 세상 주관자들과 하늘에 있는 악의 영들에게 대함이라(엡 6:12).

영적 전쟁의 원리를 실천에 옮기는 것은 쉬운 일이 아니다. 대부분의 북미 그리스도인들과 마찬가지로 아르헨티나의 그리스도인들 역시 그것에 대한 준비가 되어 있지 않았다. 이 글에서 나는 지상 차원과 우주 차원 모두를 포함하는 영적 전쟁에 있어 현재 아르헨티나 교회가 배우고 있는 몇 가지 교훈들을 설명하고자 한다.

우리는 당시 일어나고 있는 일을 관찰하는 데서부터 시작하였다. 물론 우리는 많은 문제를 관찰하였다. 그러나 문제를 관찰하면서 우리는 효과적인 것으로 입증되는 어떤 일들이 있는 것을 발견하였고, 그 효과적인 방법에서 교훈을 얻어 우리가 배운 바를 적용하기로 하였다. 이것은 두 번째 단계인 분석 단계로 이어졌다. 우리는 성경에 선례들이 있는가를 찾아보려고 성경과 효과적인 사역자들의 경험을 분석하였다. 우리는 다음과 같은 것을 질문하였다: "이 성공적인 사역자들이 하고 있는 일 중 어떤 것이 그들의 성공에 기여하는 것으로 보이는가? 그리고 "그들이 하는 일이 성경이 허용하는 변수들 안에 속하는가?" 그다음 성경적으로 허용되며 성공적인 사역자들이 사용하고 있는 전략 중 다른 사람들이 배워서 사용할 수 있는 것은 무엇인가? 일단 이런 질문들에 대해 긍정적인 답을 얻을 수 있다고 판단하자, 우리는 행동 단계인 "플랜 레지스텐시아"(Plan Resistencia)를 시작하였다.

이 사례 연구는 관찰과 분석과 행동에 대한 것이다. 이 장의 끝에서 지적되겠지만 현재 우리는 우리가 레지스텐시아 시에서 해야 할 모든 일을 한 것은 아니라고 느낀다. 그러나 우리가 배운 바를 전 세계 크리스천 지도자들과 함께 나누는 것이 현재 우리 선교 사역의 주요 부분이 될 만큼 우리는 그 "플랜"을 통하여 많은 것을 배웠다.

지금 우리는 무엇을 하는가?

한 침례 교회 목사님과 다소 당황한 일군의 교회 지도자들이 밤새 한 여인을 제압하고 있는 강력한 영적 세력과 맞서 씨름한다. 이 아르헨티나 교회의 지도자들은 이전에 이와 같은 것을 한 번도 본 적이 없었다. 이 불행한 여인의 주인들은 기괴하고 으스스한 능력을 과시한다. 그들은 그 지도자들의 권위에 도전하고 그들이 결코 그 여인을 떠나지 않을 것이라고 선언한다. 그 귀신들에 의하면 그녀는 밀교인 마쿰바교의 사제이기도 한 시내의 한 유명한 내과 의사에 의해 그들에게 넘겨졌다.

교회 지도자들의 질문을 받자 그 귀신들은 그들이 어떻게 그 여인의 몸을 주관할 수 있는 권리를 얻었는지를 자랑스럽게 말한다. 그 의사는 브라질의 마쿰바 신전을 순례하다가 거기서 그들에게 발탁되었다고 한다. 그는 마술에 걸린 머리카락이나 손톱 같은 미세한 주물(呪物)을 환자의 살 속에 넣도록 지시를 받았다. 이 주물들은 그 귀신들에게 "영적 리모트 컨트롤"과 같은 구실을 하였다. 대사관의 벽에 은밀히 설치된 비밀 마이크처럼, 그것들은 그것을 설치한 자들의 뜻에 따라 사용될 수도 있고 폐기될 수도 있다.

이 침례교 지도자들이 그동안 성경과 그들의 경험을 통해서 배운 그 어떤 것도 이런 유의 문제를 다루는 데 도움이 되지 않았다. 그러나 이 사건을 통해 그들은 어떤 싸움이 계속되고 있으며, 그들이 좋아하든 그렇지 않든 그들은 그 싸움에 가담하게 되며, 따라서 이 싸움과 관련하여 그들이 어떻게 처신해야 하는지를 배울 필요가 있다는 사실을 깨닫기 시작하였다. 비록 그들이 이 여인을 침략한 그 귀신들을 제압하지는 못하였을지라도, 하나님은 이 사건을 통해 그들이 그와 같은 포로들을 자유롭게 하기 위해 하나님의 능력을 덧입기를 더욱 갈망하게 하였다.

부에노스 아이레스(Buenos Aires) 교외에서 한 때 건강하고 부흥하던 "형제 교회"가 쓰라린 분열을 겪고 있다. 수십 년 동안 서로 알고 사랑해 온 교회 지도자들이 서로 목구멍에 걸린 가시와 같이 되어서

쉽사리 분기가 탱천한다. 최근까지도 경건의 화신으로 간주되던 사람들에게 비판이 쏟아진다. 매번 큰 폭발이 있은 후 그 지도자들은 이성을 되찾아 울음을 터뜨리고 조금 전까지만 해도 서로 공격하던 상대방들을 끌어안는다. 그런데도 불구하고 모든 것이 끝나고 수석 장로가 사임서를 제출할 때 다른 이들은 또 다시 산산 조각난 그 지도권의 자리다툼을 한다. 또 다른 이들은 조용히 교회를 떠날 준비를 한다. 매우 귀중한 것들이 점차로 썩어 가고 있다는 느낌이 전체 분위기에 만연해 있다. 무언가 무서운 일이 일어나고 있다.

수석 장로는 떠나기 전에 그 파멸의 물줄기를 없애기 위해 마지막 필사의 노력을 한다. 그는 이 백 마일 떨어진 수양관에서 기도와 금식의 날을 갖기를 요청한다. 서로 분열된 파당들이 기도와 성경 공부로 모이자 하나님은 그들에게 영적 전쟁과 사악한 세력들과 지리적 어둠의 통치자들에 관해 가르치기 시작하신다. 서서히 그 싸움이 혈과 육에 대한 것이 아니라 정사들에 대한 것이며, 그들은 잘못 인도된 인간들 뒤에 그들의 존재를 숨기고 화해할 수 없는 차이들로 그들의 의도를 위장한다는 성경의 진리가 부각되기 시작한다. 그날이 다 할 무렵 장로들 사이에 진정한 화해가 이루어진다. 그들은 그들과 그들의 교회를 하나님의 능한 손아래 맡긴다. 그들은 주 예수님이 그들에게 주신 원수의 모든 능력을 제어할 영적 권세를 사용하고(눅 9:1), 도시의 특수한 한 지역을 그 영적 권세 아래 두기로 서약한다. 그들은 그 지역의 어둠을 주관하는 정사와 능력들에게 도전하고 마귀가 피하기까지 그를 대적하기로 결심한다.

수양관에서 돌아온 직후 그들은 그들의 교회에서 우연히 한 새 신자와 만난다. 그녀는 이 장로들이 예수의 권세 아래 두기로 한 시내 그 구역에 자리한 강신술 센터의 한 지도자였었다. 그녀는 이 센터에 속한 열 세 명의 사람이 이 교회를 무너뜨리기로 맹약하였었다고 고백한다. 그들은 사탄과 그의 귀신들에게 교회 지도자들 사이에 분열이 일도록 "기도해" 왔었다. 어제까지만 해도 이 형제 교회 장로들은 그 분야에 대해 전혀 식견이 없었으나 이제 하루 밤 사이에 그들이 그것의 전문가가 되고 있다: 영적 전쟁! 즉시로 그들은 반격을 가하고 얼마 가지 않아, 그 영적 권세 아래 둔 지역에 사는 많은 사람이 그리스도께로 돌아오는 것을 본다. 일 년이 채 못 되어 그들의 도시에서 교파를 초월한 운동을 통해 수만의 사람들이 참 신앙을 갖는다.

이 두 사건들이 예시하는 현상은 지난 십 년 동안 아르헨티나의 대부분 교회들에서 흔히 볼 수 있는 일이 되었다. 그것은 마귀적인 통치자와 주관자들과의 직접적인 대결로서 영적 전쟁이다. 그것이 평신도 전도자로서 전도 집회를 인도하는 카를로스 아나콘디아(Carlos Annacondia)이든지, 또는 여러 지역에서 65,000명 이상의 회중을 인도하는 오마르 카브레라(Omar Cabrera)이든지, 또는 담대하게 복음을 선포하는 침례교 목사 사무엘 리베르트(Samuel Libert)이든지, 거기엔 언제나 공통된 궤도가 있다. 그것은 사탄과 그의 대리자들과의 싸움이다. 이것은 영적인 어둠 가운데 있는 자들을 위한 중보기도와 더불어 그 어둠의 주관자들에게 되기 경고장을 발송하는 것을 의미한다. 그 방법론은 다양하다. 어떤 이들은 공개적으로 악의 세력과 대결한다. 다른 이들은 기도와 금식의 무기를 이용하여 은밀히 대적한다. 또 다른 이들은 기록된 말씀에 강력히 의존하는 방법을 사용한다. 그러나 그 결과는 항상 동일하다: 강한 자는 결박되며 그가 사로잡은 영혼들은 풀려난다.

아르헨티나 복음화에 대한 현대 신학과 방법론에 있어 하나의 탁월한 요소가 있다면 그것은 영적 전쟁이다. 그것은 우리가 싸우는 대상이 정치적 제도나 사회적 구조가 아니라는 깨달음이다. 또 우리의 싸움의 초점이 사로잡힌 자들에게 있는 것도 아니다. 오히려 우리가 싸우는 대상은 원수와 주관자와 그 영적 세계에서 권세를 지닌 자들이다. 아르헨티나 교회는 단순히 희생자들 뿐 아니라 가해자들을 다루는 법도 배웠다. 그렇게 할 때 비로소 문제의 핵심을 파악한 것으로 보인다. 그리고 그 결과들은 매우 감동적이다.

역사

아르헨티나 교회는 처음 시작된 이래 루이스 부쉬(Luis Bush), 사무엘 리베르트(Samuel Libert), 알베르또 모테시(Alberto Mottessi), 카르멜로 테라노바(Acrmelo Terranova), 루이스 팔라우(Luis Palau), 후안 카를로스 오르티즈(Juan Carlos Ortiz)와 같은 탁월한 설교자들과 국제적인 지도자들을 배출해 왔다. 그들은 교회 일반에 주신 하나님의 선물이었다. 아르헨티나에서 교회를 처음 개척한 이들은 그들의 교파적 배경에 상관없이 바른 교리와 성경에 대한 결코 지울 수 없는 헌신의 자국을 남겼다. 모든 주요 교파가 그 성장 초기에 성경 학교와 신학교를 설립하였다.

더 나아가 교회의 영적 섬유질은 반대와 박해의 불로 정결하고 순수하게 유지되었다. 파블로 베슨(Pablo Besson), 에를링 안드레센(Erling Andresen), 카를로스 로저스(Carlos Rogers) 등과 같은 많은 개척자들은 많은 경우 그들의 생명의 위험을 무릅쓰고 그들이 설교한 복음을 그대로 그들의 삶으로 살았다. 그들은 이것을 아르헨티나 교회 지도자들에게 유산으로 물려주었다.

그러나 이 모든 것에도 불구하고 아르헨티나 교회는 결코 대 부흥을 경험하지 못하였다. 오십 년대 중반 토미 힉스(Tommy Hicks)가 부에노스 아이레스를 흔들어 놓았던 복음 전도 폭발을 제외하고 그 교회는 그 뿌리의 특성에 걸 맞는 성장을 한 번도 이루지 못하였다. 대개 각 교회의 평균 교인 수는 백 명 미만이었다.

오마르 카브레라

오마르 카브레라가 아르헨티나 복음화와 교회 설립에 대해 새로운 접근법을 시도하면서 전환점이 마련되었다. 그는 종전의 방식대로 단순히 전도 모임에 앞서 기도하기보다 직접적으로 영토 영들의 능력을 깨뜨리는 방법을 사용하기 시작하였다. 그의 방법은 먼저 주께서 그가 교회를 세우기를 원하시는 읍이나 시를 선택하는 것이다. 그다음 그는 호텔 방에서 며칠 동안 혼자 금식하고 기도한다. 그의 이내는 인접한 방에 거하면서 그의 수발을 든다.

대개 첫 이삼일 동안 성령은 그를 깨끗하게 하시고 자기를 부인하고 주님과 하나가 되도록 도우신다. 그는 자신이 "세상을 떠나" 영적 전쟁이 일어나고 있는 다른 세계에 있는 것처럼 느낀다. 때로 원수의 공격이 치열해진다. 그는 몇몇 영들을 구체적인 형상으로 보기도 한다. 그의 목표는 그들의 이름을 알고 그 도시에 대한 그들의 권세를 깨뜨리는 것이다. 그것은 대개 닷새에서 여드레 정도 혹은 그 이상 걸린다. 언젠가 그는 45일 동안 투쟁하였다. 그러나 그가 그의 기도를 끝마칠 때쯤 그가 인도하는 모임에서는 구원의 역사가 빈번해지며 심지어 그가 설교하거나 그들을 위해 기도하기 전에도 병을 고침 받는 일이 일어난다.[1]

그가 기도 가운데 영들과 싸우는 어떤 시점에서 주님은 그에게 원수의 세력이 무너진 것을 보여 주신다. 이 일이 있으면 카브레라는 기도와 금식을 멈추고 설교 사역을 시작할 때가 되었다고 알린다.

이 방법을 통해 그는 거의 모든 집회에서 수천의 사람들을 그리스도께로 인도하였다. 그들은 모두 카브레라의 "미래 교회 비전(Vision of the Future Church)"에 소속된다. 그것은 교파에 가까운 지역 분산 교회로서, 현재 50지역 이상에서 모이며 교인 수는 육만 오천 명 이상에 달한다.

카를로스 아나콘디아

1983년 카브레라가 그의 방법을 사용하기 시작한 지 몇 년 후에

---

[1] Wagner, *Engaging the Enemy*, 45.

한 노련한 목사 알베르또 스카타글리니(Alberto Scataglini)는 평신도 전도자 카를로스 아나콘디아를 라 플라타(La Plata) 시로 초청하여 전도 집회를 열게 하였다. 그는 약 이 백 명의 새신자를 목표하였다. 그것은 그 교회로 볼 때 50%의 증가를 의미하였다. 그러나 그 반응은 너무도 커서, 삼 개월 간의 영적 전쟁과 더불어 아나콘디아가 계속하여 담대하게 말씀을 설교하자, 사만 명이 넘는 사람들이 공적으로 신앙을 고백하기에 이르렀다. 이것은 상상을 초월하였다. 사실상, 대부분의 사람들은 처음에 그 숫자를 믿지 않았다.

라 플파타 이후 아나콘디아는 마르 델 플라타(Mar del Plata)에서 전도 집회를 열었고 거기서 약 구만 명에 가까운 사람들이 그리스도께로 돌아 왔다. 다시 산 후스토(San Justo)로 옮겨가 거기서 그는 칠만 명의 사람들을 회심시켰다. 그의 대담한 설교와 영적 전쟁으로 인해 도시 도시마다 그것의 영적 토대들이 흔들렸다. 심지어 아르헨티나의 지성의 수도 코르도바(Cordoba)에서까지, 거기서는 그가 실패할 것이라는 많은 사람의 예측에도 불구하고, 오만 명의 결신자들이 탄생했다.

아나콘디아의 방법은 집회가 시작되기 전에 뜨거운 중보기도와 집회가 진행 동안 몇 가지 독특한 특색들을 살려 열성적으로 말씀을 설교하는 방법이 서로 결합되어 있다. 그는 자기의 설교 배경을 두 왕국 사이의 전쟁으로 보기 때문에 어떤 도시에서 사역하기 전에 그 목회자들에게 전쟁 기도를 어떻게 하는지부터 먼저 가르친다. "집회가 시작되는 전 날 밤 모든 사역자들은 기도 모임에 참여하는데, 그 모임은 너무도 뜨겁고 진지하여 마치 여리고 성을 도는 여호수아와 이스라엘 백성을 방불케 한다."[2] 그다음 그는 네 번의 기도를 중심으로 실제 집회를 인도한다.

먼저 그는 구원받지 못한 자들에게 설교하고 나서 새 회심자들을 위하여 풍성한 기도의 시간을 가진다. 사람들은 그들이 하나님께 말하였다는 확신을 가지고 떠난다. 찬양 시간이 있은 후 카를로스가 귀신 들린 자들을 위해 기도하는 영적 전쟁 기도 시간이 시작된다. 그가 기도를 인도할 때 수백 명 혹은 때로 천 명에 달하는 사람들이 귀신의 반작용으로 땅바닥에 쓰러진다. 그들은 동역자들에 의해 강단 뒤에 있는 큰 텐트—일명 "중환자실"—속으로 옮겨진다. 거기서 그들은 귀신이 쫓겨날 때까지 수시간 동안 기도를 받는다. 또 다시 휴식 시간이 있고 나서 그는 병든 자들을 위해 기도한다. 마지막으로 그는 성령으로 충만 되기를 원하는 모든 사람을 위해 안수 기도한다. 나의 계산으로 아나콘디아가 강단에서 보낸 두 시간 중 한 시간 이상이 실제로 기도에 사용되었다. 그뿐만 아니라 그는 강단 아래 약 오십 명으로 된 "기도 부대"를 가지고 있는데, 그들은 그 집회 시간 내내(때로 최고 다섯 시간까지) 기도한다.[3]

전쟁 기도에 대한 강조 뿐 아니라 집회가 열리는 동안 아나콘디아는 때때로 공공연히 영토 영들에게 도전한다. 그것은 그들의 권세를

---

2) Edgardo Silvoso, Wagner의 Engaging the Enemy, 114에 수록된 그의 글.

3) Silvoso in Wagner, *Engaging the Enemy*, 12.

깨뜨려 그가 전하고자 하는 메시지를 사람들이 이해하고 받아들이는 것을 방해하지 못하게 하기 위함이다.

이런 방법이 크게 성공을 거두자 지역 교회들이 앞을 다투어 그것을 채택하였다. 오순절 교회와 은사파 교회들은 거의 수정 없이 그것을 수용하였다. 심지어 보다 보수적인 교회들마저 정도는 다르게 그것을 사용한다. 그러나 그들 모두에게 공통적인 것은 그들이 같은 원수 사탄과 싸우고 있으며 그 싸움을 위해 하나님이 주신 강력한 무기들을 사용한다는 점이다.

그 전쟁의 결과 대형 교회들이 탄생했다. 그뿐만 아니라 교파 간에 협력하는 사역 기관들이 구성되면서 많은 도시들이 예수 그리스도의 영적 권세 아래 있게 되었다. 이 기관들은 성령이 그 도시들 가운데 자유롭게 운행하시는 수단이 되었다.

요인 분석

우리가 기대하는 바와 같이 하나님이 아르헨티나에서 이루시는 이 놀라운 역사에는 많은 요소들이 기여하고 있다. 그들 중 많은 것들이 이미 밝혀졌으나 일부는 아직 언급되지 않았다. 나는 앞서 설명한 방법에서 네 요소가 탁월하다는 것을 발견하였다. 우리는 도시들을 그리스도께로 돌아오게 하는 일을 위해 그 탁월한 요소들을 사용하고자 한다.

1. **하나 됨**. 대개 영적인 하나 됨은 기능적인 연합과 더불어 시작

된다. 서로 연합하여 활동함으로써 이전에 무관했던 집단들이 점차 서로를 알고 신뢰하게 된다.

하나님께서 아르헨티나를 권고하시던 초기에 기능적 연합의 배경을 이룬 두 주요 기관이 등장하였다. 그 중 하나는 성경을 믿는 교회들을 결속한 "전국 복음주의 교회 협회(ACIERA)"이고 다른 하나는 "전국 오순절 복음주의 협회(CEP)"이다.

1980년대 초 "700 클럽" 역시 주요 도시들에 사무실을 열고 그 사역의 열매들을 지역 교회와 연결시킴으로써 기능적 연합의 통로가 되었다. 많은 도시들에서 "700 클럽"의 사무실은 목회 협회들의 선구가 되었다.

오늘날 많은 주요 도시들에 연합을 목적하는 교파 간 목회 협의회가 있다. 그와 같이 귀중한 연합의 이유를 설명하면서 한 목회자는 이렇게 말하였다: "추수가 많을 때 그것은 울타리보다 더 높게 자랍니다. 그리고 그런 때는 어떤 밭이 어디서 시작하고 다른 밭이 어디서 끝나는지 알 수 없습니다. 그 추수에서 중요한 것은 추수의 주인입니다. 그가 그 밭의 주인입니다."

2. 다리. 이 연합의 분위기를 통해 교파 간에 다리를 놓는 프로그램들과 행사들이 생겨나게 되었다. 아마 가장 현저한 보기는 교파 상호간의 신문 "엘 푸엔테(El Puente)"일 것이다. 이 신문은 1985년 이래 서로 다른 배경의 사람들이 함께 만나 서로에게서 배우고 그다음 보다 넓은 시각을 가지고 출신지로 돌아갈 수 있는 포럼을 제공하였다. 최근에 등장한 비슷한 출판물들 역시 교파 간의 소통을 강

화하고 있다.

칠십 년대 후반과 팔십 년대 초에 연합을 강조한 또 다른 기관은 중남미 복음주의 선교회(M.E.I.)였다. 이 기관은 일군의 젊은이들에 의해 설립되었으며 각 교파의 핵심 목회자들을 대상으로 수양회를 주관하였다. 이 수양회들은 많은 다른 활동들이 생겨날 수 있는 기반을 제공하였다. 일례로 1987년 우리 선교 기관인 "추수 복음전도회(Harvest Evangelism)"가 주관한 조용기 목사와의 C.G.I. 대회가 있다. 그 대회는 부에노스 아이레스에서 열렸으며 전국에서 칠천 오백 명의 목회자들과 지도자들이 참여하였다.

또 다른 중요한 단체는 "세계 선교회(Misiones Mundiales)"로서 아르헨티나의 주도적인 전국 선교 기관이다. 페데리코 베르투찌(Federico Bertuzzi)의 지도 아래 그 기관은 해외 선교사들을 파견할 아르헨티나 교회들을 모집하고 있다.

3. 토양 예비. 그 모든 운동에서 매우 중요한 것은 토양이 먼저 준비되었다는 사실이다. 아르헨티나 사람들은 매우 자만심이 강하다. 그러나 복음을 받아들이는 것에 관한 한 교만은 큰 걸림돌이다. 하나님은 아르헨티나에 몇몇 심한 타격을 입히심으로써 성령의 역사를 위해 토양을 준비하셨다. 하나님은 정치적, 경제적, 군사적인 세 거짓 희망들을 부수셨다. 첫째, 1973년 매우 인기 있던 지도자 후안 페론이 죽고 당시 부통령이던 그의 세 번째 아내 이사벨 페론이 그의 공약들을 지킬 수 없게 되었을 때 정치적 소망이 사라졌다. 그 공약들은 당시 국민 대다수를 매료시켰었다. 그리고나서 페론 부인을

물러나게 한 군부 독재가 경제를 실험하였으며 부실 경영과 타락을 통해 감당할 수 없는 외채를 안게 하였다. 마지막으로 그 같은 독재자들이 그들이 야기한 경제적 혼란에서 국민의 관심을 돌리기 위해 포크랜드 섬을 침략하였으나 영국 군대에게 패배함으로써 군사적 희망도 물거품이 되었다. 과거에 싫증난 인구의 다수가 무언가 새로운 것에 마음을 열게 된 것은 바로 이런 상황에서였다.

4. 영적 전쟁. 바로 이 시점에서 하나님은 카를로스 아나콘디아, 알베르또 스카타글리니, 에두아르도 로렌쏘, 오마르 셀리에르, 노르베르또 카를리니 등과 같은 많은 이를 일으켜 영적 전쟁을 전면에 부각시키셨다. 조용하게 영적 전쟁을 수행해 온 오마르 카브레라가 서서히 교회의 본류에 들어오게 되었다. 조금씩 주님이 친히 그들에게 위임하신 권세를 사용하면서, 교회는 아르헨티나를 지배하는 정사와 능력들에게 도전하기 시작하였다. 강한 자가 결박되었을 때 그에게 사로잡힌 자들이 해방되었다. 그리고 교회들이 점점 더 영적 전쟁을 이해하게 되면서 그 전쟁이 영토를 지배하는 자들과의 싸움이란 점이 더욱 분명해졌다.

1984년 3월 산 니콜라스/로사리오(San Nicolas/Rosario) 지역 출신의 일군의 목회자와 지도자들이 빌라 콘스티튜시옹(Villa Constitucion)에 있는 "추수 복음전도회" 수양관에 함께 모였다. 영적 전쟁이 그 주제였다. 그 모임이 주선된 것은 그 수양관에서 160km 이내에 있는 약 109개 도시들에 그리스도인 전도자가 전혀 없다는 사실을 깨달았기 때문이었다. 예비적인 연구들을 통해 그 지역에서 "사탄의 위

(位)"가 있는 곳으로 보이는 도시로 아로요 세코(Arroyo Seco)를 골라 냈다. 여러 해 전에 메레길도 씨란 유명한 마술사가 그 도시 주변에서 활동하였다. 그는 매우 유명하였고 또 그의 치료는 매우 극적이어서 해외에서까지 사람들이 아로요 세코를 찾을 정도였다. 죽기 전에 그는 자기의 능력을 그의 열두 제자들에게 전수하였다. 아로요 세코에 교회가 두 번 설립되었는데 두 번 다 심한 영적 훼방으로 인해 문을 닫았다.

여러 날 동안 성경 공부와 기도 모임을 가진 후 그 목회자들과 지도자들은 한 마음이 되어 그 전체 지역을 그리스도의 영적 권세 아래 두었다. 그들 중 몇 사람이 아로요 세코를 여행하였다. 메레길도 추종자들의 본부와 도로를 사이에 두고 마주보는 위치에서 악의 세력들에 대한 퇴거장을 발부하였다. 그들은 그들에게 그들이 패배하였으며 이제 교회가 하나 되어 예수 그리스도를 선포하기로 맹세하였기 때문에 예수 그리스도께서 많은 사람을 그에게로 이끄실 것이라고 선언하였다.

3년이 채 못 되어 그 도시들 중 여든 두 도시에 복음적인 교회들이 설립되었다. 아직 미확인된 한 보고에 따르면 이 글을 쓰는 현재(1994) 아로요 세코를 포함하여 그 도시들 모두에 교회나 혹은 적어도 그리스도인 전도자가 있다고 한다.

또 다른 예는 아드로구에(Adrogue) 시이다. 에두아르도 로렌쏘(Eduardo Lorenzo)는 침례 교회 목사로서 그 교회는 부에노스 아이레스의 진보적인 중상류층 교외 지역에 있는 최근까지 유일한 교회였다. 로렌쏘는 그의 교인들 가운데 실제로 아드로구에 출신은 매우 소수에 불과하다는 사실을 알게 되었다. 대부분은 다른 도시 출신이었다. 처음에 그들은 이것을 자신들이 고향에서 환영을 받지 못하는 선지자들이기 때문으로 생각하였다. 그러다가 1985년 그 교회에서 에드 머피(Ed Murphy) 박사가 인도한 영적 전쟁 세미나가 열리게 되었다. 그러고 나서 곧 존 화이트(John White) 박사가 그 교회를 방문하여 같은 주제를 가르쳤다. 그 후 오래지 않아 새로 회심한 한 여성이 교회 집회에서 귀신에 의한 발작을 일으킴으로써 큰 소동이 일어났다. 로렌쏘 목사가 수개월에 걸쳐 그녀에게 사역한 결과 이 여성이 아드로구에 주변의 어둠을 맡은 주요 주관자의 직접적인 영향 아래 있다는 사실이 밝혀졌다. 로렌쏘가 영적 권세를 행사하자 이 악령은 그의 현재 전쟁 계획과 그가 얼마나 성공적으로 아드로구에 시를 그의 마수 아래 장악하여 왔는지를 폭로하였다. 로렌쏘는 즉시 교회에 영적 전쟁을 가르치기 시작하였고 그들과 함께 일주일간의 금식 기도에 들어갔다. 그 주 금요일에 온 교회가 함께 모여 그 악의 주관자에 대해 영적 권세를 행사하였다. 그들은 즉시 영적인 세계에서 무언가가 무너지는 것을 느꼈다. 로렌쏘의 보고에 따르면 그 후 대결 과정에서 그 악령은 그가 더 이상 자유롭게 활동할 수 없다는 것을 직접 고백하였다. 그 교회는 처음에 교인수 200명에서 950명으로 성장하였다. 현재 그 도시에는 또 다른 복음주의 교회가 세워졌고 사업가들과 영향력 있는 사람들이 그리스도께로 돌아오는 숫자가 계속하여 늘고 있다. 영적 전쟁 원리를 적용한 결과 능력의 중심이 교회로 바뀌어졌다.

이와 같이 영토 영들에게 도전하고 그들을 결박하는 것이 오늘날 아르헨티나에서 이루어지고 있는 일의 핵심을 이룬다. 그것이 새 도시를 열기 전에 금식 기도로 싸우는 오마르 카브레라든지, 수년 동안 다른 이들은 실패한 지역에서 엄청난 회중을 모으고 있는 기예르모 프레인(Guillermo Prein)이든지, 부에노스 아이레스 도심지에서 10만 명이 넘는 교회를 담임하면서 그 지역을 그리스도를 위한 것으로 주장하는 엑토르 히메네쯔(Hector Gimenez)이든지 그 양식은 동일하다: 영토를 지배하는 권세들의 정체를 밝히고, 그들에게 도전한다. 결국 그들이 패배하고 수천의 사로잡힌 자들이 사탄의 지배에서 하나님께로 돌아온다.

플랜 레지스텐시아

플렌 레지스텐시아가 구상된 것은 바로 이런 배경에서였다. 플랜 레지스텐시아는 한 도시를 완전히 복음화하려는 독특한 시도이다. 초대 교회에서 복음 전도의 초점은 도시들에 있었다. 지상 명령은 한 도시 예루살렘에서 시작되며(행 1:8), 신약성경은 사마리아 안디옥 에베소 등 많은 도시들이 완전히 복음화된 것을 보여준다. 따라서 우리는 사도행전 19장 10절에서 "아시아에 사는 자는 유대인이나 헬라인이나 다 주의 말씀을 듣더라"고 읽는다. 여기에 언급된 지역은 수십 개의 대도시들을 포함하며 그 중 많은 도시들이 인구 수십 만에 달하였다. 사도행전 19장 10절에 따르면 그 대도시 지역에 사는 모든 사람이 주님의 말씀을 들었다.

플랜 레지스텐시아는 그와 같은 성취의 역학을 재발견하려는 시도였다. 우선 레지스텐시아의 몇몇 목회자들은 철저한 성경 연구를 통해 신약성경에서 다음과 같은 원리들이 성령의 전략에 핵심이었다는 것을 발견하였다: 교회의 하나 됨, 잃어버린 자들에 대한 사랑, 지금 잃어버린 자들에게 다가가려는 열심, 전략의 핵심 요소로서 기도. 그들은 이 원리를 염두에 두고 어떤 전략을 개발하여 그것을 통해 그들의 도시를 그리스도께로 인도하려고 시도하였다.

레지스텐시아는 인구 약 사십 만에 달하는 아르헨티나 북동부의 주요 도시이다. 1989년에 70개 교회에 약 5,300명의 신자들이 흩어져 있었다. 그런데 그 칠십 교회 중 68개 교회가 분열로 생겨났다고 한다. 그 도시는 산 라 무에르테(죽음의 신) 제의의 영향을 심하게 받고 있었다. 산 라 무에르테는 사도행전 19장의 여신 아데미와 비슷한 악령이다. 에베소처럼 레지스텐시아의 모든 것이—일상생활과 정부와 상업까지—이 마귀적 제의와 깊이 관련되었다.

우리 팀은 그곳에서 얼마간 함께 사역해 온 한 작은 목회자 그룹의 초청을 받았다. 그들은 처음에 수재민들을 돕는 일을 통해 서로 알게 되었다. 그때 이래 그들은 계속하여 교제를 나누면서 몇몇 계획들을 함께 수행하여 왔다. 그리고 함께 그와 같은 계획들을 수행하면서 그들은 그들의 도시의 복음화를 위해 힘을 합칠 수 있는 가능성을 논의하기 시작하였고, 그것을 위해 전략을 개발하는 것을 돕도록 우리를 초청하였다.

첫 번째로 다루어져야 할 문제는 하나 됨이었다. 레지스텐시아의 너무도 많은 교회들이 분열로 생겨났기 때문에, 그 목적이 어디에 있든 그 도시의 교회들이 하나가 되는 것은 불가능해 보였다. 그러나 요한복음 17장 21절의 예수님의 기도에 따르면 하나 됨은 하나님의 으뜸가는 관심사에 속한다.

그 원래 소그룹의 목회자들은 그 도시의 복음화를 그들의 목표로 삼고 정기적인 기도 모임을 가지기 시작하였다. 이런 모임 중 하나에서 그 목회자들 중 한 사람이 갑자기 다른 사람을 돌아보고 말하였다. "나는 주님 앞에서 내가 형제이자 함께 종된 자로서 당신을 사랑한다는 것을 당신에게 말하지 않으면 안될 것 같아요. 우리가 오래 동안 같은 도시에 살았으면서도 내가 한 번도 당신에게 그것을 말하지 않은 것은 나의 죄입니다. 나를 용서해 주시오." 그리고 그는 눈물을 흘리면서 그 목회자 앞에 무릎을 꿇었다. 한 사람의 회개 행동은 다른 이들에게도 파급되어 곧 그 사람들은 서로 서로의 발을 씻기기 시작하였다. 그때 누군가가 성만찬을 함께 나누자고 제안하였다. 그것은 지역 교회 밖에서는 거의 행해지지 않았고 교파가 다른 목회자들 사이에서는 더더욱 행해진 적이 없었다. 그날의 사건은 그들 중 심각한 경제난을 겪고 있던 한 사람을 위해 그들이 헌금을 하는 데서 절정에 달하였다. 주님의 임재가 그날 그 "다락방"에 임하였다. 불일치의 요새가 심한 타격을 받았다. 그때부터 몇몇 경우에 교회들이 연합하여 모임을 가졌고 대개 "하나 됨의 예배"의 일부로서 주의 만찬이 나누어졌다.

사탄의 또 다른 주요 요새는 레지스텐시아에서 지상 명령을 성취하는 일에 대한 사람들의 무관심이었다. 교회는 너무 작고 너무 약했기 때문에 많은 사람이 그것을 포기한 상태였다. 그러나 목회자들의 논의에서 성령의 인도하심으로 그들은 베드로후서 3장 9절을 통해 하나님께서 아무도 멸망하기를 원하지 않고 모두가 회개하기에 이르기를 원하신다는 성경의 진리를 보다 깊이 인식하였다. 그때부터 그들은 이 진리를 논의하고, 설교하고, 작고 큰 모임들에서 나누고, 계속적으로 기도하고, 라디오와 텔레비전으로 홍보함으로 사실상 모든 수단을 동원하여, 마침내 무관심의 요새를 분쇄하였다. 그 무관심이 분쇄되었음을 보여주는 가장 분명한 표시는 신자들이 구원 받지 못한 사람들을 "아직 복음을 듣지 못한 사람들"로 부르기 시작한 것이었다. 아직이란 낱말에 배태기 신앙이 들어 있었다. 신자들의 태도도 무기력에서 자신감으로 바뀌어 "도시에 사는 모든 사람이 복음을 듣는 것은 시간문제이다."고 생각하기에 이르렀다. 그들은 마치 임신 초기에 있는 기대에 부푼 어머니와 같이 되었다. 비록 아직 눈으로 볼 수는 없을지라도 그들은 "아기"가 반드시 탄생하리란 것을 알았다.

그러나 아직 넘어야 할 주요 장벽이 하나 더 있었다. 그것은 무지의 요새였다. 이것은 밝히기 가장 어렵고 다루기도 가장 어려웠다. 세계의 다른 지역에서와 같이 레지스텐시아의 교회들 역시 사탄이 그들을 지배하기 위해 사용하는 일부 가장 교묘한 계략들에 대해 전혀 무지하였다. 비록 바울이 "우리가 사탄의 궤계를 알지 못하는 바가 아니로라"고 말하였을지라도(고후 2:11), 그 원수는 레지스텐시아 교회들이 그의 계략에 무지한 것을 통해 그들을 장악할 수 있었다.

이 주제에 대해 빛이 던져진 것은 피터와 도리스 와그너와 후에 신디 제이콥스가 영적 전쟁을 위한 목회자 훈련 세미나를 인도하였을 때였다. 그 목회자들은 레지스텐시아의 영적 풍토와 에베소 교회의 그것 사이에 유사점들이 지적되자 문제를 어렵지 않게 이해하였다. 영적 지도 찾기 역시 소개되었다. 그것은 약속의 땅에 여호수아가 정탐꾼을 보낸 것과 유사한 전략이다(민 13; 신 1:19-45). 그것은 성령의 인도를 따라 원수의 요새들과 하나님이 사용하실 수 있는 도시의 특성들을 밝히고 지도에 그릴 수 있게 한다.4) 이것으로 우리 팀의 한 일원인 빅토르 로렌쪼는 산 라 무에르테 제의를 통해 사탄이 도시에 미치는 영향을 발견하였다.

무엇보다 빅토르는 산 라 무에르테와 다른 두 주요 정사들을 기념하는 레지스텐시아 주 광장에 있는 세 벽화를 찾아내었다. 이 벽화들은 도시가 건설된 이래 죽 그곳에 있으면서 그 도시의 어떤 역사적 전망을 말해 주었다. 그러나 그것들은 영적 세계에서 그 도시를 지배할 수 있도록 그 정사들의 권리를 확립하기도 하였다. 놀라운 점은 영적 전쟁과 영적 지도 찾기가 소개되기 전에는 아무도 그 벽화들의 실체를 알지 못하였다는 것이다. 그것들은 바로 그 도시와 교회에 대한 사탄의 궤계의 발판이었다.

그 도시의 영적 권세자들인 목회자, 지도자, 중보기도자들이 신디 제이콥스와 도리스 와그너가 인도한 세미나에서 그와 같은 상황을 다루는 법에 관해 훈련을 받았다. 이 세미나 기간 중에 그들은 주일날 아침 그 주 광장에 모여 그 도시에 대한 예수의 주권을 선포하고 그 도시를 지배하는 사탄의 대리자들에게 대항하기로 하고 그 일을 위해 가능한 한 많은 사람에게 초청장을 보냈다. 약 오십 오 명의 사람들이 현장에 등장하였다. 여러 시간 동안 그들이 찬양과 산 라 무에르테와 다른 정사들에 맞선 전쟁 기도를 하면서 싸움을 하였을 때, 갑자기 그들은 어떤 영적인 저항이 허물어지는 것을 느꼈고 그들이 승리하였다는 것을 알았다. 그들은 하나님에 대한 찬양과 예배로 모임을 마무리하였다.

세미나에 앞서 그 목회자들은 도시 전역에 걸쳐 신자들로 하여금 가정에 기도 장소를 마련하도록 격려하고 훈련하고 그것을 할 사람들을 모집하였었다. 그것은 "등대"로 불렸으며 그 도시를 구성하고 있는 지역의 수와 동일하게 635개가 디모데 전서 2장 1-8절에서 바울이 말한 것과 유사한 방식으로 준비되었다. 이 집들은 그 앞 창문 중 하나에 "레지스텐시아, 지금은 너를 위한 하나님의 때이다."와 그 옆에 "이 집은 기도의 등대이다."를 크게 써 붙여 놓았다. 신자들이 그들의 이웃 사람들을 위해 기도하기 시작하였다. 처음에는 은밀히 하였으나 후에 그들은 이웃 사람들에게 찾아가 그들의 기도 제목을 묻기도 하였다. 하나님은 그 기도 제목들 중 많은 것을 즉시로 응답하심으로써 모든 사람을 놀라게 하였다. 이로써 도시 전체에 걸쳐 일련의 "영적 빚 문서들"이 생겨나게 되었다. 많은 불신자들이 물었다: "하나님이 나의 기도를 들어 주셨으니 이제 나는 어떻게 해야 합니까?" 신자들은 그들에게 "우리가 당신에게 말할 때까지 기다리시오."라고 답하였다. 이 모든 것이 쌓여서 1990년 7월 어느 날 신자들은 전체 도시의 거의 모든 집들을 호별 방문하였다. 레지스텐시아의 모든 가정이 복음을 들었고 그들의 필요를 위해 기도가 드려졌다. 그뿐만 아니라 그 날 밤에 있는 대중 집회에 특히 기도 제목이 응답된 불신자들을 포함하여 모든 사람이 초대되었다. 집회가 열리기로 한 농구 경기장이 너무 붐벼서 많은 사람이 되돌아가야 했다.

도시 전체가 그 플랜의 주제인 "레지스텐시아, 지금은 너를 위한 하나님의 때이다."를 감싸 안은 것 같았다.

이 뒤를 이어 세 차례 복음 전도 운동이 일어났다. 첫 번째 것은 단순히 스무 개의 등대들이 힘을 합쳐 한 이웃 지역의 복음화를 후원한 것이었다. 그 시도가 성공한 것에 용기를 얻어 도시 전체에 걸쳐 거의 비슷한 시기에 마흔 네 번의 전도 대회가 열렸다. 세 번째이자 절정에 달한 것은 범도시적인 한 전도 집회였는데 수천의 사람들이 거기서 그리스도를 믿기로 공적으로 고백하였다.

이 전도 운동이 끝났을 때 그 목회자들은 과거에 그들의 관계의 특징이 되었던 불일치와 불신을 직접적으로 다루기로 결심하였다. 그들은 새 회심자들을 그들의 교회에서 개인적으로 세례 주는 대신 그들에게 공적인 연합 세례를 베풀기로 결정하였다. 그들은 지붕이 있는 한 경기장을 빌리고 그곳에 운반이 가능한 여덟 개의 크고 넓은 물통을 비치하였다. 그 물통들은 십자가 모양으로 배치되었다. 이미 교회에 속한 사람들은 관람석에 앉고 새 신자들은 레지스텐시아의 목사님들과 함께 물통 옆에 섰다. 그리고 시간이 되었을 때 목회자 협의회의 의장이 새 신자들로 하여금 예수 그리스도를 믿기로 서약하게 하였다. 그다음 그 새 신자들은 그 물통 안에 들어가 레지스텐시아에 있는 유일한 교회 예수 그리스도의 교회 목사님들에 의해 세례를 받았다.

몇 개월 후 교회 교인 수가 집계되었을 때 레지스텐시아의 전체 교회가 102%의 성장을 보인 것이 밝혀졌다. 이것은 영적으로 빈혈을 겪던 교회로서는 비상한 성장률이었다. 그 전체 인구가 적어도

한 번은 복음을 들었다. 모든 가정이 방문을 받았으며 복음 메시지를 들었고 그 가정을 위한 기도가 드려졌다. 불일치와 무관심과 특히 영적 무지의 요새들이 심한 타격을 입었다. 이 모든 것은 그 도시의 영적 분위기에 급격한 변화를 초래하였다. 이 집중적인 "영적 전쟁 복음화" 활동들이 있은 지 삼년 후인 오늘날에도(1994), 그 도시의 교회는 여전히 악의 세력들과 계속하여 씨름하고 있다. 그러나 지금은 그 도시를 지배하는 영적 세력들에 있어 세력 균형이 바뀐 것으로 보인다. 미확인된 보고에 따르면 플랜 레지스텐시아가 끝나고 2년 후 교회는 약 500%의 성장을 보였다. 이것이 아직 확인은 되지 않았을지라도 만약 그것의 사분의 일이라도 맞는다면, 레지스텐시아는 영적 전쟁 복음화를 통해 근대 도시를 탈환하는 멋진 보기로 손색이 없을 것이다.

플랜 레지스텐시아 분석

많은 중요한 요소들이 이 성공에 기여하였다. 이미 오래 전부터 사용되어 그 유효성을 인정받은 복음 전도 방법이 이 일을 위해서도 사용되었다. 그러나 한 가지 전혀 새로운 요소는 그 방법이 사용되는 배경으로서 영적 전쟁이 도입된 것이었다. 도시의 주 광장에서 정사들을 습격한 데서 절정에 달하였던 그 영적 전쟁에 대한 훈련이 레지스텐시아 주민들을 장악한 원수의 마수를 깨뜨리는 주 요소가 되었다. 삼 년 기간으로 계획된 전도 운동이 시작되었을 무렵, 사람들을 혼미케 하는 사탄의 능력은 이미 심한 타격을 입었던 것으로 보인다.

새 회심자들의 삼분의 이가 구체적으로 전도 활동이 개시되기 전에 주님께 돌아 왔다는 사실이 주목할 만하다. 대부분의 그 회심은 635개 기도 등대에서 발산된 기도 복음화의 결과였다. 개인적으로 나는 사탄이 그 도시를 지배해 온 방식에 대한 깨달음과 특히 광장에서 산 라 무에르테와 그의 악의 세력들을 대적하기로 결정하였던 것이 그 모든 결과를 위해 중요한 역할을 하였다고 생각한다.

적절한 준비 후에 산 라 무에르테와 다른 정사들을 도전한 것은 적어도 다음과 같은 점들을 구체적으로 보여준다.

1. 그 도시의 교회에 대한 사탄의 주요 궤계 중 하나를 분명하게 식별함.
2. 그 도시의 교회가 사람들을 복음에 대해 무지하게 하는 악의 세력들을 대적하기로 결심함.
3. 도시를 지배하는 "하늘의 모든 악한 영들"과 싸우기 위해 교회 편에서 의도적으로 행동함.
4. 모든 성도들과 에베소서 6:18-20에 설명된 방식으로 구원 받지 못한 자들에게 복음을 들고 가는 자들을 위한 중보기도에서 시작하여 그 악의 세력들을 대적하기로 교회 편에서 진지하게 결정함.
5. 그들이 바울이 에베소 교회에게 설명한 것과 관련하여, 담대하게 행동하고, 담대하게 기도하고, 담대하게 증거하고자 결정함(엡 6. 18-20).

비록 이런 단계들을 통해 원수와 접전하였을지라도 그 교회의 초점은 마귀에게 있었던 것이 아니라 주 예수님과 그의 말씀과 성령의 역사와 지상 명령의 성취에 있었다. 그리고 이와 같은 영적 전쟁을 배경으로 그 교회는 계시록 12장 11절에서와 같이 어린 양의 피와, 보다 성경 중심적인 증거와, 그들의 생명을 건 전적인 헌신을 통해 그 원수를 적발하고 그를 패배시킬 수 있었다.

아직 배우고 있다

"플랜 레지스텐시아"가 이런 유의 복음 전도에 있어 우리가 시도한 최초의 가장 집중적인 노력이었을지라도, 그것이 이런 접근의 가장 훌륭한 보기로 역사에 기록되지는 않을 것이다. 우리는 이것을 통해 배운 교훈들을 다른 도시들에 적용하면서 아직 필요한 다른 교훈들을 더 배우고 있다. 이런 것들은 미래에 보다 효과적이고 원활한 도시 전도에 중요하게 기여할 것이 분명하다. 그러나 레지스텐시아 이야기는 우리가 앞에 상술한 영적 전쟁 방식으로 한 도시를 복음화시키려 할 때 하나님께서 무슨 일을 하실 것인지에 관한 좋은 보기가 될 수 있다. 우리는 레지스텐시아에서, 아마 근대사에서는 처음으로, 어떤 상당히 큰 한 도시의 그리스도인들이 하나님께 권능을 받아 영적 전쟁과 복음 전도를 동시에 수행한 것을 보았다. 그것은 하나님을 위해 그 도시에 거대한 영향을 끼쳤다. 또 그것은 그들의 도시에도 성령이 효과적으로 사역하시기를 원하는 다른 지역의 그리스도인들이 모방하고 응용할 수 있는 유용한 보기가 되었다.

우리 "추수 복음전도회"는 지금 플랜 레지스텐시아에서 구현된 그 원리를 세 대륙의 여러 도시에 적용하고 있다. 그리고 그 전략을 수행하면서 그 원리와 통찰들을 보다 세밀하게 다듬고 있다. 그러나 이미 분명해진 한 사실은 인간 차원의 영적인 원리를 우주 차원의 사건들과 연결짓는 것이 복음 전도의 새 시대를 열고 있다는 점이다. 인간 차원에서 필요한 것은 연합과 회개와 공격적인 기도와 복음 전도와 같은 요소들이다. 우주 차원에서 필요한 것은 영토 영들이 장악한 요새를 파괴함으로써 사탄의 지배를 무너뜨리는 것이다. 그리고 하나님의 백성들의 무지와 무관심을 다루는 것은 모든 전략에서 매우 중요하다. 하나님께서 이 책과 이 글을 사용하셔서 보다 많은 사람이 영적 전쟁을 통한 복음 전도를 보다 깊이 이해하고 그 일에 헌신할 수 있게 되기를 기원한다.

참고 문헌

Anderson. Neil. *The Bondage Breaker.* Eugene, Ore,: Harvest House, 1990.

Anderson. Neil. *Victory Over the Darkness.* Ventura, Calif: Regal, 1990.

Arnold, Clinton E. *Ephesians: Power and Magic.* Cambridge: Cambridge Univ., 1989.

Arnold, Clinton E. *Powers of Darkness: Principalities and Power In Paul's Letter.* Downers Grove, Ill.: InterVarsity Press, 1992.

Basham, Don. *Can a Christian Have a Demon?* Monroeville, Pa.: Whitaker, 1971.

Basham, Don. *Deliver Us From Evil.* Old Tappan, N.J.: Revell, 1972.

Berkhof, Hendrik. *Christ and the Powers.* Scotsdale, Pa.: Herald, 1977.

Bernal, Dick. *Curses.* Shippensburg, Pa.: Companion, 1991.

Birch, George A. *The Deliverance Ministry.* Cathedral City, Calif.: Horizon, 1988.

Blue, Ken. *Authority to Heal.* Downers Grove, Ill.: InterVarsity Press, 1987.

Boshold, Frank. *Blumhardt's Battle: A Conflict with Satan.* New York: Thomas E. Lowe, 1970.

Bridge, Donald. *Signs and Wonders Today.* Downers Grove, Ill.: InterVarsity Press, 1985.

Bruce, F.F. *Commentary on the Epistle to the Colossians.* Grand Rapids, Mich.: Eerdmans, 1965.

Bruce, F.F. *The Epistle to the Hebrews.* Grand Rapids, Mich.:

Eerdmans, 1964.

Bubeck, Mark. *The Adversary*. Chicago: Moody, 1975.

Bubeck, Mark. *Overcoming the Adversary*. Chicago: Moody, 1984.

Bubeck, Mark. *The Satanic Revival*. San Bernardino, Calif.: Here's Life, 1991.

Cabezas, Rita. Des Enmascarado. Published privately in Costa Rica. Reference here taken from unpublished English translation.

Caird, G.B. *Principalities and Powers*. Oxford: Clarendon, 1956.

Carty, Jay. *Counterattack*. Portland, Ore.: Multnomah, 1988.

Chandler, Russell. *Understanding the New Age*. Dallas: Word, 1988.

Christensen, Evelyn. *Battling the Prince of Darkness*. Ventura, Calif.: Victor, 1990.

Core, Dianne. "We Are in the Middle of Spiritual warfare," The New Federalist October(1989): 15.

Dawson, John. Hea*ling America's Wounds*. Ventura, Calif.: Regal, 1994.

Dawson, John. *Taking Our Cities for God*. Lake Mary, Fla.: Creation House, 1990.

Deere, Jack. *Surprised by the Power of the Spirit*. Grand Rapids, Mich.: Zondervan, 1993.

Dickson, C. Fred. *Demon Possession and the Christian*. Chicago: Moody, 1987.

Duewel, Wesley. *Mighty Prevailing Prayer*. Grand Rapids, Mich.: Francis Asbury Press, 1990.

Finney, Charles. Charles G. Finney, An Autobiography. Old Tappan, N.J.: Revell, 1908.

Frangipane, Francis. The Three Battlegrounds. Marion, Ill.: River of Life Ministries, 1989.

Friesen, James. *Uncovering the Mystery of MPD*. San Bermardino, Calif.: Here's Life, 1991.

Garrett, Susan R. T*he Demise of the Devil*. Minneapolis: Fortress, 1989.

Garrison, Mary. *How to Conduct Spiritual Warfare*. Hudson, Fla.: Box 3066, 1980.

Gibson, Noel and Phyl. *Evicting Demonic Squatters and Breaking Bondage*. Drummoyne, NSW, Australia: Freedom in Christ Ministries, 1987.

Glover, Robert H. *The Bible Basis of Missions*. Chicago: Moody, 1946.

Goforth, Jonathan. *By My Spirit*. New York: Harper & Brother, 1930.

Good News Bible: *The Bible in Today's English Version*. Nashville: Nelson, 1976.

Goodman, Felicitas D. *How About Demons?* Bliimington, Ind.: Indiana Univ,. 1988.

Green, Michael. *I Believe in Satan's Downfall.* Grand Rapids, Mich.: Eerdamns, 1981.

Greenwald, Gray L. *Seductions and Exposed*. Santa Ana,

Calif.: Eagle's Nest, 1988.

Grieg, Gray S. and Kevin N. Springer, eds. *The Kingdom and the Power*. Ventura, Calif.: Regal, 1993.

Groothuis, Douglas R. *Confronting the New Age Movement*. Downers Grove, III.: InterVarsity Press, 1988.

Groothuis, Douglas R. *Unmasking the New Age*. Downers Grove, III.: InterVarsity Press, 1986.

Grubb, Norman. Ress Howells, *Intercessor*. Ft. Washington, Pa.: Christian Literature Crusade, 1970.

Hammond, Frank and Ida Mae. Demons & Deliverance in the Ministry of Jesus. *Plainview*, Tex.: The Children's Bread Ministries, 1991.

Hammond, Frank and Ida mae. *Pigs in the Parlor*. Kirkwood, Mo.: Impact, 1973.

Harper, Michael. *Spiritual Warfare*. Ann Arbor: Servant, 1984.

Kallas, James. *Jesus and the Power of Satan*. Philadelphia: Westminster, 1968.

Kallas, James. *The Satanward Views*. Philadelphia: Westminster, 1966.

Kinnaman, Gray D. *Overcoming the Dominion of Darkness*. Old Tappan, J.J.: revell, 1990.

Kinsley, David. *Hindu Goddesses: Visions of the Divine Feminine in the Hindu Religious Tradition*. Berkeley: Univ. of California Press, 1986.

Koch, Kurt. *Between Christ and Satan*. Grand Rapids, Mich.: Kregel, 1962, 1971.

Koch, Kurt. *Demonology Past and Present*. Grand Rapids, Mich.: Kregel, 1973.

Koch, Kurt. *Occult ABC*. Grand Rapids, Mich.: Kregel, 1986.

Koch, Kurt and Alfred Lechler. *Occult Bondage and Deliverance*. Grand Rapids, Mich.: Kregel, 1978.

Kraft, Charles H. Christianity with Power. Ann Arbor, Mich.: Servant, 1989.

Kraft, Charles H. *Deep Wounds, Deep Healing*. Ann Arbor: SErvant, 1993.

Kraft, Charles H. *Defeating Dark Angels*. Ann Arbor: Servant, 1992.

Larson, Bob. *Satanism*. Nashville: Nelson, 1989.

Lewis, C.S. *The Lion, the Witch and the Wardrobe*. New York: Collier, 1950.

Linn, Dennis and Matthew Linn. *Deliverance Prayer*. New York: Paulist, 1981.

Linn, Dennis and Matthew Linn. *Healing Life's Hurts*. New York: Paulist, 1979.

MacMillan, J.A. "The Authority of the Believer," reprinted from an issue of *The Alliance Weekly*, date unknown.

Macmullen, Ramsay. Christianizing the Roman Empire. New Haven: Yale, 1984.

MacNutt, Francis. *Healing*. Notre Dame, Ind.: Ave Maria, 1974.

MacNutt, Francis and Judith. *Praying for Your Unborn Child*. New York: Doubleday, 1988.

McAll, Kenneth. *Healing the Family Tree*. London: Sheldon Press, 1982.

Mallone, George. *Arming for Spiritual Warfare*. Downers Grove, Ill.: InterVarsity Press, 1991.

Montgomery, John W., ed. *Demon Possession*. Minneapolis: Bethany, 1976.

Murphy, Ed. "From My Experience: My Daughter Demonized?" in Equipping the Saints. Vol. 4, No. 1, Winter 1990, 27-29.

Murphy, Ed. *The Handbook of Spiritual Warfare*. Nashville: Nelsn, 1992.

Murphy, Ed. *The Handbook of Spiritual Warfare*. Nashville: Nelson, 1992.

Murphy, Ed. *Spiritual Warfare Tape Series and Syllabus*. Nashville: Nelson, 1991.

Murphy, Ed. *We Are at War*. Nashville: Nelson, 1992.

Nevous, John R. *Demon Possession*. Grand Rapids, Mich.: Kregel, 1894, 1968.

New International *Version of the Holy Bible*. Grand Rapids, Mich.: Zondervan, 1978.

New King James Bible. Nashville: Nelson, 1982.

Otis, George, Jr. *The Last of the Giants*. Tarrytown, N.Y.: Chosen, 1991.

Payne, Leanne. *The Healing Presence*. Westchester, Ill.: Crossway, 1989.

Peck, M. Scott. *People of the Lie*. New York: Simon & Schuster, 1983.

Penn-Lewis, Jesse. *War on the Saints*. New York: Thomas E. Lowe, 1973.

Peretti, Frank. *Piercing the Darkness*. Westchester, Ill.: Crossway, 1989.

Peretti, Frank. *This Present Darkness*. Westchester, Ill.: Crossway, 1986.

Phillips, McCandlish. *The Spirit World*. Wheaton, Ill.: Victor, 1970.

Powell, Graham and Shirley. *Christian Set Yourself Free*. Westbridge, S. C.: Center mountain Ministries, 1983.

Pullinger,m Jackie. *Chasing the Dragon*. Ann Arbor, Mich.: Servant,

1980.

Pullinger, Jackie. *Crack in the Wall*. London: Hodder and Stoughton, 1989.

Reddin, Opal, ed. *Power Encounter*. Springfield, Mo.: Central Bible College, 1989.

Rockstad, Ernest. *Demon Activity and the Christian*. Andover, Kans.: Faith & Life, n.d.

Rockstad, Ernest. *Triumph in the Demons Crisis*. Cassette series. Andover, Kans.: Faith & Life, 1976.

Sandford, John and Mark Sandford. *A Comprehensive Guide to Deliverance and Inner Healing*. Grand Rapids, Mich.: Chosen, 1992.

Sandford, John and Paula. *Healing the Wounded Spirit*. Tulsa: Victory, 1985.

Sandford, John and Paula. *The Transformation of the Inner Man*. South Plainfield, N.J.: Bridge, 1982.

Scanlan, Michael and Randall J. Cirner. *Deliverance from Evil Spirits*. Ann Arbor, Mich.: Servant, 1980.

Schlier, Heinrich. *Principalities and Powers in the New Testament*. Freiburg: Herder, 1961.

Schoenberger, Carl. "Akihito and Final Ritual of Passage." *Los Angeles Times*, November 23, 1990, Vol. 109, 4.

Seamands, David. *Healing for Damaged Emotions*. Wheaton, Ill.: Victor, 1981.

Seamands, David. *Healing Grace*. Wheaton: Victor, 1988.

Seamands, David. *Healing of Memories*. Wheaton: Victor, 1985.

Seamands, David. *Putting Away Childish Things*. Wheaton, Ill.: Victor, 1982.

Shaw, James D. and Tomn C. McKenney. *The Deadly Deception*. Lafayette, La.: Huntington, 1988.

Sherman, Dean. *Spiritual Warfare for Every Christian*. Seattle: Frontline, 1990.

Sherrer, Quin and Ruthanne Garlock. *A Woman's Guide to Spiritual*

Warfare. Ann Arbor, Mich.: Servant, 1991.

Shuster, Marguerite. Power, Pathology, Paradox. Grand Rapids, Mich.: Zondervan, 1987.

Spiro, Melford. *Burmese Supernaturalism*. Philadelphia: Institute for the Study of Human Issues, 1978.

Springer, Kevin, ed. *Power Encounters among Christians in the Western World*. San Francisco: Harper, 1988.

Steyne, Philip. *Gods of Power*. Houston: Touch, 1989.

Subritzky, Bill. *Demons Defeated*. Chichester, England: Sovereign World, 1985.

Sumrall, Lester. *Demons:* The Answer Book. Nashville: Nelson, 1979.

Tambiah, S.J. *Buddhism and the Sprit Cults in Northeast Thailand*. New York: Cambridge Univ. Press, 1970.

Tenney, Merril C., ed. *Zondervan Pictorial Encyclopedia*. Grand Rapids, Mich.: Zondervan, 1975.

Unger, Merrill. *Biblical Demonology*. Chicago: Scripture Press, 1952.

Unger, Merrill. *Demons in the World Today*. Wheaton, Ill.: Tyndale, 1971.

Unger, Merrill. *What Demons Can Do to Saints?* Chicago: Moody, 1977.

Van der Hart, Rob. *The Theology of Angels and Devils*. Notre Dame: Fides, 1972.

Wagner, C. Peter. *Breaking Stronggolds in Your City*. Ventura, Calif.: Regal, 1993.

Wagner, C. Peter. *Churches That Pray*. Ventura, Calif.: Regal, 1993.

Wagner, C. Peter. ed. *Engaging the Enemy*. Ventura, Calif: Regal, 1991.

Wagner, C. Peter. *How to Have to a Healing Ministry in Any Church*. Ventura, Calif.: Regal, 1988.

Wagner, C. Peter. *Prayer Shield*. Ventura, Calif.: Regal, 1992.

Wagner, C. Peter. ed. *Territorial Sprits*. Chichester, England: Sovereign World, 1991.

Wagner, C. Peter. *The Third Wave of the Holy Spirit*. Ann Arbor, Mich.: Servant, 1988.

Wagner, C. Peter and F. Douglas Pennoyer, eds. *Wrestling with Dark Angels*. Ventura, Calif.: Regal, 1990.

Wagner, Elizabeth. *Tearing Down Strongholds: Prayer for Buddhists*. Kowloon Hong King: Christian Literature Crusade, 1988.

Warner, Timothy M. *Spiritual Warfare*. Wheaton, Ill.: Crossway, 1991.

White, John. *When the Sprit Comes in Power: Signs and Wonders among God's People*. Downers Grove, Ill.: InterVarsity Press, 1988.

White, Thomas B. *The Believer's Guide to Spiritual Warfare*. Ann Arbor, Mich.: Servant, 1990.

White, Thomas B. *Breaking Stronghold: How Spiritual Warfare Sets Captives Free*. Ann Arbor, Mich.: Servant, 1993.

Willhite, B.J. "Dangers and Pitfalls of Spiritual Warfare." *Paper for Spiritual Warfare* Network, 1990.

Williams, Don. *Signs and Wonders, and the Kingdom of God*. Ann Arbor, Mich.: Servant, 1989.

Wimner, John. *Power Evangelism*. Second revised and expanded edition. San Francisco: Harper, 1992.

Wimber, John. *Power Healing*. San Francisco: Harper & Row, 1987.

Wink, Walter. *Engaging the Powers*. Minneapolis: Fortress, 1992.

Wink, Walter. *Maming the Powers*. Philadelphia: Fortress, 1984.

Wink, Walter. *Unmasking the Powers*. Philadelphia: Fortress, 1986.

색인

ㄱ

가계 48, 83, 141
공중의 권세 74, 194
광명의 천사 51, 230
권세들 20, 24, 79, 90, 96, 161, 162, 167, 186, 189, 192, 193, 194, 197, 198, 209, 215, 218, 222, 226, 239, 246, 252, 256, 258, 265, 298, 363
권세와 능력 25, 42, 43, 54, 60, 92, 97, 98, 101, 201, 202, 206, 207, 245
귀신 들림 14, 80, 87, 97, 104, 106, 107, 108, 109, 110, 114, 133, 307
금식 59, 74, 133, 147, 205, 236, 255, 274, 282, 290, 350, 351, 353, 354, 362, 363
기드온 62, 63, 183, 185, 241
깊은 상처를 치유하시는 하나님 95, 136, 152

ㄴ

노르만 그룹 294
노르베르또 카를리니 360
뉴 에이 12, 14, 58, 61, 83, 104, 160, 192, 197, 200, 230, 233, 236, 271, 283, 285, 295, 331, 332, 340, 343
능력들 103, 131, 198, 340, 350, 360

ㄷ

달라붙는 힘 124
달라붙은 귀신 85, 108, 124, 125, 128
딕 이스트만 246

ㄹ

로라 엘리자벳 12
로렌쏘 360, 361, 362
리치먼드 치운디자 231, 252

ㅁ

마술 53, 66, 75, 104, 107, 160, 173, 188, 199, 203, 234, 251, 261, 272, 283, 289, 290, 323, 338, 344, 349, 361
마크 화이트 12, 14, 15
맥칸들리쉬 필립스 254
맥캔들리쉬 필립스 229
몰몬교 51, 107
밀곰 172
밀교 영들 126, 130, 177
밀교적 조직 107

ㅂ

바알 29, 63, 169, 172, 203, 204, 207, 219, 227, 233
바알 선지자들 29, 63, 203
바알세불 169, 172, 207
브루스 215, 222
비 은사주의적 8
빌리 그래함 314

ㅅ

사무엘 리베르트 351, 352
사악한 영을 대적하라 95, 128
사탄 숭배 104, 107, 160, 164, 192, 200, 235, 238, 281
사탄의 굴레 26
사탄의 권세 23, 28, 64
사탄의 궤계 39, 94, 366, 367
사탄의 나라 13, 24, 25, 27, 32, 53, 64, 71, 97
사탄의 능력 28, 41, 43, 55, 59, 65, 68, 69, 92, 247, 370
사탄의 세력 48, 50, 84, 85, 99, 193, 196, 241, 274
사탄의 왕국 10, 22, 23, 26, 27, 91, 96, 97, 100, 169, 193, 232, 264
사탄의 요새 10, 91, 180, 231, 283, 284, 285
사탄의 천사 45, 46
선한 천사들 10, 170, 171
수호천사 73
식별과 기도 199
신디 제이콥스 156, 189, 232, 235, 366, 367
실보소의 사례 연구 8

ㅇ

아데미 160, 172, 220, 221, 239, 272, 364
아세라 172
악의 영들 8, 25, 32, 38, 42, 74, 96, 97, 101, 102, 164, 165, 170, 181, 196, 198, 201, 209, 218, 224, 270, 275, 347
악한 천사 90, 171
알베르또 스카타글리니 355, 360
어둠의 천사 47, 96, 160, 163, 164
에두아르도 로렌쏘 360, 361
에드가르도 실보소 12, 173
에드 머피 11, 13, 362
엑칸카르 340, 342, 343
엘리야와 바알 선지자들 203
영 분별 245, 269, 270
영 분별의 은사 245, 270
영적 능력 41, 47, 64, 99, 238
영적 쓰레기 120
영적 영역 37, 40, 46, 240, 334
영적 전쟁 8, 9, 11, 12, 13, 14, 39, 71, 79, 80, 81, 84, 86, 87, 88, 91, 92, 93, 94, 99, 101, 155, 156, 159, 160, 162, 163, 166, 167, 168, 169, 174, 175, 176, 177, 178, 179, 180, 181, 183, 184, 186, 187, 188, 189, 191, 197, 200, 203, 205, 221, 246, 247, 251, 252, 253, 254, 255, 256, 257, 258, 262, 263, 266, 268, 278, 281, 282, 288, 301, 309, 347, 350, 351, 352, 354, 355, 356, 360, 362, 366, 367, 370, 372, 373
영적 지도 180, 367
영토 영들 73, 90, 92, 160, 169, 177, 180, 196, 205, 219,

221, 232, 248, 252, 284, 353, 356, 362, 373
오마르 셀리에르 360
오마르 카브레라 351, 353, 360, 363
우주적 차원 42, 69, 70, 71, 72, 73
월터 윙크 171, 216, 218, 223, 228
웨인 그루뎀 165, 166
유니테리언 321
이 세상의 신 7, 161, 180, 193
이 세상의 악한 신 23
이 세상 임금 23

(ㅈ)

저주 21, 48, 49, 54, 55, 64, 65, 66, 67, 68, 72, 74, 83, 106, 107, 108, 136, 140, 141, 233, 236, 267, 275, 286
전략적 차원 160, 294
점술과 마술 261
정사와 권세들 20, 24, 79, 90, 96, 162, 167, 186, 189, 192, 193, 197, 209, 218, 222, 239, 246, 252, 265, 297
제1차 로잔 대회 8
제2차 로잔 대회 8
조안 크리스토프 블룸하르트 289
존 다우슨 155, 165, 173, 181, 228
존 랍 11, 13, 75
존 윔버 105, 158
존 화이트 362
종합과학 48
주관자들/정사들 198
중보기도 74, 127, 199, 232, 241, 244, 245, 246, 248,

249, 258, 268, 274, 275, 278, 281, 283, 285, 293, 294, 296, 305, 309, 351, 355, 367, 371

(ㅊ)

찰스 크래프트 12, 19, 156
찰스 피니 252, 291
천사장 21, 25, 42, 44, 45, 53, 69, 166, 170, 205, 249
천사장 미가엘 44, 166, 170, 249
초감각적 지각 321
추수 복음전도회 359, 360, 372
축귀 11, 13, 14, 81, 82, 83, 84, 85, 86, 87, 88, 89, 91, 100, 109, 126, 127, 128, 129, 131, 133, 149, 160, 169, 172, 188, 193, 198, 199, 210, 250, 256, 268, 271, 277, 278, 280, 283, 287, 296, 308, 311, 312, 314, 315
축귀 기도 100
축귀 사역 81, 87, 89, 126, 127, 128, 131, 169, 172, 188, 198, 199, 210, 250, 271, 277, 280, 312
축귀 상담 84, 86, 133, 315

(ㅋ)

카를로스 아나콘디아 351, 355, 360
크리스천 사이언스 104, 107
클린턴 아놀드 173

(ㅌ)

타락한 천사 21, 25, 80, 101, 197, 198, 217
톰 화이트 2, 8, 11, 13, 34, 75,

164, 171
투시 125, 195, 269
투시의 은사 125, 269
특수 기동대 261

ⓟ

팜 시워드 237
펜-루이스 263
프레드 디카슨 109
프리메이슨 48, 51, 58, 61, 69,
　　72, 104, 107, 173
피터 와그너 11, 13, 15, 66, 235,
　　237

ⓗ

하나님과 사탄이 역사하는 방법
　　40, 50
하나님의 권세 54, 194, 202
하나님의 뜻 분별 274
하나님의 천사 45, 46, 53, 69,
　　70, 215
하나님의 축복 49, 244, 274
헨드릭 벌코프 245
회개 50, 58, 62, 65, 72, 74, 83,
　　84, 92, 106, 180, 183,
　　187, 273, 274, 276, 282,
　　284, 291, 365, 366, 373